绿色经济与绿色发展丛书

编 委 会

广西大学马克思主义生态经济发展研究院、商学院特别委托项目

国家出版基金项目
NATIONAL PUBLICATION FOUNDATION

"十二五"国家重点图书出版规划项目
绿色经济与绿色发展丛书 / 刘思华 · 主编

生态马克思主义经济学导论

THE INTRODUCTION OF ECO-MARXISM ECONOMICS

李欣广 著

中国环境出版社 · 北京

图书在版编目（CIP）数据

生态马克思主义经济学导论/李欣广著. —北京：中国环境出版社，2015.10（2017.12 重印）
（绿色经济与绿色发展丛书/刘思华主编）
ISBN 978-7-5111-2552-1

Ⅰ. ①生… Ⅱ. ①李… Ⅲ. ①马克思主义—生态经济学—研究 Ⅳ. ①F062.2

中国版本图书馆 CIP 数据核字（2015）第 221602 号

出版人 王新程
策　划 沈　建　陈金华
责任编辑 陈金华
助理编辑 郑中海
责任校对 尹　芳
封面设计 耀午设计

出版发行 中国环境出版社
（100062　北京市东城区广渠门内大街 16 号）
网　　址：http://www.cesp.com.cn
电子邮箱：bjgl@cesp.com.cn
联系电话：010-67112765（编辑管理部）
010-67113412（教材图书出版中心）
发行热线：010-67125803，010-67113405（传真）
印　刷 北京中科印刷有限公司
经　销 各地新华书店
版　次 2015 年 10 月第 1 版
印　次 2017 年 12 月第 2 次印刷
开　本 787×960　1/16
印　张 13.5
字　数 230 千字
定　价 40.00 元

总 序

迈向生态文明绿色经济发展新时代

在党的十七大提出的“建设生态文明”的基础上，党的十八大进一步确立了社会主义生态文明的创新理论，构建了建设社会主义生态文明的宏伟蓝图，制定了社会主义生态文明建设的基本任务、战略目标、总体要求、着力点和行动方案，并向全党全国人民发出了“努力走向社会主义生态文明新时代”的伟大号召。按照生态马克思主义经济学观点，走向社会主义生态文明新时代，就是迈向生态文明与绿色经济发展新时代。这既是中华文明演进和中国特色社会主义经济社会发展规律与演化逻辑的必然走向和内在要求，又是人类文明演进和世界经济社会发展规律与演化逻辑的必然走向和内在要求。因此，绿色经济与绿色发展是21世纪人类文明演进与世界经济社会发展的大趋势、大方向，集中表达了当今人类努力超越工业文明黑色经济发展的旧时代而迈进生态文明绿色经济发展新时代的意愿和价值期盼，已成为人类文明演进和世界经济社会发展的必然选择和时代潮流。据此，建设绿色文明、发展绿色经济、实现绿色发展，是全人类的共同道路、共同战略、共同目标，是生态文明绿色经济及新时代赋予我们的神圣使命与历史任务。毫无疑问，当今世界和当代中国一个生态文明绿色经济发展时代正在到来。为了响应党的十八大提出的“努力走向社会主义生态文明新时代”的伟大号召，迎接生态文明绿色经济发展新时代的来临，中国环境出版社特意推出“十二五”国家重点图书出版规划项目“绿色经济与绿色发展丛书”（以下简称“丛书”）。笔者作为“丛书”主编，并鉴于目前“半绿色经济论”“伪绿色经济发展论”日渐盛行，故就“中国智慧”创立的绿色经济理论与绿色发展学说的几个重大问题添列数语，是为序。

一、关于绿色经济的理论本质问题

绿色经济的本质属性即理论本质：不是环境经济学的范畴，而是生态经济学与可持续发展经济学的范畴。西方绿色思想史表明，“绿色经济”这个词汇最早见于英国环境经济学家大卫·皮尔斯1989年出版的第一本小册子《绿色经济的蓝图》（后称“蓝图1”）的书名中。其后“蓝图2”的第二章的第一节两次使用了“绿色经济”这个名词，直到1995年出版“蓝图4”，也没有对绿色经济作出界定，这就是说4本小册子都没有明确定义绿色经济及诠释其本质内涵。对此，方时姣教授从世界绿色经济思想发展史的视角进行了全面评述：[①]“蓝图1”主要介绍英国的环境问题和环境政策制定，正如作者指出的“我们的整个讨论都是环境政策的问题，尤其是英国的环境政策”。“蓝图2”1991年出版，是把“蓝图1”的环境政策思想拓展到世界及全球性环境问题和环境政策。“蓝图3”1993年出版，又回到“蓝图1”的主题，即英国的环境经济与可持续发展问题的综合。“蓝图4”则又回到“蓝图2”讨论的主题，正如作者在前言中所指出的“绿色经济的蓝图从环境的角度，阐述了环境保护及改善问题”。因此，从“蓝图1”到“蓝图4”，对绿色经济的新概念、新思想、新理论，没有作任何诠释的论述，仅仅只是借用了绿色经济这个名词，来表达过去的25年环境经济学流派发展的新综合，确实是“有关环境问题的严肃书籍”。

皮尔斯等人在当今世界率先使用“绿色经济”这一词汇并得到了广泛传播，但基本上只是提及了这个概念，没有深入研究，尤其是理论研究。因此，在西方世界的整个20世纪90年代至2008年爆发国际金融危机的这一时期，仍然主要是环境经济学界的学者使用绿色经济概念，从环境经济学的视角阐述环境保护、治理与改善等绿色议题，其核心问题是讨论经济与环境相互作用、相互影响的环境经济政策问题，而关注点集中于环境污染治理的经济手段。在我国首先使用皮尔斯等人的绿色经济概念的是环境污染与保护工作者，并对其进行界定。例如，原国家环境保护局首任局长曲格平先生在1992年出版的《中国的环境与发展》一书中指出：“绿色经济是指以环境保护为基础的经济，主要表现在：一是以治理污染和改善生态为特征的环保产业的兴起；二是因环境保护而引起的工业和农业生产方式的变

① 方时姣：《绿色经济思想的历史与现实纵深论》，载《马克思主义研究》2010年第6期，第55～62页。

革，从而带动了绿色产业的勃发。”[①]在这里，十分清楚地表明了曲格平先生同皮尔斯等人一样，是借用绿色经济的概念来诠释环境保护、治理和改善的问题。其后，我国学界有一些学者把绿色经济当作环境经济的代名词，借用绿色经济之名，表达环境经济之实。总之，长期以来，国内外不少学者按照皮尔斯等人的学术路径，对绿色经济作了狭隘的理解而被看作是环境经济学的新概括，把它纳入环境经济学的理论框架之中，成为环境经济学的理论范畴。这就必然遮盖了绿色经济的本来面目，极大地扭曲了它的本质内容与基本特征，不仅产生了一些不良的学术影响，而且会误导人们的生态与经济实践。正如方时姣教授指出的：“把绿色经济纳入环境经济学的理论框架来指导实践，最多只能缓解生态环境危机，是不可能从根本上解决生态环境问题的，也不可能克服生态环境危机，也就谈不上实现生态经济可持续发展。”[②]

20 世纪 90 年代，我国生态经济学界就有学者用绿色经济这一术语概括生态环境建设绿色议题和生态经济协调发展研究的新进展，论述重点是“一切都将围绕改善生态环境而发展，核心问题是要实现人和自然的和谐、经济与生态环境的协调发展。”[③]为此，笔者针对皮尔斯等国内外学者以环境经济学理论范式来回应绿色经济议题，在 1994 年出版了《当代中国的绿色道路》一书，以生态经济学新范式来回应绿色经济议题，以生态经济协调发展理论平台在深层次上阐述“发展经济必须与发展生态同时并举，经济建设必须与生态建设同步进行，国民经济现代化必须与国民经济生态化协调发展”的绿色发展道路。这就在国内外首次拉开了从学科属性上把绿色经济从环境经济学理论框架中解放出来的序幕。在此基础上，笔者于 2000 年 1 月出版的《绿色经济论——经济发展理论变革与中国经济再造》一书，深刻地论述了一系列重大的绿色经济理论前沿和现实前沿问题，科学地揭示了生态经济与知识经济同可持续发展经济之间的本质联系及其发展规律，破解了三者之间相互渗透、融合发展的绿色经济与绿色发展的内在奥秘，成为中国绿色经济理论与绿色发展学说形成的重要标志。尤其是该书把绿色经济看作是生态经济与可持续经济的新概括与代名词，并从这个新高度的最高层次对绿色经济提出了新命题：“绿色经济

① 转引自刘学谦、杨多贵、周志强等：《可持续发展前沿问题研究》，北京：科学出版社，2010 年版，第 126 页。

② 方时姣：《绿色经济思想的历史与现实纵深论》，载《马克思主义研究》2010 年第 6 期，第 55～62 页。

③ 郑明焕：《把握机遇，在大转变中求发展》，1992 年 3 月 28 日《中国环境报》。

是可持续经济的实现形态和形象概括。它的本质是以生态经济协调发展为核心的可持续发展经济。"[①]这个界定肯定了绿色经济的生态经济属性，揭示了它的可持续经济的本质特征，从学科属性上把它从环境经济学理论框架中彻底解放出来，真正纳入生态经济学与可持续发展经济学的理论体系，成为生态经济学与可持续发展经济学的理论范畴，恢复了绿色经济的本来面目。虽然这个绿色经济的定义十分抽象，却反映了它的本质属性与科学内涵，得到了多数绿色经济研究者的认同和广泛使用。然而时至今日，在我国仍有少数学者尤其在实际工作中也有不少人还在用环境经济学范畴中的绿色经济理念来指导经济实践，这种现象不能继续下去了。

二、关于绿色经济的文明属性问题

绿色经济的文明属性不是工业文明的经济范畴，而是生态文明的经济范畴。世界绿色经济思想史告诉我们，在学科属性上把绿色经济当作环境经济学的新观念与代名词，纳入环境经济学的理论框架，就必然在文明属性上把它纳入工业文明的基本框架，成为工业文明的经济范畴，即发展工业文明的经济模式。这是因为，环境经济学是调整、修补、缓解人与自然的尖锐对立、环境与经济的互损关系的工业文明时代的产物，是工业文明"先污染后治理"经济发展道路的理论概括与学理表现。自皮尔斯等人指出环境经济学范畴的绿色经济概念以来，国内外一个主流绿色经济观点就是对绿色经济的狭隘的认识与把握，只是把它看成是解决工业文明经济发展过程中出现的生态环境问题的新经济观念，是能够克服工业文明的褐色经济或黑色经济弊端的经济模式。在我国这种观点比较流行。例如，有的学者认为："绿色经济是以市场为导向、以传统产业经济为基础、以经济与环境的和谐为目标而发展起来的一种新型的经济形式即发展模式"，"是现代工业化过程中针对经济发展对环境造成负面影响而产生的新经济概念"。时至今日，这种工业文明经济范畴的绿色经济概念仍被人引用来论证自己的绿色经济观念。因此，在此我要再次强调：工业文明经济范畴的绿色经济观念，在本质上仍是人与自然对立的文明观，并没有从根本上消除工业文明及黑色经济反生态和反人性的黑色基因，丢弃了绿色经济是生态经济协调发展的核心内容和超越工业文明黑色经济、铸造生态文明生态经济的本质属性，从而否定了绿色经济是生态文明生态经济形态的理论内涵与实践价值。因此，

① 刘思华：《绿色经济论》，北京：中国财政经济出版社，2001年版，第3页。

以工业文明经济范式或理论平台来回应绿色经济议题，是不可能从根本上触动工业文明黑色经济形态的，是难以走出工业文明黑色经济发展道路的；最多是缓解局部自然环境恶化，是不可能解决当今人类面对的生态经济社会全面危机的。因此，决定了我们必须也应当以生态文明新范式或理论平台在深层次回应绿色经济与发展绿色经济议题，才能顺应21世纪生态文明与绿色经济时代的历史潮流。

生态马克思主义经济学哲学告诉我们：彻底的生态唯物主义者，不仅要在学科属性上把绿色经济从环境经济学的理论框架中解放出来，成为生态经济与可持续发展经济的理论范畴，而且在文明属性上，要把它从工业文明的基本框架中解放出来，作为生态文明的经济范畴。前面提到的笔者所著的《当代中国的绿色道路》《绿色经济论》这两部著作，是实现绿色经济这两个生态解放的成功探索。早在1998年笔者在《发展绿色经济，推进三重转变》一文中就明确提出了发展绿色经济的新的经济文明观，明确指出："人类正在进入生态时代，人类文明形态正在由工业文明向生态文明转变，这是人类发展绿色经济、建设生态文明的一个伟大实践。"[①]邹进泰、熊维明的《绿色经济》一书中指出：绿色经济发展"是从单一的物质文明目标向物质文明、精神文明和生态文明多元目标的转变。发展绿色经济，尤其要避免'石油工业''石油农业'造成的高消耗、高消费、高生态影响的物质文明，而要造就高效率、低消耗、高活力的生态文明"。[②]可见"中国智慧"在世界上最早实现绿色经济的两个生态解放、纳入生态文明的基本框架，是人与自然和谐统一、生态与经济协调发展的建设生态文明的必然产物。下面还要作几点说明：

(1)按照人类文明形态演进和经济社会形态演进一致性的历史唯物主义社会历史观的理论思路，生态文明是继原始文明、农业文明、工业文明（包括后工业文明）之后的全新的人类社会文明形态，它不仅延续了它们的历史血脉，而且创新发展了它们尤其是工业文明的经济社会形态，使工业文明从人与自然相互对立、生态与经济相分裂的工业经济社会形态，朝着生态文明以人与自然和谐统一、生态与经济协调发展的生态经济社会形态演进。这是人类文明经济社会的全方位、最深刻的生态变革与绿色经济转型，可以说是人类文明历史发展以来最伟大的生态经济社会变革运动。

① 刘思华：《刘思华文集》，武汉：湖北人民出版社，2003年版，第403页。

② 邹进泰、熊维明等：《绿色经济》，太原：山西经济出版社，2003年版，第12页。

(2) 我们要深刻认识和正确把握绿色经济的概念属性与本质内涵，正是这个属性和内涵决定了它是生态文明生态经济形态的实现形式与形象概括。世界工业文明发展的历史表明，无论是资本主义工业化，还是社会主义工业化；无论是发达国家工业化，还是发展中国家工业化，都走了一条工业经济黑色化的黑色发展道路，形成了工业文明黑色经济形态。据此，工业文明主导经济形态的工业经济形态的实现形态与形象概括就是黑色经济形态。而生态文明开辟了经济社会发展绿色化即生态化的绿色发展道路，最终形成生态文明绿色经济形态。它是对工业文明及其黑色经济形态的批判、否定和扬弃，是在此基础上的生态变革和绿色创新。这就是说，绿色经济的根本属性与本质内涵是生态经济与可持续发展经济，使它必然在本质上取代工业经济并融合知识经济的一种全新的经济形态，是生态文明新时代的主导经济形态的现实形态。所以，笔者反复指出："绿色经济作为生态文明时代的经济形态，是生态经济形态的现实象征与生动概括。"①这不仅肯定了绿色经济是生态经济学与可持续发展经济学的理论范畴，而且界定了绿色经济是生态文明的经济范畴，恢复了绿色经济的本来面目。

(3) 绿色经济实现"两个生态解放"之后，就应当对它重新定位。现在我们可以将绿色经济的科学内涵和外延表述为：以生态文明为价值取向，以自然生态健康和人体生态健康为终极目的，以提高经济社会福祉和自然生态福祉为本质特征，以绿色创新为主要驱动力，以促进人与自然和谐发展和生态与经济协调发展为根本宗旨，实现生态经济社会发展相统一并取得生态经济社会效益相统一的可持续经济。因此，发展绿色经济是广义的，不仅是指广义的生态产业即绿色产业，而且包括低碳经济、循环经济、清洁能源和可再生能源、碳汇经济以及其他节约能源资源与保护环境、建设生态的经济等。②这个新界定正确地揭示了绿色经济的本质属性、科学内涵、概念特征与实践主旨，准确地体现了绿色经济历史趋势与时代潮流；绿色经济观念、理论是人与自然和谐统一、生态与经济协调发展的生态文明新时代的理论概括与学理表现。只有这样认识和把握绿色经济，才能真正符合生态文明与绿色经济发展的客观进程与内在逻辑。

(4) 生态文明经济范畴的绿色经济包含两层经济含义：一是它作为理论形态是

---

① 中国社会科学院马克思主义学部：《36位著名学者纵论中国共产党建党90周年》，北京：中国社会科学出版社，2011年版，第409页。

② 刘思华：《生态文明与绿色低碳经济发展总论》，北京：中国财政经济出版社，2001年版，第1页。

生态文明的经济社会形态范畴，是生态文明时代崭新的主导经济，我们称之为绿色经济形态。二是它作为实践形态是生态文明的经济发展模式，是生态文明崭新时代的经济发展模式，我们称之为绿色经济发展模式。这就决定了建设生态文明、发展绿色经济的双重战略任务，既要形成生态和谐、经济和谐、社会和谐一体化的绿色经济形态，又要形成生态效益、经济效益、社会效益最佳统一的绿色经济发展模式。据此，建设生态文明、发展绿色经济应当是经济社会形态和经济社会发展模式的双重绿色创新转型发展过程，这是革工业文明的黑色经济形态和经济发展模式之故、鼎生态文明的绿色经济形态和经济发展模式之新的过程。因此，每个战略任务都是双重绿色使命：一方面背负着克服、消除工业文明的黑色经济形态与发展模式的黑色弊端，对它们进行生态变革、绿色重构与转型，改造成为绿色经济形态与绿色经济发展模式；另一方面担负着创造人类文明发展的新形态，即超越资本主义工业文明（包括高度发达的后工业文明）的社会主义生态文明，构建与生态文明相适应的绿色经济形态和绿色经济发展模式。这是生态文明建设的中心环节，是绿色经济发展的实践指向，因此双重绿色经济就是我们迈向生态文明与绿色经济发展新时代，也是推动人类文明形态和经济社会形态与发展模式同步演进的双重时代使命与实践目标。实现双重时代使命所推动的变革不仅仅是工业文明形态及其黑色经济形态与发展模式本身的变革，而且是超越工业文明的生态文明及其他的经济形态与发展模式的生态变迁与绿色构建。这才符合生态文明与绿色经济的本质属性与实践主旨。

三、关于绿色发展理论与道路的探索问题

自 2002 年以来的 10 多年间，一直流传着联合国开发计划署在《2002 年中国人类发展报告：让绿色发展成为一种选择》中首先提出绿色发展，中国应当选择绿色发展之路。这个“首先”之说不知是何人的说法，是根本不符合绿色发展思想理论发展的历史事实的，是一种学术误传。

1．我们很有必要对中国绿色发展思想理论发展的历史作简要回顾

如前所述，1994 年笔者在《当代中国的绿色道路》一书中，以生态经济学新范式及生态经济协调发展的新理论平台来回应绿色发展道路议题，阐述了绿色发展的一系列主要理论与实践问题，明确提出中国绿色发展道路的核心问题是“经济发展生态化之路”，“一切都应当围绕着改善生态环境而发展，使市场经济发展建立在

生态环境资源的承载力所允许的牢固基础之上，达到有益于生态环境的经济社会发展。"[①]1995年著名学者戴星翼在《走向绿色的发展》一书中首次从"经济学理解绿色发展"的角度，明确使用"绿色发展"这一词汇，诠释可持续发展的一系列主要理论与实践问题，并认为"通往绿色发展之路"的根本途径在于"可持续性的不断增加"。[②]在这里，绿色发展成为可持续发展的新概括。2012年著名学者胡鞍钢出版的《中国：创新绿色发展》一书，创新性地提出了绿色发展理念，开创性地系统阐述了绿色发展理论体系，总结了中国绿色发展实践，设计了中国绿色现代化蓝图。所以，笔者认为该书虽有不足之处，但从总体上说，丰富、创新、发展了中国绿色发展学说的理论内涵和实际价值，提出了一条符合生态文明时代特征的新发展道路——绿色发展之路。总之，中国学者探索绿色发展的理念、理论与道路的历史轨迹表明，在此领域"中国智慧"要比"西方智慧"高明，这就在于绿色发展在发展理念、理论、道路上突破了可持续发展的局限性，"将成为可持续发展之后人类发展理论的又一次创新，并将成为21世纪促进人类社会发生翻天覆地变革的又一次大创造。"[③]

2. 21世纪的绿色经济与绿色发展观

进入21世纪以后，绿色经济与绿色发展观念逐步从学界视野走进政界视野，尤其是面对2008年国际金融危机催化下世界绿色浪潮的新形势，以胡锦涛为总书记的中央领导集体正确把握当今世界发展绿色低碳转型的新态势、未来世界绿色发展的大趋势，站在与世界各国共建和谐世界与绿色世界的发展前沿上，直面中国特色社会主义的基本国情，提出了绿色经济与绿色发展的一系列新思想、新观点、新理论，揭示了发展绿色经济、推进绿色发展是当今世界发展的时代潮流。正如习近平同志所指出的："绿色发展和可持续发展是当今世界的时代潮流"，其"根本目的是改善人民生活环境和生活水平，推动人的全面发展。"[④]李克强还指出："培育壮大绿色经济，着力推动绿色发展"，"要加快形成有利于绿色发展的体制机制，通过政策激励和制度约束，增强推动绿色发展的自觉性、主动性，抑制不顾资源环境承

---

① 刘思华：《当代中国的绿色道路》，武汉：湖北人民出版社，1994年版，第86页、第101页。

② 戴星翼：《走向绿色的发展》，上海：复旦大学出版社，1998年版，第1～23页。

③ 胡鞍钢：《中国：创新绿色发展》，北京：中国人民大学出版社，2012年版，第20页。

④ 习近平：《携手推进亚洲绿色发展和可持续发展》，2010年4月11日《光明日报》。

载能力盲目追求增长的短期行为。”[①]笔者曾发文把以胡锦涛为总书记的中央领导集体的绿色发展理念概括为“四论”，即绿色和谐发展论、国策战略绿色论、绿色文明发展道路论、国际绿色合作发展论。[②]在此我们还要重视的是胡锦涛同志在2003年中央经济工作会议上明确指出：“经济增长不能以浪费资源、破坏环境和牺牲子孙后代利益为代价。”其后，他进一步指出：“我国是社会主义国家，我们的发展不能以牺牲精神文明为代价，不能以牺牲生态环境为代价，更不能以牺牲人的生命为代价。”“我们一定要痛定思痛，深刻吸取血的教训。”[③]胡锦涛提出的不能以“四个牺牲为代价”换取经济发展的绿色原则，反映了改革开放以来，我国经济发展的基本经验和严重教训，这实质上是实现科学发展的四项重要原则，是推进绿色发展的四项重要原则。凡是以“四个牺牲为代价”换取的经济发展就是不和谐的、不可持续的非科学发展，这种发展可以称为黑色发展；凡是没有以“四个牺牲为代价”的经济发展就是和谐的、可持续的科学发展，这种发展可以称为绿色发展。正是在这个意义上说，不能以“四个牺牲为代价”是区分黑色发展和绿色发展的四项绿色原则。

3．依法治国新政理念：发展绿色经济、推进绿色发展

当下中国执政者对绿色经济与绿色发展的认识与把握，已不只是学界那样把发展绿色经济、推进绿色发展视为全新的思想理论，而是一种崭新的全面依法治国的执政理念、发展道路与发展战略。党的十八大首次把绿色发展（包括循环发展、低碳发展）写入党代会报告，是绿色发展成为具有普遍合法性的中国特色社会主义生态文明发展道路的绿色政治表达，标志着实现中华民族伟大复兴的中国梦所开辟的中国特色社会主义生态文明建设道路是绿色发展与绿色崛起的科学发展道路。这条道路的理论体系就是“中国智慧”创立的绿色经济理论与绿色发展学说。它既是适应世界文明发展进步，更是适应中国特色社会主义文明发展进步需要而产生的科学发展学说，甚至可以说，是一种划时代的全新科学发展学说。对此，近几年来，我多次强调指出：绿色经济理论与绿色发展学说不是引进的西方经济发展思想，而是中国学界和政界马克思主义学人自主创立的科学发展新学说。它是立足中国、面向世界、通向未来的马克思主义发展学说，必将指引着中国特色社会主义沿着绿色发展与绿色崛起的科学发展道路不断前进。

---

① 李克强：《推动绿色发展　促进世界经济健康复苏和可持续发展》，2010年5月9日《光明日报》。

② 刘思华：《科学发展观视域中的绿色发展》，载《当代经济研究》2011年第5期，第65～70页。

③ 中共中央文献研究室：《科学发展观重要论述摘编》，北京：中央文献出版社，2008年版，第34页、第29页。

“中国智慧”不仅从绿色经济的根本属性与本质内涵论证了绿色经济是生态文明的经济范畴，而且从绿色发展的根本属性与本质内涵界定了绿色发展是生态文明的发展范畴。故笔者把绿色发展表述为：“以生态和谐为价值取向，以生态承载力为基础，以有益于自然生态健康和人体生态健康为终极目的，以追求人与自然、人与人、人与社会、人与自身和谐发展为根本宗旨，以绿色创新为主要驱动力，以经济社会各个领域和全过程的全面生态化为实践路径，实现代价最小、成效最大的生态经济社会有机整体全面和谐协调可持续发展，因此，绿色发展必将使人类文明进步和经济社会发展更加符合自然生态规律、社会经济规律和人自身的规律，即支配人本身的肉体存在和精神存在的规律（恩格斯语）”[①]或者说“更加符合三大规律内在统一的”自然、人、社会有机整体和谐协调发展的客观规律。现在我要进一步指出的是，从学理层面上说，绿色发展的理论本质是“生态经济社会有机整体全面和谐协调可持续发展”；从实践层面上看，绿色发展的实践主旨是实现“生态经济社会有机整体全面和谐协调可持续发展”。现在我们完全可以作出一个理论结论：绿色发展是生态经济社会有机整体全面和谐协调可持续发展的形象概括与现实形态。正是在这个意义上说，绿色发展是永恒的经济社会发展。这是客观真理。

2．绿色发展学说中若干基本理论观点和现实问题

(1) 绿色发展的经济学诠释，就是绿色经济与绿色发展内在统一的绿色经济发展。笔者在 2002 年《发展绿色经济的理论与实践探索》的学术报告中，首次提出了绿色经济发展新观念和构建了绿色经济发展理论的基本框架，明确指出：“发展绿色经济是建设生态文明的客观基础和根本问题”，“绿色经济发展是人类文明时代的工业文明时代进入生态文明时代的必然进程”，“是推进现代经济的‘绿色转变’，走出一条中国特色的绿色经济建设之路”，“必将引起 21 世纪中国现代经济发展的全方位的深刻变革，是中国经济再造的伟大革命”，还强调指出：“只有建立生态市场经济制度才能真正走出一条中国特色的绿色经济发展道路。”[②]因此，21 世纪中国绿色发展道路在经济领域内，就是绿色经济发展道路，这是中国特色社会主义经济发展道路走向未来的必由之路。

(2) 20 世纪人类文明发展事实表明工业文明发展黑色化是常态，故工业文明确实是黑色文明，其发展是黑色发展，它的一切光辉成就的取得，说到底是以牺牲

① 刘思华：《生态马克思主义经济学原理》（修订版），北京：人民出版社，2014 年版，第 578～579 页。

② 刘思华：《刘思华文集》，武汉：湖北人民出版社，2003 年版，第 607～612 页。

自然生态、社会生态和人体生态为代价，创造着黑色的文明史。因此，生态马克思主义经济学哲学得出一个人类文明时代发展特征的结论："工业文明是黑色发展时代，生态文明是绿色发展时代……'中国智慧'对从工业文明黑色发展向生态文明绿色发展巨大变革的认识，是21世纪中华文明发展头等重要的发现，是科学的最大贡献。"①从工业文明黑色发展走向生态文明绿色发展是生态经济社会有机整体的全方位生态变革与全面绿色创新转变，是人类文明发展史上最伟大的最深刻的生态经济社会革命。它的中心环节是要实现工业文明黑色发展道路向生态文明绿色发展道路的彻底转轨，其关键所在是要实现工业文明黑色发展模式向生态文明绿色发展模式的全面转型。②只有实现这两个"根本转变"，人类文明形态演进和经济社会形态演进才能真正迈向生态文明与绿色经济发展新时代。

(3) 和谐发展和绿色发展是生态文明的根本属性与本质特征的两种体现，是生态文明时代生态经济社会有机整体全面和谐协调可持续发展的两个方面。这是因为：① 生态马克思主义经济学哲学告诉我们，人类文明进步和经济社会发展的实质就是自然、人、社会有机整体价值的协调与和谐统一，是实现人与自然、人与人、人与社会、人与自身的全面和谐协调，成为人类文明进步与经济社会发展的历史趋势和终极价值追求。因此，笔者在《生态马克思主义经济学原理》一书中就指出了狭义与广义生态和谐论，指出"狭义生态和谐"就是人与自然的和谐发展即自然生态和谐，这是狭义生态文明的核心理念。而和谐发展不仅是人与自然的和谐发展，还包括人与人、人与社会及个人的身心和谐发展，于是我把这"四大生态和谐"称之为"广义的生态和谐"的全面和谐发展。这是广义生态文明的根本属性与本质特征，就必然成为生态文明的绿色经济形态与绿色发展模式的根本属性与本质特征。② 生态马克思主义经济学哲学还认为，从自然、人、社会有机整体的四大生态和谐协调发展意义上说，生态和谐协调发展已成为当今中国和谐协调发展的根基。这是绿色发展的核心与灵魂。因此，建设生态文明、发展绿色经济、推进绿色发展，必须贯穿于中国生态经济社会有机整体发展的全过程和各个领域，不断追求和递进实现"四大生态关系"的全面和谐发展，这是绿色发展的真谛。

---

① 刘思华：《生态马克思主义经济学原理》（修订版），北京：人民出版社，2014年版，第579页。

② 胡鞍钢教授在《中国：创新绿色发展》一书中认为："以高消耗、高污染、高排放为基本特征的发展，即黑色发展模式。"我认为应当以高投入、高消耗、高排放、高污染、高代价为基本特征的发展就是工业文明黑色发展模式，而以"五高"黑色发展模式为基本内容与发展思路就是工业文明黑色发展道路。

（4）全面生态化或绿色化是绿色发展的主要内容与基本路径。2011 年夏，中国绿色发展战略研究组课题组撰写的《关于全面实施绿色发展战略向十八大报告的几点建议》一书指出：按照马克思主义生态文明世界观和方法论，生态化应当写入党代会报告，使中国特色社会主义旗帜上彰显着社会主义现代文明的生态化发展理念，这是建设社会主义生态文明的必然逻辑，是发展绿色经济、实现绿色发展的客观要求，是构建社会主义和谐社会的必然选择。这里所说的生态化发展理念，就是绿色发展理念。后者是前者的现实形态与形象概括，在此我们很有必要作进一步论述：

☞ 生态化是一个综合科学的概念，是前苏联学者首创的现代生态学的新观念：早在 1973 年苏联哲学家 B. A. 罗西在《哲学问题》杂志上发表的《论现代科学的"生态学化"》一文中，就将生态化称为"生态学化"，其本质含义是"人类实践活动及经济社会运行与发展反映现代生态学真理"。以此观之，生态化主要是指运用现代生态学的世界观和方法论，尤其依据"自然、人、社会"复合生态系统整体性观点考察和理解现实世界，用人与自然和谐协调发展的观点去思考和认识人类社会的全部实践活动，最优地处理人与自然的自然生态关系、人与人的经济生态关系、人与社会的社会生态关系和人与自身的人体生态关系，最终实现生态经济社会有机整体全面和谐协调可持续的绿色发展"。[①]生态化这个术语是国内外学者，尤其在中国新兴、交叉学科的学者广泛使用的新概念，其论著中使用的频率最高，当代中国已经出现新兴、交叉经济学生态化趋势。因此，这个界定从学理上说，我们可以作出一个合乎逻辑的结论：生态化应当是生态文明与绿色发展的重要范畴，甚至是基本范畴。

☞ 当今人类生存与发展需要进行一场深刻的生态经济社会革命，走绿色发展新道路，推进人类生存与发展的生产方式和生活方式的生态化转型，实现人类生存方式的全面生态化。它就内在要求人类社会的经济、科技、文教、政治、社会活动等经济社会运行与发展的全面生态化。在当代中国就是使中国特色社会主义生态经济社会体系运行朝着生态

① 刘思华：《论新型工业化、城镇化道路的生态化转型发展》，载《毛泽东邓小平理论研究》2013 年第 7 期，第 8～13 页。

化转型的方向发展。这种生态化转型发展就成为生态经济社会运行与发展的内在机制、主要内容、基本路径与绿色结果。这样的当代中国走生态化转型发展之路，是走绿色发展的必由之路与基本走向。可以说，“顺应生态化转型者昌，违背生态化转型者亡。”[①]这不仅是当今人类文明进步和世界经济社会发展，而且是中国特色社会主义文明进步和当代中国经济社会发展的势不可当的生态化即绿色化发展大趋势。

☞ 生态马克思主义经济学哲学强调生态文明是广义和狭义生态文明的内在统一，[②]并把广义生态文明称为绿色文明，既然生态化是生态文明的一个重要范畴，那么它就同生态文明，也是广义与狭义生态化的内在统一；这样说，可以把广义生态化称之为绿色化。两者的本质内涵是完全一致的。2015 年 3 月 24 日，中共中央政治局审议通过的《关于加快推进生态文明建设的意见》首次使用了绿色化这一术语，要求在当前和今后一个时期内，协同推进新型工业化、城镇化、信息化、农业现代化和绿色化。如果说绿色发展（包括循环发展和低碳发展）是生态文明建设的基本途径，那么可以说生态化发展是生态文明建设的内在机制和基本内容与途径。这是因为生态文明建设的理论本质是以生态为本，即主要是以增强提高自然生态系统适应现代经济社会发展的生态供给能力（包括资源环境供给能力）为出发点和落脚点，既要构建优化自然生态系统，又要推进社会经济运行与发展的全面生态化，建立起具有生态合理性的绿色创新经济社会发展模式。所以“生态文明建设的实践指向，是谋求生态建设、经济建设、政治建设、文化建设与社会建设相互关联、相互促进，相得益彰、不可分割的统一整体文明建设，用生态理性绿化整个社会文明建设结构，实现物质文明建设、政治文明建设、精神文明建设、和谐社会建设的生态化发展。这是中国特色社会主义生态文明建设的真谛。”[③]

☞ 笔者借写“丛书”总序之机，代表中国绿色发展战略研究组课题组和“丛书”的作者们向党中央建议：两年后把“绿色化”或“生态化”

① 刘本炬：《论实践生态主义》，北京：中国社会科学出版社，2007 年版，第 136 页。

② 刘思华：《生态马克思主义经济学原理》（修订版），北京：人民出版社，2014 年版，第 540～542 页。

③ 刘思华：《生态马克思主义经济学原理》（修订版），北京：人民出版社，2014 年版，第 549 页。

写入党的十九大报告，使它成为中国特色社会主义道路从工业文明黑色发展道路向生态文明绿色发展道路全面转轨的一个象征，成为当今中国社会主义经济社会发展模式从工业文明黑色发展模式向生态文明绿色发展模式全面转型的一个标志，成为中国特色社会主义文明迈向社会主义生态文明与绿色经济发展新时代的一个时代标识。

四、关于迈向生态文明绿色发展的使命与任务问题

自 2008 年国际金融危机以来，绿色经济与绿色发展迅速兴起，是有着深刻的生态、经济和社会历史背景的。应当说，首先是发源于回应工业文明黑色发展道路与模式的负外部效应所积累的全球范围“黑色危机”越来越严重，已经走到历史的巅峰。“物极必反”，工业文明黑色发展道路与模式的历史命运也逃避不了这个历史的辩证法。它在其黑色发展过程中自我否定因素不断生成，形成向绿色经济与绿色发展转型的因素日渐清晰彰显，使我们看到了绿色经济与绿色发展的时代晨光，人类正在迎来生态文明绿色发展的绿色黎明。这是人类实现生态经济社会全面和谐协调可持续发展的历史起点。

1. 我们必须深刻认识和正确把握生态文明的绿色发展道路与模式的时代特征

迈向生态文明绿色经济发展新时代的时代特色应是反正两层含义：一是当今世界仍然处于黑色文明且达到了全面异化的巨大危机之中，使当今人类面临着前所未有的工业文明黑色危机的巨大挑战；二是巨大危机是巨大变革的历史起点，开启了绿色文明绿色发展的新格局、新征途，使人类面临着前所未有的绿色发展历史机遇，并给予全面生态变革与绿色转型的强大动力。因此，当今人类正处于工业文明黑色发展衰落向生态文明绿色发展兴起的更替时期。这是危机创新时代，黑色发展危机逼进绿色创新发展，绿色创新发展走出黑色发展危机。毫无疑问，当今世界和当代中国的一个生态文明绿色创新发展时代正在到来。对此，我们必须从工业文明黑色发展危机来认识与把握生态文明绿色发展道路与模式的历史必然性和现实必要性与可能性。

(1) 历史和现实已经表明，自 18 世纪资本主义工业革命以来，在工业文明（包括其最高阶段的后工业文明）时代资本主义文明及工业文明成功地按照自身发展的工业文明发展模式塑造全世界，将世界各国都引入工业文明黑色经济与黑色发展道路与模式，形成了全球黑色经济与黑色发展体系。当今中外多学科学者在对工业文

明黑色发展的反思与批判中，有一个共识：黑色文明发展一方面使物质世界日益发展，物质财富不断增加；另一方面使精神世界正在坍塌，自然世界濒临崩溃，人的世界正在衰败。它不仅是自然异化，而且是人的物化、异化和社会的物化、异化。当今世界的南北两极分化加剧，以美国为首的国际垄断资本主义势力为掠夺自然资源不断发动地区战争，没有硝烟的经济战和经济意识形态战频发；恐怖主义嚣张，物质主义、拜金主义、消费主义盛行，道德堕落和精神与理智崩溃，无论是发达国家还是发展中国家内部的贫富悬殊、两极分化正在加剧，各种社会不公正与不平等的社会生态关系恶化加深，已成为当今世界的社会生态黑色发展现实。因此，当今工业文明黑色发展的黑色效应已经全面地、极大地显露出来了，使工业文明黑色发展成为当今世界以及大多数国家和民族发展的现状特征。正是在这个意义上，我们完全可以说，当今人类已经陷入工业文明发展全面异化危机及黑色深渊，使今日之工业文明黑色发展达到了可以自我毁灭的地步，同时也包含着克服、超越工业文明黑色发展险境的绿色发展机遇和种种因素条件，也就预示着黑色发展道路与模式的生态变革与绿色转型是历史的必然。这就是说，如果人类不想自我毁灭的话，就必须自觉地走超越工业文明的生态文明绿色发展的新道路，及构建绿色发展的新模式。这是历史发展的必然道路，是化解当今工业文明黑色发展危机的人类自觉的选择，也是唯一正确的选择。

(2) 深刻认识和真正承认开创生态文明绿色发展道路与模式的现实必要性和紧迫性。这首先在于当今世界系统运行是依靠“环境透支”“生态赤字”来维持，使自然生态系统的生态赤字仍在扩大，将世界各国都绑在工业文明黑色发展之舟上航行。工业文明发展的一切辉煌成就的取得，都是以自然、人、社会的巨大损害为代价，尤其是以毁灭自然生态环境为代价的，这是西方各学科的进步学者的共识，也是中国有社会良知的学者的共识。在 1961 年人类一年只消耗大约 2/3 的地球年度可再生资源，世界大多数国家还有生态盈余。大约从 1970 年起，人类经济社会活动对自然生态的需求就逐步接近自然生态供给能力的极限值，自 1980 年首次突破极限形成“过冲”以来，人类生活中的大自然的生态赤字不断扩大，到 2012 年已经需要 1.5 个地球才能满足人类正常的生存与发展需要。因此，《增长的极限》一书的第 2 版即 1992 年版译者序就明确指出：“人类在许多方面已经超出了地球的承载能力之外，已经超越了极限，世界经济的发展已经处于不可持续的状况。”足见工业文明黑色发展确实是一种征服自然、掠夺自然、不惜以牺牲自然生态来换取经济发展的黑色发展道路，使“今天世界上的每一个自然系统都在走向衰落”。[①]进入21世纪的15年间，生态赤字继续扩大、自然生态危机及黑色发展危机日益加深。对此，《自然》杂志发文说：“地球生态系统将很快进入不可逆转的崩溃状态。”[②]联合国环境规划署2012年6月6日在北京发布全球环境展望报告中指出，当今世界仍沿着一条不可持续之路加速前行，用中国学者的话说，就是人类仍在继续沿着工业文明黑色发展道路加速前行。因此，从全球范围来看，“目前还没有一个国家真正迈入了‘绿色国家的门槛’”[③]，这是不可否认的客观事实。据报道，今年春季欧洲大面积雾霾污染重返欧洲蓝天，使巴黎咳嗽、伦敦窒息、布鲁塞尔得眼疾……这是今春西欧地区空气污染现状大致勾勒出的一幅形象的画面。这就意味着这些欧洲各城市又重新回到大气危机的黑色轨道上来了，因此，人们发出了西欧“霾害根除”还只是个传说之声。这的确是事实，欧洲遭遇空气污染已经不是新鲜事。2011年9月7日英国《卫报》网站曾报道，欧洲空气质量研究报告称空气污染导致欧洲每年有50万人提前死亡，全欧用于处理空气污染的费用高达每年7 900亿欧元。2014年11月19日西班牙《阿贝赛报》报道，欧洲环境署公布的空气质量年度报告显示空气污染问题造成欧洲每年大约45万人过早死亡，其中约有43万人的死因是生活在充满$PM_{2.5}$的环境中。2014年4月初，英国环境部门监测到伦敦空气污染达10级，是1952年以来最严重的污染，引发全国逾162万人哮喘病发[④]。近年来欧洲大面积雾霾污染事件，击碎了英国、法国、比利时等发达国家是“深绿发展水平国家”的神话。

(3) 一个国家和民族或地区经济社会运行，从生态盈余走向生态赤字并不断扩大的发展道路，就是工业文明的黑色发展道路，其自然生态环境必然是不断恶化的，没有绿色发展可言。与此相反，从生态赤字逐步减少走向生态盈余的发展道路，就是迈向生态文明的绿色发展道路，其自然生态环境不断朝着和谐协调绿色发展的方向前行。因此，逐步实现生态赤字到生态盈余的根本转变，构成判断是不是绿色发展及一个国家和民族及地区是不是“绿色国家”的一个基础根据与根本标准。据此，抛弃工业文明黑色发展模式，坚定不移走绿色发展道路，其根本的、最终的目标与

① 保罗·替肯：《商业生态学》（中译本），上海：上海译文出版社，2001年版，第26页。

② 详见2012年7月28日《参考消息》，第7版。

③ 杨多费、高飞鹏：《绿色发展道路的理论解析》，载《科学管理研究》第24卷第5期，第20～23页。

④ 戴军：《英国：“霾害根除”还只是个传说》，2015年3月22日《光明日报》。

首要任务就是尽快扭转自然生态环境恶化趋势，实现生态赤字到生态盈余的根本转变，达到生态资本存量保持非减性并有所增殖，这是人类生态生存之基、绿色发展之源。

2．开创绿色经济发展新时代的绿色使命与历史任务

当今人类发展已经奏响绿色经济与绿色发展的新乐章。发展绿色经济、推进绿色发展是开创绿色经济发展新时代的绿色使命与历史任务，必将成为人类文明演进与经济社会发展的时代潮流。从全球范围来看，迄今为止，世界上还没有一个国家或地区真正是生态文明的绿色国家或绿色地区，中国也不例外。但是当今世界主要发达国家和发展中国家，已经奏响经济社会发展绿色低碳转型的主旋律，开始朝着建设绿色国家或地区，推进绿色发展的方向前行。在此我们要指出的是，发展绿色经济、推进绿色发展是世界各国的共同目标和绿色使命。2010 年美国学者范·琼斯出版的《绿领经济》一书谈到美国兴起的绿色浪潮时说："不管是蓝色旗帜下的民主党人还是红色旗帜下的共和党人，一夜之间都摇起了绿色的旗帜。"[1]奥巴马政府实行绿色新政，主打绿色大牌，实施绿色经济发展战略，其战略目标是要促进经济社会发展的绿色低碳转型，再造以美国为中心的国际政治经济秩序。以北欧为代表的部分国家如瑞典、丹麦等在实施绿色能源计划方面走在世界前列。日本推进以向低碳经济转型为核心的绿色发展战略总体规划，力图把日本打造成全球第一个绿色低碳国家。韩国制定和实施低碳绿色增进的经济振兴国家战略，使韩国跻身全球"绿色大国"之列。尤其是在绿色新政席卷全球时，不仅美国而且英、德、法等主要发达国家，都企图引领世界绿色潮流。这些事实充分表明发展绿色经济、推进绿色低碳转型、实现绿色发展，是世界发展的新未来、新道路，已成为 21 世纪人类文明进步和经济社会发展的主旋律即绿色发展主旋律，标志着当今人类发展已经开启了迈向绿色经济发展新时代的新航程。

然而，历史发展不是一条直线，而是螺旋式上升的曲线。当今人类历史仍处在资本主义文明及工业文明占主导地位的时代，主要资本主义国家仍有很强的调整生产关系、分配关系和社会关系的能力和活力。因此，主要资本主义国家尤其是西方发达资本主义国家，在工业文明基本框架内对生态环境与绿色经济的认识，制定和实行生态环境保护、治理与生态建设政策、措施和行动，并发展绿色经济，来调节、

---

① 范·琼斯：《绿领经济》（胡晓姣、罗俏鹃、贾西贝译），北京：中信出版社，2010 年版，第 55 页。

缓解资本主义生态经济社会矛盾，力图走出工业文明发展全面异化危机即黑色发展困境。但是，正如一些学者所指出的，“事实的真相”则是到目前为止，西方发达资本主义国家所实施的绿色经济发展战略和自然生态环境治理与修复的思路与方案，主要是在工业文明基本框架内进行[①]，仍然没有根本触动工业文明也无法超越现存资本主义文明的黑色经济社会体系。这主要表现在两个方面：一是西方发达资本主义国家对内实行绿色资本主义的发展路线。目前西方发达国家主要是在不根本触动资本主义文明及工业文明黑色经济体系与发展模式的前提下，通过单纯的技术路线来治理、修复、改善自然生态环境，寻求自然生态环境和资本主义协调发展，缓解人与自然的尖锐矛盾，并在对高度现代化的工业文明重新塑造的基础上走有限的“生态化或绿色化转型发展道路”，即绿色发展道路，实践已经论证，这是不可能走出工业文明黑色危机的。今春欧洲大面积雾霾污染重返欧洲蓝天就是有力佐证。二是目前西方发达资本主义国家对外实行生态帝国主义政策，主要有3种形式：资源掠夺、污染输出和生态战争，使发达资本主义大多数踏上了生态帝国主义黑色之路，使西方发达国家的黑色发展道路与模式所付出的高昂生态环境成本即发生巨大黑色成本由发展中国家为他们“买单”。因此，我们从现实中可以看到，绿色资本主义和生态帝国主义的路线与实践不仅可以成功地改善资本主义国家国内的自然生态环境，缓解甚至能够度过“生存危机”，而且可以“在承担着创造后工业文明时代资本主义的‘绿色经济增长’和‘绿色政治合法性’新机遇的使命。”[②]

当今人类虽然正在迎来生态文明即绿色文明的黎明，但人类文明发展却是在迂回曲折中前进的。自2008年国际金融危机之后，先是美国实行“再工业化战略”，推进“制造业回归”。随后欧洲发达国家纷纷宣称要“再工业化”，不仅把包括绿色能源战略在内的绿色经济发展战略纳入经济复苏的轨道，而且还针对经济虚拟化、产业空心化，试图通过实施“再工业化战略”和“回归实体经济”，重塑日益衰落的工业文明生态缺位的黑色经济，重新走上工业文明增长的经济发展道路。这是向高度现代化的工业文明发展的回归，阻碍着人类文明发展迈向生态文明绿色经济发展新时代。

按照生态马克思主义经济学哲学观点，在资本主义文明及工业文明框架的范围

---

① 张孝德：《生态文明模式：中国的使命与抉择》，载《人民论坛》2010年第1期，第24～27页。

② 郇庆治：《“包容互鉴”：全球视野下的“社会主义生态文明”》，载《当代世界与社会主义》2013年第2期，第14～22页。

内，是不可能从根本上走出工业文明发展全面异化危机即黑色危机的深渊。对此，连西方学者也认为：在资本主义文明及工业文明的“基本框架内对经济运行方式、政治体制、技术发展和价值观念所作的任何修补和完善，都只能暂时缓解人类的生存压力，而不可能从根本上解决困扰工业文明的生态危机。”①这就是说，绿色资本主义和生态帝国主义的推行会使全球自然生态、社会生态和人类生态的黑色危机越来越严重。这与20世纪90年代以来世界各国在工业文明框架内实施可持续发展一样，其结果是“20多年来的可持续发展，并没有有效遏制全球范围的环境与生态危机，危机反而越来越严重，越来越危及人类安全。”②因此，世界人民有理由把更多的目光集聚到社会主义中国，将开创工业文明黑色发展道路与模式转向生态文明绿色发展道路与模式，这一人类共同的绿色使命与历史任务寄托于中国建设社会主义生态文明。2011年在美国召开的生态文明国际论坛上有位美国学者说道：“所有迹象表明，美国政府依然将在错误的道路上越走越远。”“所有目光都聚到了中国。放眼全球，只有中国不仅可以，而且愿意在打破旧的发展模式、建立新的发展模式上有所作为。中国政府将生态文明纳入其发展指导原则中，这是实现生态经济所必需的，并使得其实现变为可能，是一个高瞻远瞩的规划。”③

3. 中国在当今世界已经率先拉开超越工业文明的社会主义生态文明绿色经济发展新时代的序幕，引领全人类朝着生态文明绿色经济形态与绿色发展模式的方向发展

我国改革开放以来，始终坚持保护环境和节约资源的基本国策，实施可持续发展战略，一些省市和地区实行“生态立省（市）、环境优先、发展与环境、生态与经济双赢”的战略方针。从发展生态农业、生态工业到建设生态省、生态城市、生态乡村；从坚持走生产发展、生活富裕、生态良好的文明发展道路，建设资源节约型、环境友好型经济社会，到发展绿色经济、循环经济、低碳经济；从大力推进生态文明建设到着力推进绿色发展、循环发展、低碳发展等，都取得了明显进展和积极成效。特别是党的十八大确立了社会主义生态文明科学理论，提出和规定了建设

① 转引自杨通进：《现代文明的生态转向》，重庆：重庆出版社，2007年版，总序第4页。

② 胡鞍钢：《中国：创新绿色发展》，北京：中国人民大学出版社，2012年版，第9页。

③ 《第五届生态文明国际论坛会议论文集（中英文）》，April 28-29，2011，Claremont，CA，USA，Fifth International Forum on Ecological Civilization：toward an Ecological Economics。

中国特色社会主义的两个“五位一体”[①]：建设中国特色社会主义“五位一体”总体目标，使中国特色社会主义道路的基本内涵更加丰富；建设中国特色社会主义“五位一体”总体布局，使中国特色社会主义的基本纲领更加完善。这不仅是奏响我们党“领导人民建设社会主义生态文明”（新党章语）的新乐章，而且标志着全国人民踏上社会主义生态文明绿色发展道路的新征途。因此，党的十八大明确提出“努力建设美丽中国”是社会主义生态文明建设的战略目标，即建设美丽中国首先是建设绿色中国，其中心环节就是走出一条生态文明绿色经济发展道路，构建绿色经济形态与发展模式。据此而言，党的十八大向全党全国人民发出的“努力走向社会主义生态文明新时代”的伟大号召，意味着中国特色社会主义文明发展要努力迈向生态文明绿色经济与绿色发展新时代。为此，《中共中央 国务院关于加快推进生态文明建设的意见》中又提出把经济社会绿色化作为生态文明建设与绿色发展的核心内容与基本途径，从而在当今世界率先开拓了从工业文明黑色发展道路与模式转向生态文明绿色发展道路与模式，使当下中国朝着生态文明绿色经济形态与发展模式的方向发展，努力成为成功走出工业文明的新型工业化道路、真正进入生态文明的绿色化发展道路的榜样国家。

当然，当今中国的客观现实还是一个加速实现工业化的发展中国家，刚走过发达国家100多年所走过的工业文明发展历程，成为以工业文明为主导形态的工业大国。在这几十年间，中国工业化、现代化道路的探索，尽管在一定程度上符合中国国情和实际情况，但仍然走的是工业文明黑色发展与黑色崛起道路，它在本质上是沿袭了西方发达资本主义文明所走过的高碳高熵高代价的工业文明——“先污染后治理、边污染边治理”的黑色发展道路。因此，我们“不得不承认，我们原先走在黑色发展和崛起的征途上，所以尽管我们即使按西方工业文明的标准未达到发展与崛起的程度，但是黑色发展和崛起的一切代价和后果我们都已尝到了。”[②]历史经验教训值得重视，党的十八大之前的20多年里，我们在没有根本触动刚刚形成的工业文明经济社会形态前提下，换言之，在工业文明基本框架内实施可持续发展战略、生态环境治理与修复，建设生态省市，走文明发展道路以及发展绿色经济等，是不可能有效遏制、克服工业文明黑色发展道路与模式的黑色效应，工业文明发展异化

① 刘思华：《生态马克思主义经济学原理》（修订版），北京：人民出版社，2014年版，第561～566页。

② 陈学明：《生态文明论》，重庆：重庆出版社，2008年版，第22页。

危机即黑色危机反而日益严重。它突出体现在3个方面[①]：一是当下中国自然生态恶化状况从总体上看，范围在扩大、程度在加深、危害在加重；二是城乡地区差距不断扩大、分配不公与物质财富占有的贫富悬殊已成常态；三是平民百姓生活质量相对变差等社会生态恶化，公众健康相对变差的国民人体生态恶化等，使得生态经济社会矛盾不断积累与日益突出甚至不同程度的激化，已成为建设美丽中国、全面建成小康社会的重大"瓶颈"，是实现绿色中国梦的最大桎梏。因此，我们必须正视当下中国"自然、人、社会"复合生态系统的客观现实，深刻认识与正确把握当今中国从工业文明黑色发展道路向生态文明绿色发展道路的全面转轨，从工业文明黑色发展模式向生态文明绿色发展模式的全面转型的必要性、迫切性、重要性与艰巨性。事实上，近年来，我国学术界有人为了所谓填补研究空白、标新立异，制造一些伪绿色发展论，不仅把西方主要发达国家说成是"深绿色发展国家"，掩盖当今资本主义国家工业文明发展全面恶化危机即黑色危机的客观现实；而且把处于"十面霾伏"的雾霾污染重灾区的京津冀、长三角、珠三角的一些城市界定为"高绿色城镇化"，这完全不符合客观事实的假命题，否定不了当下中国及城市自然生态危机仍在加深的严峻事实，动摇不了我国以壮士断腕的决心和信心，打好大气、水体、土壤污染的攻坚战和持久战。

所谓攻坚战和持久战，就在于当前国内外事实表明，大气、水体、土壤污染治理与修复已成为世界性的难题。而当今中国大气、水体、土壤污染日益严重，应当说是长期中国工业化、城市化黑色发展积累的必然恶果，是中国工业文明黑色发展道路与模式对自然生态损害的直观展示，是对中国过去GDP至上主义发展的严厉惩罚及严重警示。改革开放30多年，中国经济发展规模迅速扩大，快速成长为工业文明经济大国，这是世所罕见的。然而，它所付出的自然生态环境代价也是世所罕见的。当今世界上很少有国家像中国这样，以如此之高的激情加速折旧自己的生态环境未来，已经是世界头号污染排放大国，正如国内外学者所指出的，中国已经成为世界上最大的"黑猫"，"全球最大的生态'负债国'"[②]。目前中国生态足迹是生物承载力的两倍，生态系统整体生态服务功能不断退化，生态赤字还在扩大。中

① 刘思华：《论新型工业化、城镇化道路的生态化转型发展》，载《毛泽东邓小平理论研究》2013年第7期，第8～13页。

② 卢映西：《出口导向型发展战略已不可持续——全球经济危机背景下的理论反思》，载《海派经济学》2009年第26辑，第81页。

国生态系统的生态负荷已达到临界状态，一些资源与环境容量已达支撑极限，经济社会发展是依靠“环境透支”与“生态赤字”来维持。因而，生态赤字不断扩大，生态（包括资源环境）承载力日益下降，在大中城市尤其是大城市十分突出，如上海市人均生态足迹是人均生态承载力的46倍，广州市为31倍，北京市为26倍。在存在生态赤字的国家中，日本是8倍，其他国家均在2～3倍，中国大城市特大城市普遍存在巨大的生态赤字，都面临比其他国家更为严峻的自然生态危机[①]。由此要进一步指出，目前全国600多个大中城市，特别是大城市，其高速发展不仅正在遭遇各种环境污染，如水、土、气三大污染之困，而且正在遭遇“垃圾围城”之痛，有2/3的城市陷入垃圾的包围之中，有1/4的城市已没有适合场所堆放垃圾，从而加剧了城市生态系统的黑色危机。近日有学者发文认为，“中国城镇化离绿色发展要求的内涵、绿色发展的模式相去甚远”，“中国的绿色发展目标尚未实现”[②]。这就是说，迄今为止，我国还没有一个大中城市真正走入按照社会主义生态文明的本质属性与实践指向所要求的生态文明绿色城市的门槛，这是不容争辩的客观事实。

综上所述，无论当今世界还是今日中国，生态足迹不断增加，生态赤字日益扩大，这是自然生态危机的核心问题与根本表现。而当下中国各类环境污染呈现高发态势，已成民生之患、民心之痛、发展之殇；生态赤字与生态资本短缺仍在加重，使我国进入生态“还债”高发期，良好的自然生态环境已经成为最为短缺的生活要素、生产要素及生存发展要素。这就决定了生态环境问题是严重制约中国生态经济社会有机整体、全面和谐协调可持续发展的最短板，是建设美丽中国、实现绿色中国梦的最大阻碍，是中国绿色发展与绿色崛起面临的最大挑战与绿色压力。因此，我们要直面这一严峻现实，必须也应当摆脱与摒弃过去所走过的工业文明高碳高熵高代价的黑色发展道路，与工业文明黑色发展模式彻底决裂，积极探索生态文明低碳低熵低代价的绿色发展道路及发展模式，使中国特色社会主义文明发展尽早实现从工业文明黑色发展道路与模式向生态文明绿色发展道路与模式的根本转变，成功地建成生态文明绿色强国。

---

① 齐明珠、李月：《北京市城市发展与生态赤字的国内外比较研究》，载《北京社会科学》2013年第3期，第128～134页。

② 庄贵阳、谢海生：《破解资源环境约束的城镇化转型路径研究》，载《中国地质大学学报（社科版）》2015年第2期，第1～10页。

五、关于"绿色经济与绿色发展丛书"的几点说明

"绿色经济与绿色发展丛书"是目前世界和中国规模最大的绿色社会科学研究与出版工程，覆盖数十个社会科学学科和自然科学学科，是现代经济理论与发展思想学科群绿色化的开篇，故不得不说明几点：

(1)"丛书"站在中国特色社会主义文明从工业文明走向生态文明的文明形态创新、经济社会形态创新、经济发展模式及发展方式创新的新高度，不仅探讨了中国社会主义经济的发展道路、发展战略、发展模式和发展体制机制等生态变革与绿色创新转型即生态化、绿色化发展，而且提出了从国民经济各部门、各行业到经济社会发展各领域等方面，都要朝着生态化、绿色化方向发展。为建设社会主义生态文明和美丽中国，实现把我国建成绿色经济富国、绿色发展强国的绿色中国梦，提供新的科学依据、理论基础和实践框架及路径。

(2)"丛书"力争出版45部，涉及学科很多、内容广泛，理论与实践问题研究较多，大致可以归纳为4个方面：一是深化生态文明和绿色经济与绿色发展的马克思主义基础理论研究；二是若干重大宏观绿色化问题研究；三是主要领域、重要产业与行业发展绿色化问题研究；四是微观绿色化问题研究。因此，整部"丛书"是以建设生态文明为价值取向，以发展绿色经济为主题，以推进绿色发展为主线，比较全面、系统地探讨生态经济社会及各领域、国民经济各部门、各行业与其微观基础的绿色经济与绿色发展理论和实践问题；向世界发出"中国声音"，展示中国的绿色经济发展理论与实践的双重探索与双重创新。

(3)"丛书"是新兴、交叉学科群绿色化多卷本著作，必然涉及整个经济理论与发展学说和马克思主义的基本原理与重要的基本理论问题，并涉及众多的非常重要的现实的前沿话题，难度很大，有些认识还只能是理论的假设与推理，而作者和主编的多学科知识和理论水平又很有限，因而"丛书"作为学科群绿色化的开篇，很难说是一个十分让人满意的开头，只能是给读者和研究者提供一个学术平台继续深入探讨，共同迎接绿色经济理论与绿色发展学说的繁荣与发展。

(4)"丛书"把西方世界最早研究生态文明的专家——美国的罗伊·莫里森所著的《生态民主》译成中文出版。《生态民主》一书于1995年出版英文版，至今已有20年了，中国学界和出版界却无人做这项引进工作，出版中译本。近几年来，在我国研究生态文明的热潮中，很多论文和著作都提到《生态民主》一书，尤其我

国权威媒体记者多次采访莫里森，使这本书在中国有较大影响。然而，众多研究者介绍本书时都没有具体内容，既没有看英文版原版，又无中译本可读，只是相互转抄、添油加醋，就产生了一些学术误传，不利于正确认识世界生态文明思想发展史，更不能正确认识中国马克思主义生态文明理论发展史。因此，笔者下决心请刘仁胜博士译成中文，由中国环境出版社出版，与中国学者见面。在此，我要强调指出的是莫里森先生所写中译本序言和该书一些基本观点，并不代表我作为"丛书"主编的观点，我们出版中译本是表明学术思想的开放性、包容性，为中国学者深入研究生态文明提供思想资料与学术空间，推动社会主义生态文明理论与实践研究不断创新发展。

(5)"丛书"的作者们在梳理前人和他人一些与本领域有关的思想材料、引用观点时，都尽可能将原文在脚注和参考文献中一一列出，也有可能被遗漏，在此深表歉意，请原著者见谅。在此，我们还要指出的是，"丛书"是"十二五"国家重点图书出版规划项目，多数书稿经历了四五年时间才完稿，有的书稿所引用的观点和材料是符合当时实际的。党的十八大后，党和政府对市场经济发展进程中出现的某些经济社会问题，认真地进行治理并有所好转，但在出版时对书稿中过去的材料未作改动，把它作为历史记录保留在书中，特此说明。总之，"丛书"值得商榷之处一定不少，缺点甚至错误在所难免，故热切盼望得到专家指教和广大读者指正。

刘思华

2015 年 7 月

目　录

Contents

第 1 章 生态马克思主义经济学的学科定位

生态马克思主义经济学是一门新学科。学科的产生与发展是客观发生的事实，当然也有待理论界的认定。学科是分层次的，一级学科下可以分为二级学科、三级学科等。学科的分类、分层都是理论界的工作，这项工作应当不受意识形态支配，仅从形式逻辑分析，最终应当获得不同立场的学者的共识。但是，仅有学科的分类、分层，还不能完全解决学科的定位问题。我们需要依据马克思主义的立场、观点、方法，站在科学的角度，分析各门学科之间的关系。本章中，笔者对马克思主义理论体系、发源于西方的生态马克思主义和生态社会主义、各生态经济学科进行了比较分析，探讨了生态马克思主义经济学的学科定位。

1.1 在马克思主义理论体系中的定位

1.1.1 生态马克思主义经济学是马克思主义经济学的新形态

1.1.1.1 从学科、形态、范式来看生态马克思主义经济学的定位

刘思华教授一部 60 多万字的《生态马克思主义经济学原理》，是生态马克思主义经济学的标志性成果。作者将生态马克思主义经济学称为“马克思主义经济学的

新形态”，是“发展马克思主义生态经济学说的当代理论平台”[①]。这门学科的内涵，从作者的这段话当中可以说明：“把马克思的生态学、生态经济理论及其可持续发展新学说，都纳入新的马克思主义形态——生态学马克思主义的理论框架，从而创建具有中国特色的生态马克思主义经济学形态……”[②]

从学科形成的角度来说，只要具备独立的内涵，有构建理论体系的可能性，就能够成为一门学科。上述有关生态马克思主义经济学内涵的表述，正是生态马克思主义经济学作为一门学科的依据。

“主义”这一概念用于意识形态。在哲学社会科学领域，存在着多种“主义”，有的“主义”仅仅存在于一门学科当中，有的“主义”则跨越多门学科。存在于一门学科当中的“主义”，有其看问题的立场、见解与独特的方式方法，但不一定是完整的意识形态。跨越多门学科的“主义”必然是意识形态。一个意识形态在不同学科中，其基本立场、理论使命、价值理念是统一的，但会有不同的研究对象、呈现不同的理论风格、运用不同的研究方法，因而就构成了这个“主义”的不同形态。

意识形态有“思想”与“学科理论”两种表现形式，它们不是截然分开的两个事物，而是一个事物在不同场合的不同侧重面。在日常生活、工作与人际关系中，人们用日常语言、工作行文、社会行为来表现一个意识形态，来说明他们的“思想”。而在理论学术领域，用专业性语言和严格、规范的方式来表达意识形态，就成为“学科理论”的组成部分。本书所说的形态，就存在于“学科理论”中。

“范式”（Paradigm）这一概念与“学科”概念相关联。最早提出“范式”概念的是美国哲学家库恩，他将其界定为科学共同体的共有信念，以及共同进行科学活动的基础和工具。从方法论的角度，“范式”指的是在某一学科被一批理论家和应用者共同接受、使用并作为交流思想的共同工具的一套概念体系和分析方法。一门学科可以存在着两种以上的范式，分别为不同的学者所遵从、所使用，由此形成不同的“学派”。由此可见，无论在一门学科内，还是在一个意识形态内，都会由于范式的不同而形成不同的学派。同样，在某个“主义”的某个形态之内，也会有不同学派。

---

① 刘思华：《生态马克思主义经济学原理》，北京：人民出版社，2006 年版，第 11 页。

② 刘思华：《生态马克思主义经济学原理》，北京：人民出版社，2006 年版，第 1 页。

综上所述，我们对生态马克思主义经济学初步定位为：它是属于马克思主义这个意识形态的学科理论，学科分类上属于经济学，是生态马克思主义这个新形态的分支，具有特定的范式，能够形成独立的理论体系，在将来还可能出现不同的学派。

1.1.1.2 生态马克思主义经济学的分支地位

我们先从马克思主义形态说起。根据列宁的论断和人们历来的共识，马克思主义有三个组成部分，即马克思主义哲学、马克思主义政治经济学、科学社会主义。其实，马克思主义自创始以来，本来就包含着广博而丰富的科学思想，但其外在形态却是受历史阶段特有使命局限的。20 世纪初，马克思主义被概括为三个组成部分，即以辩证唯物主义和历史唯物主义为构架的哲学、以剩余价值为基石的政治经济学、以无产阶级革命和无产阶级专政为主体的科学社会主义，直接成为无产阶级和劳动人民追求自身解放的理论武器。尽管马克思主义的基本原理可以延伸和应用到所有社会科学，但能够直接构成马克思主义理论体系的还是这三个组成部分。后来，当马克思主义被世界不同民族应用时，为了使产生于西方发达国家的马克思主义适应东方各民族的具体社会形态，人们从马克思恩格斯的许多著作中挖掘出相关理论，提出马克思主义理论体系的第四个组成部分：马克思主义人类学。而从 20 世纪六七十年代起，人类面临着生态危机的威胁，需要理论解说和引导来解决这类实际问题，生态马克思主义应运而生。从理论上说，它应当是马克思主义理论体系的第五个组成部分。

总体上看，生态马克思主义是“生态”主题与马克思主义相结合的产物，而生态主题要分别进入不同学科。现在尚未看到生态主题进入与第四个组成部分相关的人类学，但已经广泛进入了前三个组成部分所在的学科。实际上，20 世纪下半叶在西方产生的生态马克思主义，主要跨越了哲学、经济学两门学科，生态主题进入了科学社会主义的学科中，就形成了生态社会主义。

这里，我们要分清理论规范与实际情况。理论规范显示，生态马克思主义应分为生态马克思主义哲学、生态马克思主义政治学、生态马克思主义经济学（暂时撇开尚未出现的生态马克思主义人类学）。实际情况则是，西方理论界没有生态马克思主义哲学、生态马克思主义政治学与生态马克思主义经济学的分类。在我国理论界，许多学者将发源于西方理论界的生态马克思主义，结合中国的社会实践和中国文化加以发展。而产生的标志性成果，可以宣称在我国土地上产生的，就是生态马克思主义经济学。而生态社会主义是否是科学社会主义的新形态，不能轻易判断。西方流行的生态社会主义只是社会主义学说的一个思潮与社会运动，不能从指导思想上与科学社会主义并列。

1.1.1.3 生态马克思主义经济学的中国特色

生态马克思主义经济学从一般的生态马克思主义分化出来并发生在中国具有其必然性，原因在于后者的诞生地欧美发达资本主义国家没有社会主义建设的实践，缺乏在经济学领域独立开展研究的迫切需要。我国理论界能够在西方产生的生态马克思主义启发下，以新的形态独立构建生态马克思主义经济学，是中国特色社会主义实践的推动。

新中国自成立之日起就开展了大规模的生态建设，包括治理大江大河、植树造林、治沙防沙等，并在国土生态面貌改进上取得了重大成就。但是其理论还停留在“征服自然、改造自然”的认识上，因而往往在生态建设中本身就有违反自然规律的做法。一些具有生态破坏效应的经济建设混杂在生态建设中未能区分开来。党的十一届三中全会以后，我国在融入国际环境保护与可持续发展的全人类共同努力中获得的进步，提高了尊重自然规律的自觉性，在中国政府组织下制定的《中国 21世纪议程》是一个系统性、纲领性文件，规划了我国走可持续发展道路、争取生态与经济协调发展的新模式。理论界发展了生态经济协调发展论，实际上为生态马克思主义经济学增添了应用性理论。政界与学界共同提出、论证了转变经济发展方式、走新型工业化道路、发展循环经济、解决部分资源枯竭型城市的再发展问题等一系列战略思想。进入 21 世纪之后，党中央关于科学发展观的提出，国家对“资源节约、环境友好的两型社会”目标的规划，我国积极响应国际发展低碳经济的倡议，以及理论界对生态文明理论研究的深入，都为发展、应用生态马克思主义经济学提供了深厚的实践基础。

在我国经济发展实践中，在追求生态与经济协调发展、争取可持续发展前景中，在理论上、实践上都遭遇到许多难题。以社会主义生态文明建设来说，有来自国际发展竞争与限制温室气体排放的两难挑战，有来自国内发展市场经济的观念、机制上的挑战。要解决这些难题、应对这些挑战，首先就要坚持不懈地遵循解放思想、不断创新、与时俱进的认识路线，在理论上有更多、更新的认识。不仅西方已有的生态经济理论不能完全解决我国社会主义实践中遇到的这些问题，就是马克思恩格斯的理论宝库，也不能完全应对新时代、新情况、新问题的挑战。只有不断发掘、发展生态马克思主义经济学，才能使我们的认识更符合客观实际。

总之，当代中国的生态马克思主义经济学，是在社会主义生态文明建设基础上、在国际生态经济认识的推动下发展的，具有实践性、时代性，并在探索中国国情中反映世界的一般规律性。

1.1.2 生态马克思主义经济学在马克思主义理论经济学中的定位

1.1.2.1 与马克思主义政治经济学的关系

生态马克思主义经济学与马克思主义政治经济学都是马克思主义的理论经济学，两者之间有着非常密切的关系。

马克思主义政治经济学是以生产力和生产关系为研究对象的学科。但是，无论是研究生产力还是生产关系，都不能孤立地开展研究，必须同时联系生产力和上层建筑来开展研究。生产力反映了人与自然的关系，在联系生产力来研究生产关系时必然涉及大量生态系统的问题。马克思的巨著《资本论》，是马克思主义政治经济学的奠基性著作，其中就有大量生态经济的论述，这些论述成为生态马克思主义经济学的基础。但是，不能认为《资本论》就是生态马克思主义经济学的著作。因为该书主体内容是生产方式和生产关系的经济规律，是人与人的经济关系。生态经济的论述虽然内容丰富，但它们是分散在《资本论》当中的，既不集中又不系统。可以断言，在马克思生活的那个时代，已有生态马克思主义经济学的大量思想、观点和论述，但没有这门学科的专门著作；而生态马克思主义经济学还没有作为马克思主义的一个新形态而独立出来。

现在已经形成的生态马克思主义经济学，是以社会经济与生态系统的相互关系为研究对象的，人与自然的关系成为主体，同时联系人与人之间的关系。因此在生态马克思主义经济学中，也涉及大量社会生产关系的理论分析。基本上是将政治经济学当中的生产关系理论，作为生态经济理论的基础。生态马克思主义经济学不同于生态经济学，它不是脱离具体的生产关系来研究人与自然的关系，而是以生产关系为前提条件与背景条件来研究人与自然的关系。它对生态经济问题的研究必然紧密联系社会经济制度与人们的社会经济行为。

在客观世界中，人与自然的关系先于人与人之间的社会经济关系。但是，在学科体系中，必须先阐明人与人之间的社会经济关系才能阐明人与自然的关系。

1.1.2.2 与“人的发展经济学”的关系

“人的发展经济学”作为马克思主义理论经济学的分支，是一门正在形成的新学科。自 2009 年以来，全国性的“中国‘人的发展经济学’研讨会”已经举办了六次，首部《人的发展经济学概论》专著（许崇正教授著）已于 2010 年 7 月问世，《改革与战略》杂志四年多来在“人的发展经济学”专栏下每期都发表该学科的论文。“广西人的发展经济学研究基地”已出版巫文强研究员主编的三辑《人的发展经济学研究》文集（广西人民出版社出版）。

“人的发展经济学”的产生既是时代的需要，又填补了学科体系的空白。经济学是研究物质资料生产、交换、分配、消费规律的学科。政治经济学是经济学的主导部分，它所研究的生产关系，体现在物质资料的投入与产出的过程中，这个过程主要是生产的客体的运行过程。生产关系虽然是人与人之间的关系，但它是客观产物，而不是人的主观产物。历史唯物主义之所以是“唯物主义”，就是因为生产力作为历史发展的经济基础，是一个客观存在。而物质资料生产这个运动，要有两个要素，一是自然环境，二是生产劳动的主体——人。政治经济学集中研究了生产客体的运动，没有充分展开对以上两个要素的论述，要有另外的理论经济学来展开论述。其中，论述物质资料生产、交换、分配、消费与自然环境相互关系的，就是生态马克思主义经济学；而论述物质资料生产、交换、分配、消费与人的相互关系的，就是人的发展经济学。

总的来说，马克思主义理论经济学有一个中枢、两个侧翼，中枢是政治经济学，侧翼是生态马克思主义经济学与人的发展经济学。

1.1.3 生态马克思主义经济学与科学社会主义和共产主义学说的关系

1.1.3.1 与科学社会主义的关系

科学社会主义是关于社会主义制度的建立与建设的学说，它基本上可以分为社会主义革命的学说与社会主义建设的学说。

科学社会主义论述社会主义革命，包括社会制度、阶级斗争、社会矛盾、国家、社会革命、政党、政权等理论。科学社会主义是在吸收与批判空想社会主义的基础上形成的，它是指导无产阶级带领全体劳动人民推翻资本主义旧制度、建立社会主义新制度的思想武器。从马克思恩格斯的《共产党宣言》到列宁的《国家与革命》，再到毛泽东的《新民主主义论》，都是科学社会主义关于社会主义革命的经典著作。当前，尚未取得国家政权的无产阶级及其政党，仍然在新的历史条件下不断发展科学社会主义的理论。其中，生态马克思主义经济学从生态危机角度对资本主义的批判，与生态社会主义的相关理论，都在从人类解决生态危机的视角来探索建立新的社会经济制度的途径，尝试发展科学社会主义关于社会主义革命的理论。

科学社会主义论述社会主义建设，是从制度建设的角度论述社会主义社会中的所有制关系与阶级关系、经济和其他方面的体制、社会矛盾、经济社会发展、政党和政权。社会主义建设包括物质文明、精神文明、政治文明与生态文明四位一体的建设，其中生态文明建设直接要以生态马克思主义经济学为指导思想。因此，科学社会主义关于生态文明建设的理论，与生态马克思主义经济学是目标一致、角度不同、各有侧重、相互推进的关系。

新生的社会主义制度与成熟的资本主义制度之间存在着制度竞争，正遭受着严峻的挑战，处于经济发展与生态维护的两难境地。因此，科学社会主义面对的不仅是一国之内的社会变革问题，还面临制度变革所涉及的国际关系问题。在国际经济、政治、文化关系之外，国际生态关系的重要性日益上升。生态马克思主义经济学对全球生态问题的深入研究，为科学社会主义探讨国际生态关系提供了深厚的理论知识基础。

1.1.3.2 与共产主义学说的关系

马克思主义的共产主义学说不是一门独立的学科，而是科学社会主义与政治经济学的前景论述。在《共产党宣言》中、在《哥达纲领批判》这篇关于社会主义经济原则的论文中，都阐述了未来共产主义的制度规定性。共产主义社会，是公有制社会的高级阶段，它的最大价值是理想价值，不是现实目标价值。现实目标价值是在共产主义运动的实践中产生的，具有历史的阶段性。

在某种意义上，共产主义学说是对未来的预测，是马克思主义根据社会历史发展规律作出的预测。西方发展的未来学有悲观主义学派，也有乐观主义学派。马克思主义的未来学必然是乐观主义的，只有这种乐观主义的未来预期，才能鼓舞人们追求理想，为理想而努力奋斗。但是乐观主义的未来预期绝不是盲目乐观，它绝不排除严厉的警告。在各种警告中，自然生态系统崩溃所导致的经济社会不可持续发展就是其中之一。生态马克思主义经济学将为共产主义学说的实效性承担三大任务：① 揭示资本主义私有制与生态文明不可相容，由此从一个新的角度来激励人类树立共产主义理想；② 警示生态危机的严重性、紧迫性，在可持续发展行动上与各种追求绿色发展的力量结成统一战线，维护人类的共同家园；③ 指导社会主义生态文明建设，实现公有制经济在生态平衡的基础上科学发展起来，使之在世界经济中具有最强的竞争力。只有这样，我们对未来的乐观预期才不致陷入空想。

1.1.3.3 与科学发展观的关系

科学发展观是马克思主义中国化的一个新阶段。马克思主义与中国革命和建设的实践相结合，经历了毛泽东思想、邓小平理论、“三个代表”重要思想、科学发展观这四个阶段，每个阶段的针对性和覆盖面各有差异。毛泽东思想的主要标志性理论是新民主主义理论与中国建立社会主义社会的理论。毛泽东思想指导中国从半殖民地半封建社会解放出来，经过无产阶级领导的人民大众的反帝反封建的民主革命，将民主革命转变为社会主义革命，经过生产资料的社会主义改造和国家工业化，建立了处于初级阶段的社会主义社会。毛泽东思想不仅是中国革命的指南，也对世界所有发展中国家的人民民主革命具有指导意义。邓小平理论的主要标志性理论是社会主义体制改革理论、社会主义市场经济理论、全面建设小康社会理论等。邓小平理论回答了社会主义本质与社会主义发展道路的问题，指导中国经过体制改革、对外经济开放，引领中国摆脱贫困，走上小康社会的发展道路。对各社会主义国家的改革与发展均有指导意义。“三个代表”重要思想主要针对世界经济全球化趋势和中国改革开放条件下，社会主义国家执政党的立党之本、执政之基、力量之源的问题，发展了马克思主义的建党学说。科学发展观主要针对社会主义发展道路、发展模式、发展动力作出的科学回答，其标志性理论包括“以人为本”的发展观、发展的“五个统筹”、建立社会主义和谐社会理论等。在马克思主义中国化的进程中，邓小平理论、“三个代表”重要思想、科学发展观构成了中国特色社会主义理论体系。在上述发展阶段中，我们从各个指导思想的具体阐述中可以看到，在毛泽东思想指导的时期，生态建设还只是作为社会主义建设的实际措施被提及，到邓小平理论建立时期上升为战略思想；在“三个代表”重要思想建立时期，生态建设既是先进生产力的内容之一，又是一种先进文化的体现；在科学发展观建立时期，生态建设则成为包含有理论、战略、措施三位一体的重要组成部分。这是客观世界生态问题日益重要的局势推动的结果。

科学发展观跨越了马克思主义哲学、科学社会主义与发展经济学。其中，关于全面、协调与可持续发展的内容、关于统筹人与自然和谐发展的论述，就体现了生态马克思主义的理论观点。可以说，马克思主义中国化发展到当代，环顾世界经济社会发展形势，分析我国发展实践，必然会在人与自然关系的领域提出指导性理论——科学发展观就是这样应运而生的。科学发展观从马克思主义哲学那里继承和发展了事物普遍联系与永恒发展的唯物辩证法、生产力发展与人的全面发展、人民群众是历史创造者的唯物史观、人与自然相互作用的哲学思想，从外部吸收了发展经济学的社会经济协调发展的合理思想，吸收了普及全世界的可持续发展观，使马克思主义中国化的理论达到了一个新的高度。

生态马克思主义经济学本身来源于马克思恩格斯的著作，是两位导师所创立的。但是有两大客观情况导致生态马克思主义经济学在马克思恩格斯那个时代未能独立化、系统化。一是处理好人与自然相互关系没有提到日程上来，无产阶级主要运用马克思主义来开展阶级斗争，进行夺取政权的革命；二是当年的生态问题远远没有现在这样严重，生态危机尚未威胁到人类的生存发展。在马克思恩格斯提出了一系列生态马克思主义经济学的思想观点之后，就处于一段漫长的发展停滞期。由于 20 世纪 70 年代后西方社会中生态马克思主义经济学的兴起，由于我国社会主义建设中遇到越来越严重的生态问题，生态马克思主义经济学终于在我国理论界独立化、系统化，并走上了蓬勃发展之路。

纵览以上历程，我们可以看到，科学发展观与生态马克思主义经济学分别发端于两条途径，前者是马克思主义中国化的新阶段，产生的是全面的指导思想，后者是早已产生的理论，在新的历史条件下，在国际马克思主义新发展的启发下推进到的新阶段。虽然发源途径不同，但两者有一个共同的纽带：中国社会主义实践。因此，科学发展观与生态马克思主义经济学具有这样的联系：科学发展观指导着我国社会主义进行生态文明的实践，为生态马克思主义经济学提供理论发展的现实土壤，而生态马克思主义经济学为科学发展观在生态领域中的理论观点提供更充实、更深厚的理论营养。从世界影响来看，在科学发展观指导下的中国经济社会发展在生态文明建设中的成就，必将为世界作出榜样；而我国马克思主义理论工作者在生态马克思主义经济学的学科上的发展成就，将给世界所有马克思主义者、所有真正关心人类未来的人们，提供更好的理论启发。

1.2 与生态马克思主义和生态社会主义的关系

1.2.1 生态马克思主义简述

1.2.1.1 产生背景与意义

在马克思主义发展史上，生态马克思主义的产生是一项重要的理论发展。生态马克思主义是在西方马克思主义者对资本主义社会的批判中产生的，是马克思主义的一个新的形态。它的产生是将生态问题纳入整个马克思主义理论体系之中，致力于生态运动和社会主义的结合，力图超越资本主义与传统社会主义模式，构建一种新型的人与自然和谐相处的社会主义模式。它的核心性问题是阐明马克思主义理论及其指导下的社会主义与人类目前面临的生态环境难题的相关性，并因而构成了广义的生态社会主义研究的主要理论基础。

生态马克思主义根据马克思主义创始人对资本主义制度的基本观点、立场，认为资本主义制度是全球生态危机的根源，只有社会主义才能解救全球生态危机。生态马克思主义为马克思主义理论发展提供了新启发，为社会主义运动提供了新的活力。

1.2.1.2 生态马克思主义的发展历程

生态马克思主义是在西方马克思主义的法兰克福学派基础上产生的。这个学派的学者马克斯·霍克海默、西奥多·阿道尔诺、赫勃特·马尔库塞等，对西方资本主义的发展有了新的认识。霍克海默和阿道尔诺在其合著的《启蒙辩证法》中，断言科技进步进一步加深了社会中的劳动异化，使资本主义专制统治工具更加完善。马尔库塞在 1964 年出版的《单向度的人》中，论述了必须改变技术的资本主义使用方式和目的，使技术从以盈利为目的的资本主义生产方式中解脱出来，转变到满足人类基本需要和激发人类潜力的合理性上来。在 1972 年出版的《反革命与造反》中，马尔库塞认为，资产阶级利用技术理性，迫使自然界成为“商品化了的自然界、被污染了的自然界、军事化了的自然界”，破坏了生态平衡，将直接危害到人类自身的生存。[①]

在上述思想基础上，生态马克思主义经由马尔库塞的学生莱斯及其追随者本·阿格尔的发展和完善，在 20 世纪 70 年代大体形成。生态马克思主义产生之后，大体上迈出了三步：第一步是以马克思主义的立场和学科范式对资本主义的生态危机进行批判，第二步是与西方世界的绿色运动与社会主义运动相结合，第三步是深入发掘马克思主义本身的生态学思想，使生态马克思主义成为马克思主义思想体系的有机组成部分。

1.2.1.3 代表人物及其理论观点

按照上述“三步”，这里分别简介生态马克思主义的代表人物。

（1）生态马克思主义“第一步”发展的代表人物是莱斯和本·阿格尔。莱斯在《自然的控制》（1972）、《满足的极限》（1976），阿格尔在《论幸福和被毁的生活》（1975）、《西方马克思主义概论》（1979）等著作中，提出了如下观点：① 由于资本主义科技的迅猛发展和国家福利政策的普遍实施，经济危机与工人阶级的贫困化得到控制，但是资本主义为保持经济增长而严重损害了人类赖以生存的自然生态系统，生态危机取代了经济危机的地位，社会与自然的矛盾上升为资本主义社会的主要矛盾。② 异化消费是资本主义生态危机的直接根源。正是劳动的异化才导致社会对异化消费的依赖，垄断资本主义在后工业社会的扩大再生产纯粹是为了满足病态的异化消费，因而造成了生态灾难。③ 受到马克思的《1844 年经济学哲学手稿》的启发，提出了人的幸福在于把自我实现的劳动与有益的消费结合起来的观念。④ 提出建立“稳态”经济模式，控制生产规模，缩减和分散庞大的工业体系，使人类的劳动和生产根植于人与自然的和谐之中。[②]

（2）生态马克思主义“第二步”发展的代表人物是法国的安德烈·高兹、英国的大卫·佩珀、德国的瑞尼尔·格伦德曼。他们首先是作为生态社会主义的左翼出现的。最初打出生态社会主义旗号的是 20 世纪 70 年代兴起的德国绿党的理论家鲁道夫·巴赫罗，他被称为“西方生态社会主义的代言人”。但这时德国的生态社会主义，如同北欧的民主社会主义一样，主要是作为一种改良资本主义的政治运动及其政治思潮，并无深层和系统的理论。到 90 年代后，在格伦德曼的《马克思主义与生态学》（1991）、佩珀的《生态社会主义：从深生态学到社会主义》（1993）、高

---

① 刘仁胜：《生态马克思主义概论》，北京：中央编译出版社，2007 年版，第 2～4 页。

② 刘仁胜：《生态马克思主义概论》，北京：中央编译出版社，2007 年版，第 4～6 页。

兹和劳伦斯·威尔德的《资本主义、社会主义和生态学》（1994）等一系列著作中，将生态危机的根源归咎于资本主义制度造成的社会不公和资本主义积累本身的逻辑，在此基础上将生态社会主义的主张与抛弃资本主义的人类中心主义和技术中心主义相联系。在经济上，他们提倡一种计划和市场相结合、集中和分散相折中、中央政府和地方政府相互补充的“混合型”经济。在政治上，他们强调基层民主或者民主自治。

（3）生态马克思主义“第三步”发展的代表人物是美国的詹姆斯·奥康纳、约翰·贝拉米·福斯特与约珥·克沃尔。

詹姆斯·奥康纳的《自然的理由——生态学马克思主义研究》是当代西方生态马克思主义的一部集大成的力作。该书从生态危机的现实出发，以改造历史唯物主义为理论，试图探索出一条通向生态文明的可行之路。奥康纳长期从事资本主义的危机理论研究，他从资本主义生态危机问题入手，提出将资本主义的生产力与生产关系的矛盾推进到生产力、生产关系与生产条件之间的矛盾，即“第二重矛盾”。“生产条件”包括自然生态环境，资本主义生产关系（及其支配下的生产力）对生产条件造成伤害，具有自我毁灭的力量。奥康纳的观点揭示了资本主义可持续发展的不可能性，发展了马克思主义理论，他的局限是对马克思理论中生态意蕴的低估，同时夸大了资本主义社会中人与自然的矛盾对人与人之间矛盾的影响，将当代经济社会条件下的人与自然矛盾归结于资本主义社会的基本矛盾。

约翰·贝拉米·福斯特的《马克思的生态学：唯物主义和自然》是一部研究马克思主义生态学思想的力作，该书分析了马克思的唯物主义自然观，证明了生态学在历史唯物主义中的核心地位，也证明了历史唯物主义在生态运动中的核心地位。该书梳理了马克思的生态学思想，用新陈代谢理论来表述马克思主义包含着生态学理论的整体理论体系。福斯特认为马克思主义理论包括三个层次的新陈代谢：① 无人类参与的自然界的新陈代谢；② 人与自然关系的新陈代谢；③ 自然和社会关系的新陈代谢。为此马克思主义具有整体性和辩证性的生态世界观特征。在另一部奠基性的著作《生态危机与资本主义》中，福斯特通过对 1992—2001 年西方发达国家特别是美国对环境危机采取的经济措施进行了系统批判，深刻分析和阐述了资本主义与生态相悖的根本原因，从而指出：资本主义在生态、经济、政治和道德方面是不可持续的，要想遏制世界环境危机日益恶化的趋势，就必须以社会主义取代资本主义。在《21 世纪的马克思生态学》一文中，福斯特指出马克思对资本主义的辩证研究使他在生态问题上有深刻的方法论洞见，包括代谢断裂、财富和价值之间的矛盾（罗德戴尔悖论）、人类可持续发展的必要条件等。他阐述了马克思的“代谢分析”包括社会代谢与自然代谢，进而指出：资本主义的社会代谢日益与自然代谢相脱离，导致了自然循环和过程的断裂，违反了自然赋予的、调控社会生产的规律。

约珥·克沃尔在《自然的敌人——资本主义的终结还是世界的终结》中，论述了资本已经成为生态环境灾难的主要原因，为此鲜明地提出了公有制原则，并根据消除“消费异化”与“增长的极限”的理论，提出了“需求的极限”论点，主张从控制人类的需求开始，按照热力学原理控制生产过程，在交换领域坚持以使用价值替代交换价值。①

1.2.1.4 中国理论界需要借鉴与超越西方的生态马克思主义

西方社会的生态马克思主义，对于中面理论界围绕生态问题阐述与发展马克思主义具有巨大的启发作用。但是，其还不能直接成为建设中国特色社会主义的思想武器。我们需要从两方面超越西方的生态马克思主义，构建中国式的生态马克思主义。

国内学者认为西方的生态马克思主义的局限是“没能批判地发现一条从观念的设计抵达现实世界的道路。这主要是因为他们的观念变革方案往往只是从理论原则入手，只是从原则上与当代资本主义的对立入手，而未曾真正深入到当代世界的社会现实之中，未曾从这一社会现实的‘自我否定’中发现新的原理。”②其实，我国还未找到“一条从观念的设计抵达现实世界的道路”，甚至连道路都未点明。但是，在中国具有找到这条道路的现实需要和现实条件。

（1）从使命来看，生态马克思主义主要批判发达国家的资本主义对生态环境的损害，对生态社会主义的构想却缺少实践经验的滋润。生态社会主义指出资本主义制度是造成全球生态危机的根本原因。因为它无限追求利润的生产方式内在地包含着对自然环境的破坏，内在地决定它不可能真正实现可持续经济增长，这个批判是完全正确的，但不应停留在这一步。在我国，发展社会主义市场经济，当前所见到的也是追求利润的生产方式。因此，不能把否定市场经济当作建设生态文明的制度前提，只能从调节市场经济的角度来解决生态问题。

---

① 刘仁胜：《生态马克思主义概论》，北京：中央编译出版社，2007 年版，第 6～8 页。

② 徐琴等：《论生态学马克思主义对当代资本主义的批判》，《马克思主义与现实》，2010 年第 6 期。

（2）生态马克思主义覆盖面较宽，不仅包含经济学内容，也包含哲学、社会学的内容。从学科发展的需要来说，我们显然有两大任务：一是在吸取西方生态马克思主义理论观点基础上，创建有中国特色的生态马克思主义，或者更准确地说，创建生态马克思主义的中国学派。二是创建生态马克思主义的具体学科或分支学科，如生态马克思主义哲学、生态马克思主义社会学等。而生态马克思主义只有进入经济学领域，才能对建立和发展社会主义及其经济提出具体的思路。

生态马克思主义经济学是在世界推广可持续发展观的背景下，结合我国社会主义经济发展的实践而产生和发展的。我们借鉴西方学者的生态马克思主义对资本主义制度破坏生态平衡的批判，在发展社会主义市场经济中，消除对市场经济与资本逻辑的迷信，用社会主义原则来引领、约束市场经济，抑制资本主义因素对生态原则的破坏。同时，借助市场经济来发展生产力，为建设生态文明打下物质基础。这就是超越西方生态马克思主义的含义。

1.2.2 对生态社会主义的学科辨识

生态社会主义应当有广义与狭义之分。广义的生态社会主义是以生态为对象的社会主义思潮和社会运动，它的理论基础与指导思想较为庞杂。狭义的生态社会主义是与生态马克思主义相辅相成的思想理论。

1.2.2.1 产生背景

20世纪60年代以来，西方国家普遍兴起了针对当代生态危机日益加剧的现实、以保护生态环境为主题的群众性社会运动，反映到思想界，就出现了“生态主义”的思潮。“生态主义”是一种不涉及社会制度、仅仅反思人类社会经济行为的思潮，这就决定了该思潮的锋芒所指，必然是精神领域与政策领域，而脱离制度分析。奉行“生态主义”者试图通过人们的观念改变，或相应的政治纲领，从居民生活方式与国家政策实施上扭转生态恶化的趋势，回避了社会制度这个最大的因素。生态社会主义超越了这种有根本局限性的思潮，从社会主义立场来看待当代世界的生态危机。

生态社会主义是由德国绿党的理论家鲁道夫·巴赫罗提出来的。这一思潮一经产生，就不仅是针对经济增长方式，而是针对资本主义制度进行反思，并探索一种更加合理的社会制度。在各国成立的绿党中，指导思想与理论基础并不统一，也不一贯，但“生态社会主义”是一面主要的旗帜。与民主社会主义相似，这两种“社会主义”的政治代表一进入现实的政治领域，其理论与行动就产生分裂。绿党在西方国家的政治舞台上，更多的是以改良主义的性质出现，回避根本否定资本主义的立场。这与部分学者更客观、直率地批判现实、反思社会经济的发展道路有明显差距。生态社会主义的左翼代表人物莱斯、本·阿格尔、佩珀、高兹、格伦德曼等，坚持在追求生态目标的前提下批判资本主义制度。

经过20世纪90年代之初东欧巨变与苏联解体的冲击，生态社会主义分化显著起来。左翼生态社会主义更自觉地将马克思主义理论体系与生态社会主义联系起来。于是在我们的语义上，将狭义的生态社会主义与生态马克思主义作为具有共同理论基础的概念。其后的论述，就是限于狭义的生态社会主义，不再专门点明。

1.2.2.2 生态社会主义与生态马克思主义的分辨

在当今理论界，同样产生于西方的生态马克思主义，与生态社会主义并没有公认的、清晰的界限。两者基本都是赞同马克思主义生态经济理论、批判资本主义制度、主张通过建立社会主义社会来解决生态危机的思想阵营。他们的代表人物也很难截然划分为谁支持前者谁支持后者。我们可以尝试建立三条标准：

（1）从产生的主要动因来看，两者都是在现代生态危机日益加剧的背景下产生的，但生态社会主义主要是伴随着绿色运动产生和发展起来的一种社会思潮和运动流派，而生态马克思主义主要发掘与重新发现马克思主义理论中的生态学意蕴，以此作为现代生态危机的批判武器。生态社会主义不同于“生态主义”的根本之处在于，它坚持运用马克思主义的理论、方法剖析当代资本主义面临的生态环境危机，坚持社会主义的价值体系和政治理想，为人类社会的持续发展提供一套反资本主义的价值范式。因此，它从生态角度对西方资本主义进行批判的深度大大超过了一般性的生态运动和绿色运动。

（2）以对马克思主义的距离为标准，那么，可以将明确主张以马克思主义的立场、观点、方法来探讨生态问题的理论称为生态马克思主义，而将立场一致，观点与方法差异较大的理论称为生态社会主义。但是，一部分论著将生态马克思主义包括在生态社会主义当中，认为凡是持有生态马克思主义观点的学者，都属于生态社会主义。

（3）以思想内容的侧重点为标准，那么，生态马克思主义侧重于将马克思主义的生态哲学、生态政治学、生态经济学与当代生态危机现实结合起来进行理论探讨，站在马克思主义立场上揭示人类社会与自然的关系；而生态社会主义侧重于为解决生态危机而推行的社会主义运动。

1.2.3 生态社会主义的内容与局限

1.2.3.1 生态社会主义的学科属性

生态社会主义是指对现代生态环境难题的社会主义政治理论分析和一种未来绿色社会的制度设计及其实现方式。它的核心问题是论证现代生态环境问题的资本主义制度根源和未来社会主义社会与生态可持续性原则的内在相融性。因而，它是社会主义理论的一个流派，并与环境政治学领域交叉。

生态社会主义对“生态主义”的超越在于：将引起生态危机的批判矛头指向资本主义的社会制度，而不仅仅在改进生产力发展方式上找出路。他们所指出的造成生态危机的“过度生产”和“过度消费”根源就在于资本主义社会制度。可以判断，生态社会主义是从现存社会引发生态危机、人类需要绿色发展的角度来推动社会主义运动的思想阵线。

1.2.3.2 生态社会主义的理论内容

郇庆治在 1998 年出版的《绿色乌托邦：生态主义的社会哲学》和 2000 年出版的《欧洲绿党研究》中，设专门章节对“生态社会主义”的历史发展和主要理论观点作了归纳总结[①]。他将生态社会主义的理论观点概括为四个方面：① 对生态环境问题成因的阐释；② 对人与自然辩证关系的阐述；③ 对未来绿色社会的设想；④ 关于走向绿色社会的道路。

生态社会主义的理论内容主要分为批判与倡导两个方面。在批判方面，它揭示了资本主义生产方式是生态危机的罪魁祸首，指出了资本主义的异化消费必然破坏生态环境，批判了发达国家的生态殖民主义对发展中国家的生态掠夺行径，这些都为马克思主义的资本主义批判理论增添了新的维度[②]。在倡导方面，生态社会主义者主张实行计划与市场相结合、集中与分散相折中、中央政府与地方政府相互作用的生态计划经济，但他们不重视所有制，只强调生产资料管理。同时，他们提倡以

① 郇庆治：《绿色乌托邦：生态主义的社会哲学》，济南：山东泰山出版社，1998 年版，第 1 章；《欧洲绿党研究》，济南：山东人民出版社，第 4 章。

② 刘晓芳：《论生态社会主义的生态批判理论》，《黑龙江社会科学》，2010 年第 1 期，第 8～11 页。

基层民主和自治来替代资本主义的官僚主义民主，甚至试图用“生物区”取代国家。看来，在其倡导中模糊了民主政治的阶级性。生态社会主义主张建立以人与自然和谐统一为基础、以丰富多彩的生活方式为核心、以人的全面自由发展为目标的新的社会文化和生活方式。就像高兹所说的，实行“更少的劳动”“更好的消费”的原则，从而实现马克思所期望的理想社会的生活方式①。

生态社会主义扬弃了自然中心主义与人类中心主义的对立思维，主张依靠变革社会制度最终解决环境难题，实现人与自然的和谐。这个理论境界，远远超出了西方其他的生态理论。

1.2.3.3 生态社会主义的局限

从马克思主义的标准来看，现实的生态社会主义有缺陷，如我国大部分学者所指出的，生态社会主义正确揭示了生态危机的根本原因在于资本主义制度追求利润最大化的结果；运用马克思主义生态观对资本主义进行整体批判，展示了社会发展与生态问题的关系，冲击了“生存就是竞争，消费就是增长”的传统价值观念，从而拓展了马克思主义的覆盖面。生态社会主义用“生态危机论”取代“经济危机论”，对变革资本主义的方式和革命主体进行了轻率的修正，理论具有“向后看”的浪漫主义色彩，对未来社会的构建，欠缺科学依据。这些都是明显缺陷。

（1）生态社会主义在认识资本主义社会矛盾时，把生态领域的矛盾置于其他社会矛盾之上，认为资本主义社会的经济社会矛盾主要表现为人与自然的矛盾、生态危机已经取代传统经济危机而成为资本主义社会的主要危机，偏离了马克思主义的唯物主义历史观关于经济基础与上层建筑相互关系的原理。

（2）生态社会主义关于未来社会主义的构想带有一定的绿色“乌托邦”性质。对于实现生态现代化的社会，生态社会主义过多地把注意力放在对付经济增长本身，而对经济与生态环境双赢的发展途径探索不足，未找到适应生态型生产力发展实际需要的经济发展模式。尤其是发展中国家，探索出一条不同于发达国家走过的经济发展道路，生态社会主义缺乏可资参考的主张。

目前的生态社会主义理论研究面临的主题和难题，就是对社会主义建设与发展缺少实践基础，产生于西方理论界的生态社会主义缺乏社会主义现实社会的大环境，因此也就基本停留在对资本主义的意识形态批评或根本制度性变革主张的层面。

---

① 曾文婷：《西方马克思主义视野中的生态社会主义》，《武汉大学学报》，2010年第2期，第196～201页。

（3）在实现社会变革的途径方面，他们认为传统马克思主义者寄予希望的依靠工人阶级的阶级斗争来实现社会变革已陷入困境，“伴随产业阶级自身数量的减少和管理阶层的扩大，产生一个有政治意识的工人阶级的物质条件已经消失”，“一个从生产过程中脱离出来的中产阶级和一个高工资的体力劳动阶级的出现，实际上已经复杂化了马克思主义的图景”①。这个分析对于马克思主义的阶级和阶级斗争学说，不是科学地发展，而是简单地放弃，不利于生态社会主义的社会实践。生态社会主义者提出对资本主义进行“生态重建”，主张经济标准服从于生态理性，要求按照社会生态标准对资本主义工业社会体系进行生态现代化变革。生态社会主义虽然不反对科学社会主义的阶级斗争理论，但实际上已放弃了通过无产阶级革命改变资本主义所有制关系的道路②。

1.2.3.4 作为社会形态的“生态社会主义”

我们现在是将“生态社会主义”这个概念，作为产生于西方、靠近马克思主义阵营，同时又有一些距离的社会主义思想流派来看待的。它能否作为一个社会形态来看待？笔者认为，将生态社会主义作为社会形态来看待，弊大于利。马克思主义阵营将始终坚持科学社会主义理论下的社会形态，科学社会主义自身的内容需要在解放思想、与时俱进的认识路线下发展，而不是使之发生变异。马克思主义者必须统一在科学社会主义理论指导下来建设社会主义。这个社会主义重视文明、重视民主、重视民生、重视生态，但不能以“民主社会主义”“民生社会主义”“生态社会主义”来概括这个社会形态。“中国特色社会主义”是科学社会主义在中国的应用，是将科学社会主义的一般原理与中国国情相结合的产物，包括理论体系、发展道路与社会制度。从工业文明社会向生态文明社会迈进的社会主义，仍然是科学社会主义。

1.2.4 生态马克思主义经济学对生态社会主义的超越

在中国产生与发展起来的生态马克思主义经济学，处于建设社会主义的背景下，这个实践基础与产生于西方的生态社会主义大不相同。

---

① [英]戴维•佩珀：《生态社会主义：从深生态学到社会正义》，济南：山东大学出版社，2005 年版。

② 黄晓云：《生态社会主义的绿色社会变革观点评析》，《湖北社会科学》，2010 年第 8 期，第 21～23 页。

中国社会主义发展的起点，是在一个资本主义发展程度很低、属于半殖民地半封建的落后的东方国家。在社会主义建设过程中，需要广泛地借鉴发达资本主义国家发展的经验与模式。在计划经济时期我们开展的社会主义工业化与资本主义工业化有许多相同之处。转型为市场经济之后，虽然资源配置与活跃经济方面的效率提高了，但与资本主义工业化的共同之处就更多了，包括资本积累的冲动、发展方式、动力机制、消费类型、产业结构、城市化、产品更新模式、技术发展状态等，于是资本主义加剧生态危机的状况在社会主义经济条件下也在很大程度上被复制。在我们吸取西方国家产生的生态社会主义的观点、批判资本主义的反生态性的同时，还要反思自己所走的道路。这就迫使中国的马克思主义者在思考生态经济问题时，不得不更加深刻、更加现实。面临与生态危机密切相关的工业化与市场经济，我们不能简单地抛弃，而是要加以有调节地去实施、利用、引导和控制。

生态社会主义对资本主义制度造成生态危机的批判，将启发中国生态马克思主义经济学反思我们在引进发达国家社会化大生产经验、工业化模式与市场经济机制的正确态度，警醒从事社会主义建设的中国不要重蹈西方那种耗竭资源、破坏环境的覆辙，不要盲目地崇拜西方物质文明发展的各种"成果"，而要有分析、有批判地借鉴。

生态社会主义对经济与生态环境双赢的发展途径探索，值得我们借鉴。生态社会主义对现实社会开展"生态重建"的设想，在他们那里是停留在理论上的方案，在中国则是一个可试验、可操作的实践方案。在资本主义制度下，资产阶级这个"资本一利润"利益集团是社会的统治层，损害这个利益集团的生态重建措施会遇到不可逾越的障碍。在中国社会主义市场经济中，也有这样的利益集团，但他们不是社会的统治层，最多是有很强的影响力而已。违背其利益要求的生态重建措施，当然要经过斗争，但不应当有不可逾越的障碍。如果实施不了，那就说明我们还需要进一步进行政治与经济的体制改革。

生态社会主义超越"生态主义"，坚持生态措施与社会主义相结合的理论观点，是现实批判与未来设想的产物。而对于我们实际的社会主义建设者来说，则有深刻的启迪作用。他们的思想郑重地提醒我们，正如我们发展社会主义市场经济一样，必须让"市场经济"不能脱离"社会主义"，否则就会走上邪路；我们建设社会主义生态文明，也不能让"生态文明"脱离"社会主义"，否则就会成为"绿色乌托邦"。不能想象一个违背共同富裕这样的社会主义远大目标的社会，能够实现生态文明。

总之，中国建立与发展生态马克思主义经济学，就其实践基础与承担的使命而言，都要超越生态社会主义。我们需要的是努力学习、吸取生态社会主义的理论营养，结合中国的实际，将生态马克思主义经济学推上可持续发展之路。

1.3 在生态经济学科中的定位

本节阐述生态马克思主义经济学与生态经济学科群内各分支学科的相关性，这类学科群是指环境、资源、生态系统等与自然客体直接相关的经济学科，它们具体阐述人与自然的关系，为生态马克思主义经济学提供理论来源。在此之前，先要阐述这些学科之间的关系。

1.3.1 经济与生态二维系统的学科

随着社会经济与自然界的相关性越来越明显，社会科学领域出现了以资源、环境、生态系统为社会科学考察对象，结合社会领域共同研究的新学科，是社会科学与自然科学的边缘学科。以自然环境为例，就有环境政治学、环境法学、环境社会学等。在经济学领域，产生了资源经济学、环境经济学、生态经济学等学科。我们可以总称为“经济与生态二维系统的学科”。

这类学科首先产生于西方学术界，一般有两个特点：一是研究对象划分不统一、不明晰，经常相互混杂；二是大量采用西方主流经济学的方法来研究，成为西方经济学学科体系的一部分。在以马克思主义经济学为指导思想的社会主义国家，其理论界也随之跨入“经济与生态二维系统的学科”。20 世纪 80 年代在中国产生的“生态经济学”就是这一成果。1986 年由我国著名的马克思主义经济学家许涤新主编的《生态经济学》、同年马传栋所著的《生态经济学》、1989 年刘思华所著的《理论生态经济学若干理论问题研究》，就是早期的代表作。这样，按照中国人的形式逻辑来划分研究对象，按照马克思主义经济学的立场、观点、方法来研究这些新领域，按照建设社会主义的需要来开展这些学科的建设，也就逐步与西方的相对应学科同向前进了。

资源经济学、环境经济学、生态经济学等是经济与生态二维系统的主要学科，三者之间有何关系？ 从形式逻辑来看，生态经济学的研究对象中包含了资源经济问题与环境经济问题，但是不能说资源经济学与环境经济学是生态经济学的子学科，而应当说三门学科是并列的。当然，学术界有两种不同的看法。

第一种看法是：这三门学科的研究对象是相同的，只是名称不同而已。资源经济学是研究整个自然资源开发利用中的经济问题，从总体上看自然资源整体就是环境。环境经济学是研究经济发展和环境保护之间相互关系的科学，是经济学和环境科学交叉的学科。对于社会经济，环境就是资源。生态经济学是研究经济发展和生态系统之间的相互关系、经济发展如何遵循生态规律的科学，这同环境经济学研究的对象和内容是相同的。因此三者研究内容基本一致。

第二种看法是：这三门学科研究内容有密切的联系，其中既有共同部分，又有不同部分。虽有一部分重叠交叉，但研究的重点和角度不一样，各自都是一门独立的学科。

笔者赞同第二种看法，认为三门学科分别研究的资源、环境、生态系统这三类对象，固然在客观世界中很难完全分割，但发生在其中的经济运动会出现不同的情形。在“资源”对象中出现的是耗竭的问题，在“环境”对象中出现的是破坏的问题，在“生态”对象中出现的是失衡的问题。因此，分为三门学科有利于增进研究的深度与精确度。

（1）资源经济学是通过经济分析来研究自然资源的合理开发与保护、优化配置、高效使用及其与环境、社会相协调的学科。

在资源经济学产生之前，一般经济理论已经包含了一系列资源经济问题，如资源利用效率问题，资源供给对财富生产和经济增长的制约作用，以及资源利用的成本问题。但只有到 20 世纪初第二次工业革命之后，出现了大面积资源短缺，才促成资源经济学产生。1924 年美国经济学家伊力和豪斯合著的《土地经济学原理》出版，1931 年哈罗德·霍特林的《可耗尽资源的经济学》出版，被认为是资源经济学产生的标志。中国第一本土地经济学研究专著《土地经济学》（章植著）于 1930 年问世。随后相继出版了张丕介的《土地经济学导论》、朱剑农的《土地经济学原理》等，这仅是资源经济学的萌芽状态。第二次世界大战结束到 20 世纪 70 年代，世界性的生态危机日渐严重，资源经济学不仅有了大发展，还与可持续发展观念相结合。

当前的资源经济学研究，已经发展到研究整个自然资源系统与经济发展的关系，研究通过国际合作来应对全球性资源经济问题，从研究资源最优配置和开发利用转向研究资源利用的可持续性。资源经济学的研究与其他相关学科（如环境经济学、生态经济学、人口经济学等）的研究相互交叉、相互渗透。

（2）环境经济学是研究自然环境与社会经济的相互关系、探讨在人类的经济活动中保护环境的生态平衡的方法对策的学科。环境经济学的主要问题是：人类经济活动对环境的影响，环境的生态保护，环境问题的经济学根源，环境污染治理的经济手段等。

环境问题自机器大生产出现以来就产生了，但环境问题与贫困问题一样，作为劳动者与穷人独立承担的经济发展的负荷，两三百年以来一直被资产阶级主导的社会视而不见。除了少数有良知的学者与马克思主义的创始人马克思、恩格斯两位在其著作中指出这个问题以外，环境污染得不到社会的很大关注。到了20世纪50年代，西方国家环境污染给人类带来的痛苦已经从劳动者与穷人独立承受扩展到需要整个社会承受，政界和商界才筹资商议防治污染和保护环境的对策，估量污染造成的经济损失，比较防治污染的费用和效益，从经济角度选择防治污染的途径和方案，有的还把污染控制纳入投入—产出经济分析表中进行研究。理论界才开始系统地将这些问题的研究纳入学科研究中。70年代初出现了污染经济学或称公害经济学的著作，阐述防治环境污染的经济问题。

环境经济学在发展中，越来越与其他经济学科相结合。经济活动的环境效应评估与宏观经济信息反馈到国民经济计划和核算的体系中，与宏观经济学结合；环境与经济的协调成为发展经济学的重要内容；产业组织与结构、生产布局和环境保护的关系，成为产业经济学与区域经济学涉及的问题；各种污染物排放标准确定的经济准则进入微观经济学的研究当中；运用经济手段进行环境管理成为财政学，尤其是税收理论的研究对象；环境对产品国际竞争力的影响，全球环境共同问题中的合作与斗争，成为国际贸易理论与国际经济学的研究领域。环境经济学具有与整个经济学体系并肩前行的特性。

（3）生态经济学是围绕人类经济活动与自然生态系统之间发生的相互关系，考察生态、经济两个系统交会形成生态经济系统的运动规律的学科。生态经济系统是生态系统和经济系统两者的复合系统，生态经济学就是研究这个系统的结构及其矛盾运动的发展规律，它是生态学和经济学相结合而形成的一门边缘学科。

美国经济学家肯尼斯·鲍尔丁在20世纪60年代的著作《一门科学——生态经

济学》一书中正式提出“生态经济学”的概念。在此之前，人们对经济活动中涉及的生态环境问题是分别从生态学或经济学两门学科各自解决的。人们依靠生态学从自然科学与技术的角度来解决经济活动中的生态环境问题，依靠经济学从要素、成本、外部性、管理等角度来解决经济活动中的生态环境问题，各管一套，互不相关。后来人们才发现，想要单纯从生态学或经济学的角度解决经济活动中的生态环境问题，不是事倍功半就是顾此失彼，只有将生态学和经济学有机地结合起来进行分析，才能从中寻求到既发展社会经济又保护生态环境的对策。至此，生态经济学就应运而生了。

生态经济学分为理论生态经济学与应用生态经济学两门学科。理论生态经济学主要研究经济发展同自然生态环境的关系，研究生态平衡与经济平衡、生态效益与经济效益的关系，生态供给与经济需求的矛盾，分析生态经济系统的结构和功能，探讨生态经济系统物质循环和能量流动的一般规律，寻求生态经济的核算基础，论述生态价值。应用生态经济学主要研究生态经济区划、规划与优化模型，生态经济标准和评价生态经济效益的指标体系，生态经济的管理系统与政策体系。生态经济学又从不同产业、不同地域（如森林、草原、山区、海洋等）细分为各个产业或各个地域的生态经济学，形成了一个学科体系。

1.3.1.1 生态经济学派生出的子学科

（1）循环经济学。循环经济学是根据“物质与能量的闭环流动”的循环经济思想而发展起来的。对循环经济思想与措施的研究，产生了循环经济学。该学科在当前已形成了三个部分：① 论述循环经济的内涵与发展特征，设想循环经济的运行状态，论述社会产生的废料实质是未得到合理利用的“资源剩余”，提出要以“循环式经济”替代“单程式经济”来解决环境污染和资源枯竭问题，阐述减量化、再利用和再循环的原则。② 分别充实三个层面循环经济实现途径：企业层面上，推行清洁生产，减少产品和服务中的物质和能源的使用量，实现污染物排放的最小化；区域层面上，建立或形成企业间有共生关系的生态工业园区，实现废弃物与资源的实际转化；社会层面上，通过废旧物资的再生利用，实现物质和能量的循环。③ 分别从不同产业、不同地理单元——城市或乡村——来探讨实施循环经济的措施。由于循环经济是生态经济的实现形式，因此循环经济学就成为生态经济学的子学科。

（2）低碳经济学。低碳经济学是围绕世界必须由“高碳经济”向“低碳经济”转型的问题而建立起来的学科。地球大气层日趋严重的温室效应所体现的生态危机，来源于工业化依赖高碳成分的化石能源（石油、煤炭等）。向“低碳经济”转型涉及三个问题：① 系统研究大气、能源与经济结构、经济增长之间的关系，揭示温室效应产生的原因与趋势预测，使人类面临的这一最紧迫的生态失衡得到科学的论证与展示；② 分析向低碳经济转型的能源经济问题，包括高效使用、结构转变（关键是发展“无碳”的新能源）、社会节约、“减碳”技术等；③ 探索不同层次的低碳经济运作方式与机制，包括国际、国内的“碳交易”，以能源经济为中心的工业化转型路径，各个部门的低碳经济发展对策，城市与乡村的低碳经济发展对策等。这就是低碳经济学的发展内容。在当代，低碳经济是最重要的生态经济，因此低碳经济学成为生态经济学的子学科。

1.3.1.2 资源经济学、环境经济学、生态经济学在西方学术界的发生状况

西方的生态经济学与资源经济学、环境经济学不仅范围不同，建立学科的出发点也不同。

资源经济学、环境经济学最初是作为西方经济学在自然资源、自然环境这两个分支领域的直接应用而建立的，学科建立的目的是研究在市场经济条件下，社会与厂商、消费者围绕资源、环境问题所发生的经济关系，探讨如何通过改进产权制度、市场机制与政府管理来处理协调这类关系，解决自然资源合理利用、污染控制、环境保护等问题。因此，西方最初的资源经济学、环境经济学只有对市场经济本身的改进问题，没有对人与自然之间总体关系的反思。这两门学科也只是通用的西方经济学原理在自然界的延伸，没有范式革命。其理论基础采用了西方经济学中的效用理论、外部性理论以及影子价格、机会成本等概念，使用的方法主要是边际分析法、均衡分析法等。两门经济学集中解决的问题归结为资源耗费与环境损耗的外部性问题，解决的基本途径是使外部成本内在化。只有尽可能地实现自然成本内在化，才可能实现市场经济条件下资源、环境问题的有效解决。西方环境经济学并不将环境问题特别是环境污染问题的解决放在反思社会现有经济发展方式、目的的基础上，而是放在技术与管理方式的基础上，依据西方经济学特别是福利经济学的理论，从微观上提出环境问题的外部性特点，并认为环境污染控制的最优水平应该是社会纯收益最大化时的污染水平。由此，两门学科都以“经济人”假定为前提，即在生态—经济活动中的人是追求自身利益或效用最大化的人，“经济人”在制度约束下将遵守节约资源、维护环境的利他规则。

在西方生态经济学的产生过程中，出现了相对上述两门学科缺少的重大进步，

就是人类对经济增长与生态环境关系的反思。许多西方生态经济学者对传统经济增长不顾资源与环境的约束进行了批判，进而认为传统经济学已经不能解决经济增长与资源、环境问题。20 世纪 80 年代，以科斯坦扎为代表的生态经济学家们，大都认为“生态经济学是一门全面研究生态系统和经济系统之间相互关系的科学，这些关系是当今人类所面临的众多紧迫问题的根源，而现有的学科均不能对生态系统和经济系统之间的这些关系予以很好的研究。”①为此，西方生态经济学实际上对西方传统经济学进行了范式革命，在学科上有所突破。

（1）在学科使命上，生态经济学致力于建立一套生态和经济最低安全标准，保护生态系统的自组织能力，使人类社会经济能面对各种变化的环境条件，达到生态与经济发展的相互协调②，以解决新古典经济学不能解决的人类社会经济活动与自然生态环境之间发展关系的一些重要理论和实际问题。

（2）突破了西方传统经济学的眼界，首次提出了“经济是环境的子系统”，即“把经济看作生态系统的子系统”的新命题（戴利，1996）；将“认识经济是地球生态系统的一部分”作为“我们经济思想的哥白尼式改变”（莱斯特 • 布朗，1998），只有承认“经济是地球生态的子系统”，“尊重生态原理所形成的经济政策才能取得成功。”③

（3）提出了“自然资本理论”，与原有的人造资本、人力资本概念相并列。戴利指出，自然资本是指能够在现在或未来提供有用的产品流或服务流的自然资源及环境资产的存量④。在这个概念基础上，西方生态经济学作出如下论断：人类经济已经从人造资本是经济发展限制性因素的时代，进入到了剩余自然资本是限制性因素的时代。为此，人类经济活动投资的重点应当从人造资本转向自然资本。这个观点，打破了新古典经济学认为人造资本是生产函数中的稀缺要素，是经济增长限制性要素的观点；打破了人造资本和自然资本之间可以在价格机制作用下进行替代、

---

① Costanza R：What is ecological economics？ Ecological Economics，Vol.1，1989，pp.1-7。转引自方时姣、刘思华：《西方生态经济学理论发展述要》。

② S. Mahendrarajah，et al（eds.）：Modeling change in integrated economic and environmental systems，Chichester，West Sussex；New York：J. Wiley，1999，pp.104-121。转引自方时姣、刘思华：《西方生态经济学理论发展述要》。

③ 莱斯特•布朗：《生态经济：有利于地球的经济构想》，北京：东方出版社，2002 年版，第 4～5 页。

④ Daly，H E，Beyond growth：the economics of sustainable development，Boston：Beacon Press，1996，pp. 25-76。转引自方时姣、刘思华：《西方生态经济学理论发展述要》。

人类不必担心自然资本供给的观点。

（4）从研究方法来看，西方经济学者习惯于在新古典经济理论的框架下处理资源、环境与生态经济系统的问题。他们将人的自利性假说作为传统经济学的理论基础，自然也包括上述三门学科。于是人的经济活动与资源、环境与生态经济系统的矛盾问题，被纳入产权明确、责任落实、市场交易、政府立法这条“完善市场经济”的道路上，成为资本主义制度可接受的经济观念。如果研究者冲出上述理论框架，必然接受社会主义的理念，在理论基础中引入人的利他性，这个特有的理论核心，也许是发展社会主义的资源、环境、生态经济学理论的一个极为重要的切入点，这是马克思主义经济学中有关人与自然关系学说与西方经济学的一个重要区别。

另外，这三门学科都是跨经济、生态两个系统的学科，必然要运用系统论作为理论研究工具，采用信息论、控制论、协同论、系统动力学、价值分析法等来耦合生态系统和经济系统，从而实现二者的可持续发展。

在西方经济学界发展三个二维经济学的同时，以马克思主义经济学为指导思想的社会主义思想理论界，已经借鉴西方经济学界二维系统的眼界、方法，吸取其研究成果，同时进行更广泛的范式变革，采用马克思主义经济学的话语体系，发展马克思主义的资源经济学、环境经济学、生态经济学。我们要根据社会主义生态文明建设的实践，在理论上取得更丰硕的成果。

1.3.2 经济、社会与生态三维系统的学科

1.3.2.1 生态经济学与可持续发展经济学的关系

可持续发展经济学是比生态经济学稍晚建立起来的学科，是在国际社会提出可持续发展观之后建立的。国际理论界并没有特意去区分生态经济学与可持续发展经济学，在国际社会提出可持续发展观之后，西方的生态经济学马上拥抱了“可持续发展”这个概念。西方生态经济学主流学派遵循可持续发展的思路来探索生态经济学的基本范畴，把可持续性纳入生态经济学的理论框架，使它成为生态经济学的最基本范畴和理论基石。但能否由此断言：生态经济学与可持续发展经济学就是一门学科呢？笔者认为，还是分为两门学科好。

有的学者认为，生态经济学与可持续发展经济学的区别在于，前者将“制度”作为外生变量，而后者将“制度”作为内生变量；这是不科学的区分。实际上，哪

个因素作为外生变量或内生变量，是学科自身发展的选择。“制度”这个术语，在马克思主义经济学与西方经济学两类范式中，含义不同，前者是指社会经济的基本生产关系、生产关系的具体形式与相应的法律关系，后者是指市场经济的规则集合，但不管哪种含义，凡是深入研究经济系统，都不可避免地要将“制度”作为内生变量。如果说，生态经济学原来没有将制度作为内生变量，那么，在它的发展中，完全可以克服这个局限。我们不能由此判断，生态经济学将制度作为内生变量之后就演变为可持续发展经济学。生态经济学与可持续发展经济学的区别不在这一点，而是在于它们跨越的系统不同。

生态经济学针对的是生态系统和经济系统的矛盾，跨越两个系统；而可持续发展经济观自提出之日起，就包含着消灭贫困的议题，促进低收入国家、贫困地区与贫困群体的平等发展，这就跨入了社会系统。实际上，要真正实现可持续发展，仅有生态系统与经济系统的协调是不够的，平等、和平与人的全面发展，都是不可缺少的。这都是当代已提上日程的世界性议题，它们不但关系到现实世界的和谐，也关系到人类社会的可持续发展。社会系统的状态，不仅关系到经济系统的状态，也越来越影响生态系统的状态。因此，可持续发展经济学必然涉及经济、生态、社会三个系统。可持续发展经济学是研究生态、经济、社会三维复合系统由非持续发展向可持续发展状态转变、实现可持续发展动态平衡状态所需要的经济机制的学科。

生态经济学追求的目标是“绿色发展”，衡量绿色发展情况的指标是绿色 GDP。对该指标的探讨，虽然已经过去多年，但仍然处在起步阶段。绿色 GDP 最起码的内涵，是要从现行 GDP 中扣除经济建设带来的环境资源成本和对环境资源的保护服务费用后得出的净值。实际上，生态平衡的含义十分广泛，有形的“环境资源成本”很难全面反映生态系统所付出的代价。可持续发展经济学追求的目标，不仅是反映生态经济协调程度的绿色 GDP，还要反映和谐社会的发展程度，建立生活质量指数指标或者国民幸福指数指标。

1.3.2.2 可持续发展经济学的三维系统特征

可持续发展经济学跨越三大系统，但不是学科大杂烩，它属于经济学科；纳入可持续发展经济学的社会系统，并非脱离经济学平台独立研究社会问题。体现该学科三大系统特征的内容应当是：① 经济发展目标体现三维内容，在“不仅满足当代人的福利需要，还要留下保障后代人福利需要的资源环境系统”的总目标下，分别要实现相应的经济系统、生态系统、社会系统的目标。社会系统的目标集中在人与社会的平等发展、和谐发展与健康发展方面。② 把握人类经济活动与生态系统变化的规律，争取经济发展与生态环境相协调。③ 可持续发展离不开人与社会的平等、和谐、健康发展，社会系统出问题，必将破坏经济正常发展，直接或间接破坏生态系统。就已有的可持续发展经济学教科书来看，该学科现有理论体系在第③点上还很不足，正因为如此，可持续发展经济学与生态经济学的当前差异还不够突出。

为了调节人类在社会经济发展中的行为，生态经济学与可持续发展经济学都是必要的，它们在社会科学体系中的分工不同。生态经济学在不涉及社会系统的前提下，集中研究经济与生态二维系统的相互运动，有利于集中应对威胁人类社会最紧迫的生态危机。但是，仅有经济与生态二维系统的研究，是不能解决人类可持续发展问题的。因此，生态经济学与可持续发展经济学两大学科的并存与各自发展，是推进生态文明的需要。

1.3.2.3 生态马克思主义经济学对生态经济学科群的理论借鉴

上述介绍已经指出，生态经济学科群与一般经济学科一样，也出现了西方传统经济学的范式与突破西方传统经济学的新范式两类。后者主要是马克思主义经济学范式。两类范式为生态马克思主义经济学提供的理论借鉴大有区别。

西方传统经济学的范式下的生态经济学科群，将人类应对资源、环境、生态系统等领域的问题，局限在改进生产技术、改进环境管理、完善市场经济制度以引导市场供求符合生态平衡等对策之内，与传统主流经济学企求解决宏观经济平衡与微观经济效率的思路一样，大体上属于"头痛医头、脚痛医脚"的学说。其脱离影响人与自然关系的根本制度，因而对生态马克思主义经济学的发展，只会有在提供问题与解决问题的细节上的借鉴，没有理论思维上的借鉴。反过来，通过批判其局限性，可以间接促进生态马克思主义经济学的发展。在批判的说理中，充实生态马克思主义经济学的理论内容。

突破西方传统经济学范式下的生态经济学科群，即使未能从根本上批判资本主义生产方式是造成生态危机的根源，也会从多方面揭露社会经济中人与自然的矛盾，从中启发人们思考解决矛盾的途径。这些学科的发展，启发生态马克思主义经济学直面如下三个理论问题：

（1）将生态环境和资源作为经济发展中最重要的内生变量来对待。生态环境和自然资源的状况是决定人类福利的重要因素，在进行经济分析时，必须充分考虑它们对经济发展的直接作用。为此，要将生态环境与自然资源作为财富一样看待和计量。

（2）重视自然生态系统与经济系统的双向作用与有机关系。首先是生态系统对经济系统的基础性的决定性作用，其次是经济系统的运行对生态系统的重大扰动作用。生态系统的整体性、有机联系会受到人类经济活动的破坏，由此产生的很多问题并不能由市场机制来应对。

（3）创新价值理论和资源配置标准。这里的价值是经济学中特有的作为分析工具的价值，承认生态环境和自然资源具有这样的工具价值，并使之成为资源配置的重要尺度。

明确遵循马克思主义经济学范式的生态经济学科与生态马克思主义经济学，两者是应用研究与基础研究的关系。生态马克思主义经济学作为基础研究，为应用研究提供基本理论与研究方法、研究视角；生态经济学科作为应用研究，为基础研究提供更多更细的具体研究对象，不断提出不能就事论事的问题，从实践经验中为更深厚的理论提供营养元素。

1.3.3 生态马克思主义经济学与生态经济学科的共同发展

1.3.3.1 生态马克思主义经济学的开放式发展

生态马克思主义经济学是遵循马克思主义经济学范式，在马克思主义哲学的理论指导下，直接兼容马克思主义的一系列学说（人学、社会学、生态学等）而建立的，具有高度的理论境界和深厚的历史视角。在人类社会争取生态文明的努力中，生态马克思主义经济学是具有指导思想地位的学科。

生态马克思主义经济学本身需要从两大来源来划分，由此分别有狭义与广义的标准。狭义的生态马克思主义经济学，体现在马克思、恩格斯著作的相关理论中，它是一个思想宝库，还有待进一步挖掘，现在大量理论著作仍然在阐述、发展狭义的生态马克思主义经济学。而广义的生态马克思主义经济学是马克思恩格斯之后所有的马克思主义者，遵循马克思主义经济学基本原理，面对后来的经济、生态、社会问题所发展的学科。广义生态马克思主义经济学是狭义生态马克思主义经济学的直接继承和发展，具有无限发展的空间。

狭义生态马克思主义经济学的理论是严谨而统一的，如果有什么歧义的话，不是学科自身的歧义，而是后人理解上的歧义。而广义生态马克思主义经济学由于构建者众多，在最基础的理论、基本范式统一的前提下，可以有见仁见智的理论差异。但如果理论背离了马克思主义经济学最基础的理论与基本范式，那就不能算生态马克思主义经济学了，只能算是一般的生态经济学理论。

广义生态马克思主义经济学的发展，使狭义生态马克思主义经济学的理论宝库在当代经济、生态、社会条件下更加丰富，更能解决现实问题。为此，就必须从资源经济学、环境经济学、生态经济学、可持续发展经济学获取理论营养，而不能封闭式地发展。理论总是对实际的抽象，没有大量实际问题，理论发展就成了无源之水。生态马克思主义经济学是关于人类社会，尤其是社会经济与自然界的相互关系的学说，揭示了这一关系中的基本规律与运动趋势。为此，就需要对大量经济与自然资源、经济与自然环境、经济与生态环境的具体关系、具体的运动形式作出最高层次的理论概括。立足于资源经济学、环境经济学、生态经济学的研究成果，就能使生态马克思主义经济学所反映的实际问题更全面、更准确。生态马克思主义经济学应当是三维系统的学科（第 4 章）。经济学科如何超越一维经济系统的平台，建立二维、三维系统的研究平台，也需要借鉴资源经济学、环境经济学、生态经济学与可持续发展经济学。

反过来，生态马克思主义经济学能够为资源经济学、环境经济学、生态经济学提供理论指导，使这些学科摆脱西方经济学的学科范式，进行“范式革命”，融入马克思主义经济学的学科范式。这对于资源经济学、环境经济学、生态经济学的发展将带来至关重要的推动力。

1.3.3.2　与可持续发展经济学的共同发展

与 20 世纪 90 年代中期构建“可持续发展经济学”相比①，生态马克思主义经济学的构建与其有相同之处，两个宏大工程都是以马克思主义为指导，都以解决生态经济问题为主体内容，都是跨越三大系统的学科。不同的是，可持续发展经济学更多的是综合一般的经济学各门学科——人口、资源、环境、生态、科技、管理等相关学科，而生态马克思主义经济学更多的是综合与延伸马克思主义本身的学科体系。刘思华教授的《生态马克思主义经济学原理》对这一新的马克思主义形态的哲学基础、社会学基础、经济学基础、生态学基础均作了充分论证，论证了在马克思

① 刘思华：《可持续发展经济学》，武汉：湖北人民出版社，1997 年版。这部近 40 万字，汇集 18 位学者撰稿的专著标志着中国可持续发展经济学的诞生。

主义基本框架内各门学科的统一，使新形态的马克思主义经济学建立在牢固的马克思主义理论基础之上。

可持续发展经济学更多地在集中一个主题的限定下，汇聚相关专业的内容、方式、方法。有的内容可以超越东西方、南北方的意识形态，与世界各国理论学科形成共识；有的内容的知识、题材、话语、观点则形成东西方、南北方的分野。因此，可持续发展经济学会有不同的版本，就像发展经济学、世界经济学、国际政治经济学等学科一样，西方经济学体系下产生的相应学科与马克思主义经济学体系下的相应学科是不一样的。生态马克思主义经济学则从整体上都体现了马克思主义的立场、基本原理与方法。比如，在消除贫困与贫富分化的主题下，可持续发展经济学一般会从社会公平、人的平等发展的角度来阐述，采用“穷人、富人、强势群体、弱势群体”等话语，撇开社会制度的本质特征，不采取阶级分析的方法。而生态马克思主义经济学则将批判矛头直指资本主义私有制，分析不同阶级的人格特征与根本利益。我们不能简单地用生态马克思主义经济学的范式来指责可持续发展经济学，因为这两门学科的职能不同，也就是在社会科学中的分工任务不同。生态马克思主义经济学为社会主义生态文明提供的是指导思想，可持续发展经济学提供的是知识体系与应用理论。生态马克思主义经济学作为马克思主义理论体系的一部分，为时代提供人类争取“两个解放”（即人的解放与自然的解放）的真理，而可持续发展经济学为世界各国人民提供相互交流的现实行动纲领。

第 2 章

生态马克思主义经济学的理论主体

刘思华教授的著作《生态马克思主义经济学原理》(人民出版社 2006 年 12 月版，以下简称《原理》)，首次将“生态马克思主义经济学”作为新的马克思主义经济学形态，全面探讨与初步构建了这一理论体系，推出了一项开创马克思主义在当代中国发展的新境界，而且包含有重大理论创新的研究成果。

本书在论述生态马克思主义经济学时，首先要对《原理》所阐明的生态马克思主义经济学理论主体作一个大概的介绍。本章的介绍，是根据笔者自己的理解来安排结构，文字中所叙述的内容，大部分是概括这部专著的观点，少部分来自笔者自己发挥的见解。

2.1 生态马克思主义经济学的理论基础

在这部阐述生态马克思主义经济学的著作中，作者充分论证了这一新的马克思主义形态的哲学基础、社会学基础、经济学基础和生态学基础，论证了在马克思主义基本框架内各类学科的统一，使新形态的马克思主义经济学建立在牢固的马克思主义理论基础上。

生态马克思主义经济学的理论基础，包括马克思主义的哲学、社会学、经济学和生态学基础，这个综合性的理论基础实现了自然、人、社会作为一个统一有机整体并由此探讨人类社会发展客观规律的目标。

2.1.1 生态马克思主义经济学的哲学理论基础

马克思主义哲学是辩证的、实践的、历史的、唯物主义的人与自然统一的学说，这一学说对外部世界客观实在性和物质存在第一性的认识，通过“自然界优先地位”的论断，为相关社会科学认识自然界是人类生存的基本条件、自然环境在不同社会发展阶段的生产生活中起基础作用提供了哲学依据。

按照马克思主义的观点，自然界对于人类和人类社会的存在具有本原的制约性，而人类生存与社会发展对自然界存在着本原的依赖性。人本身是自然界的一部分，人依赖自然界的各种物质（从生命物质到水、大气等）生存，人的繁衍首先作为自然运动的内容，人的运动纳入自然界客观规律的对象中，自然界不仅提供人类物质财富的直接产品与原料，也提供精神财富的原料。当然，人的实践活动能动地改变着外部世界，创造“人化的自然”，自然界及其自然物质仍然保持着人的意志所无法改变的自然规律。

马克思主义哲学中关于人与自然相统一的理论论证，是唯物主义哲学指导生态经济学坚实的基础理论。

2.1.2 生态马克思主义经济学的社会学理论基础

马克思主义的社会形态理论是对社会与历史从理论上的高度概括。其中，马克思的“三大经济社会形态”学说，深刻阐述了经济社会形态的演进和人类文明形式的演变统一的原理。我们可以从马克思三大经济社会形态主要特征当中“发现”其生态经济意义，三大经济社会形态分别对应于人对自然的服从关系、人对自然的征服与掠夺关系、人类与自然的和谐关系。这个理论体现了科学共产主义学说中包含的生态经济意蕴，反映了马克思主义“两个解放的统一”这一根本。

马克思的人学理论是作为社会科学而不是自然科学来构建的，它强调人是“类”的存在物，这一学说提供了一个理论说明：人类选择走可持续发展道路是有根据的。正因为人作为“类”而存在，才有论据推出个体与群体的代内关系与代际关系理论，才能说明“为子孙后代共享地球资源”这一可持续发展的内在动力与伦理准则。当今的社会现实是：世界处于商品市场经济的时代。这个时代的社会特征正如马克思所指出的，处于“以人对物的依赖性为特征的个体的独立性得以发展的阶段”，资产阶级的学说十分强调“个人本位”，无非是这个阶段世俗意识的反映，根本不能与马克思主义学说纵览历史的眼界相比。反过来说，如果我们将西方资产阶级抽象的、绝对的个人本位论作为真理，那么人们就只好各自顾及自己的利益，不可能为后代着想，可持续发展就只能是一句空话。

从西方经济学那里带来的流行观点是“经济人假设”，这个观点假设人的动机都是自利的，在社会中都具有为个人利益的最大经济理性，“利他”只能是“利己”的客观效果。《原理》为我们提出了新的不同见解。首先是对“经济人假设”进行剖析。该假设无非是“以人对物的依赖性为特征的个体的独立性得以发展”这个阶段世俗意识的反映。实际上，人不仅是“经济人”，也是“社会人”和“生态人”。“经济人”注重的是自己的行动与利益的协调，“社会人”注重个人与群体的协调，“生态人”注重人与环境的协调。《原理》通过论述马克思的“人的二重性学说”，将“经济人假设”与“自然生态人与社会经济人”进行对比，说明前者仅仅是对现实的片面反映，在未来的可持续发展新时代不再具有任何科学价值。

《原理》对马克思三大经济社会形态的学说进行创造性的发挥，将三大经济社会形态与三大文明形式相联系。第一种经济社会形态下的古代人类文明的基本形式是农业文明，第二种经济社会形态下的近现代人类文明的基本形式是工业文明，第三种经济社会形态下未来的人类文明将是生态文明。马克思解释的人类未来历史发展的理想，是人和社会与自然矛盾真正解决的社会。也就是说，完全的公有制经济——共产主义作为自由人联合体的社会，也是人与自然和谐、生态平衡和可持续发展的社会。

2.1.3 生态马克思主义经济学的经济学理论基础

关于劳动与劳动过程的理论，是生态马克思主义经济学的理论基石。马克思在探索劳动的本质时，揭示出劳动是人改变外部世界的一种物质生产实践活动。劳动同时具有一般属性与特殊属性：作为一般属性，劳动是人与自然之间的物质变换；作为特殊属性，劳动是人与人之间在一定社会关系下的社会物质交换活动。马克思的经济理论有关商品生产的劳动具有具体劳动与抽象劳动二重性、商品生产过程具有创造使用价值与交换价值的二重性，都是由此出发的。在经济理论对社会经济关系进行系统的、多层次的分析时，我们不能忘记对劳动过程相关的自然条件与自然基础的认识。

马克思的经济学理论主要内容是对资本主义经济进行内部结构剖析。在对这一系统剖析的丰富理论中，涉及自然生态的部分，就是论证资本主义是一种不惜牺牲人类生存的自然条件、损害人与自然和谐关系的经济制度。资本主义生产方式追求最大限度地榨取剩余价值，不仅剥削劳动者，也掠夺自然。由资本增殖内在驱动造成的生产异化与消费异化，使资本主义的生态经济基本矛盾日益尖锐化。

马克思主义经济学关于劳动异化思想，揭示了人的畸形发展、社会的片面发展及其生态环境被破坏的制度性根源，揭示了资本主义生产方式的生态经济关系的对抗性矛盾。在经济学理论中，正是通过制度性批判，指明了经过所有制变革，建立公有制经济，消除劳动异化，实现人与自然之间物质变换的最合理关系。马克思关于社会生产是它的自然属性与社会属性的有机统一体的论述，为认识生态经济提供了基本的思想启示。

2.1.4 生态马克思主义经济学的生态学理论基础

生态马克思主义经济学的生态学基础，体现在以下三个方面：

（1）从生态角度揭露资本主义生产方式的对抗性矛盾。马克思恩格斯的著作中谈到了许多生态失衡的现象，诸如自然资源的枯竭、土地肥力的枯竭、城市生态环境的污染和恶化、劳动者受到身心健康和生态安全的破坏与摧残等，从这些现象分析中留下的一系列逻辑，就是资本主义生产方式中资本增殖的贪婪必然带来对自然资产的掠夺，对生产成本的吝惜必然带来环境的损害。榨取剩余价值的冲动既要最大限度地盘剥人的身外的自然，又要最大限度地盘剥人的自身的自然。

（2）从人与自然和谐统一的论述中把握生态文明的意蕴。马克思关于“自然界是人的无机的身体”的论断，把自然界视为与人类有内在联系的生态系统。他和恩格斯多次警示人类实践活动的“反自然化”，告诫这会引起自然的“反人化”，也就是对自然的某个“胜利”将会引起自然的“报复”。马克思恩格斯在强调自然、人、社会是一个统一的有机整体的基础上，提出了“感性世界一切部分的和谐，特别是人与自然界的和谐”的光辉思想。按照马克思的唯物主义历史观和自然观的统一理论，人类实践活动应当追求的目标就是人与自然和谐的生态文明。

（3）从人类社会的视角来分析自然产品与自然价值。除了一般地阐明自然界是人类物质生产得以进行的自然前提和生态基础外，马克思还具体论述了自然生态环境及其自然产品多样性直接影响社会经济生活的多样化，提出了自然界与劳动一道成为创造物质财富的源泉，阐述了自然产品在价值创造中的自然效用，分析了自然力作为生产要素是如何给资本主义生产带来超额利润的。

这些理论为研究自然界的生态学做了社会科学方式的概括，使之成为走向生态哲学、生态经济学的理论指导。

2.2 生态马克思主义经济学的逻辑起点

在生态马克思主义经济学的理论体系中，逻辑起点是马克思的二重性学说，它表明生态马克思主义经济学要从生态自然因素与经济社会的内在统一性来探讨世界发展规律。

马克思的二重性理论包括人的二重性、劳动的二重性、商品的二重性、生产过程的二重性、社会经济运行与发展的二重性等理论，其共同点是对社会经济的诸多因素与过程，从自然属性与社会属性、从生产力与生产关系两方面的统一来分析，从而体现了马克思主义关注“两个解放”的理论起点，确立了马克思主义的核心理论。

（1）生态马克思主义经济学关于“人的二重性理论”指出，人既是自然生态人又是社会经济人。这一理论有三个要点：①“马克思恩格斯一贯认为，人是自然属性与社会属性的内在统一，是生态自然因素与经济社会因素的有机统一体。”②“人是自然存在物与社会存在物的统一。”③“人的本质是生态自然本质与经济社会本质的统一。”[①]这其中就包含着不同的调节。

体现人的二重性理论的“既是自然生态人又是社会经济人”的论断，在生态马克思主义经济学的理论中找到了西方经济学的致命弱点：经济人假设。亚当·斯密的“经济人假设”，本来是用来阐述客观经济规律的，但被西方经济学扩展为社会经济活动赖以发生的人性基础，断言人的本性是自私的。在这一假设前提下，社会经济活动只能是顺应人的自私本性的客观活动，任何对人类行为的“调节”都会被

---

① 刘思华：《生态马克思主义经济学原理》，北京：人民出版社，2006 年版，第 171、173、174 页。

视为是空想或导致对人的奴役。

（2）劳动二重性理论以人的二重性理论为前提，以商品生产为对象。也就是说，劳动二重性由体现在劳动中的人的二重性决定，论述的是生产商品的劳动的二重性，不包括生产完全自给的产品的劳动。生产商品的劳动具有具体劳动与抽象劳动二重性，分别对应于商品的二因素：具体劳动生产商品的使用价值，抽象劳动生产商品的价值。这个二重性背后是商品生产中私人劳动与社会劳动的对立与统一，因此这个二重性当中包含着商品—市场经济一切矛盾的胚芽。生产商品的劳动内容，既有生态自然因素，又有经济社会因素。由此，劳动二重性决定了生产过程的二重性，生产商品的过程，既是创造物质财富的过程，又是价值形成和价值增殖的过程。劳动二重性中的矛盾，在当代经济中，经常反映了社会生产的矛盾。比如，现代企业推行循环经济，就有物质能量循环与经济循环两者能否兼顾的矛盾。如果只顾经济循环，固然能够完成资金周转、实现价值增殖，但可能违反物质能量循环的生态要求，造成生产过程中大量废弃物排泄，既耗费资源又污染环境。如果只顾物质能量循环，则有可能成本过高，不能赢利，企业难以接受。这就是劳动二重性在循环经济领域中的矛盾。

（3）商品二重性理论蕴含着三个基本生态经济论点：① 商品是使用价值和价值的统一体。商品脱胎于生产过程，经过流通过程、消费过程，商品的使用价值与价值都消费掉了，但商品中的自然物质仍然保持着自己的独立性，处在自然生态循环过程中。② 商品是自然因素和经济社会因素的统一体。商品的使用价值是劳动和自然物质相结合的产物，是商品的自然生态属性。商品的价值是人们生产商品的一般劳动耗费在私有制下的特殊表现，劳动产品的社会关系的形式转换、表现、扭曲为商品“物的天然的社会属性”，由此使商品在人的头脑中成为一种充满神秘性的东西，这就是“商品拜物教”。商品的价值在商品社会中成为一种超自然的“物的外观”，只有马克思的经济理论从中揭示出价值形式的社会经济性质，揭示出商品交换背后所掩盖的人与人之间的社会经济关系。③ 商品关系是自然生产关系与社会经济关系的统一。在以私有制为基础的商品经济条件下，商品生产者特有的社会经济关系不能直接表现出来，而是通过商品交换，以物与物的关系表现出来。所以商品关系是在物的外壳掩盖下的人与人之间的社会经济关系。

（4）经济运动的二重性理论，反映了自然生态的演替进化和社会经济的变化发展的统一。作为劳动过程的生产过程是人与自然之间的物质变换过程，人们从自然界取走物质和能量又要以不同形式将物质和能量返还自然界。在此当中，人类的经济技术行为必定对生态系统的生命系统和环境系统的诸多因素产生某种影响，从而引起生态系统的功能和结构的变化。这就说明，那种纯而又纯的社会经济运动是根本不存在的，人类的经济活动是否符合生态经济规律，将在社会经济与自然生态两个方面造成有利或有害于人类的影响。

2.3 生态马克思主义经济学的主线

贯穿生态马克思主义经济学理论体系中的鲜明主线是人类同自然界之间的物质变换的生态经济关系。马克思这一生态经济关系理论，是对客观世界运行的集中概括与深刻揭示。

2.3.1 劳动是人与自然之间相互作用的过程

在物质变换理论中，马克思将劳动作为人与自然的中介，人类社会的劳动过程是自然生态过程和社会经济过程交织在一起的生态经济过程。为此，马克思主义一方面揭示其过程的社会规定性，另一方面也必须关注其过程的自然规定性。在马克思主义对社会历史的理论中，根据人与自然物质变换的基本形式及不同社会形态下的特征分析，揭示了历史发展规律，提出了消除异化劳动、消除人与自然关系异化的未来目标，指出了共产主义社会形态中合理调节人与自然的物质变换关系的理想。

生态马克思主义的物质变换理论揭示了劳动过程中人与自然的关系，提出了人与自然之间物质变换的协调发展与良性循环的价值规范，从而要求人类劳动必须有调节，确保人类劳动不去破坏导致自然生产过程中的物质能量循环平衡基础。

2.3.2 人与自然的物质变换

物质变换理论将人类社会的物质资料生产过程中人与自然的物质变换分为以下三个方面：

（1）自然的物质代谢。这里所说的自然的物质代谢不是出于社会生产过程的，而是由人类的劳动启动的。自然的物质代谢过程本身受自然规律支配，它是不受人类调控的，但开启什么样的物质代谢过程却是人类可以影响的。有其因必有其果，人类必须有预见，调控自己的社会生产，不能盲目地开启会导致某种后果的物质代谢过程。

（2）社会的物质交换。这方面的内容包括社会再生产过程中四个环节（生产、流通、分配、消费）的流程，包括生产资料、消费资料之间及其内部的交换，其过程主要受经济规律的支配。但是，社会本身的物质交换总要依托对自然的物质变换，社会物质交换的规模、结构、方式都会对自然生态系统产生反作用。人类要调节的是消除社会物质交换失衡产生的对自然生态系统有害的反作用，如超过正常消费的生产规模造成自然资源的浪费、消费预期诱发对自然资源掠夺性开发的冲动等。

（3）人和自然之间的物质变换。这个过程中，人类不断地从自然界获得自然物质，用自己的劳动改变自然物质，使用改变为产品的物质资料，又不断地将废弃物和排泄物返回自然界。在此当中，自然规律与经济规律同时起作用。人的调节包括了对获取自然物质的调控，利用自然力来改变对自然物质的调控，对使用物质资料的调控，对排放废弃物的调控。这个过程使自然界发生了变化，变化当中包含着一系列有害后果：自然物质的耗竭、自然力的过度使用、废弃物和排泄物对自然生态环境的污染。

劳动过程作为人与自然之间的物质变换过程，既是自然被人化的过程，又是人的自然化过程。人在改变身外的自然的同时，也会改变人自身的自然。这个过程又使人发生两方面的变化。一方面将大自然丰富的属性纳入人的自身，使人本身得以丰富与发展；另一方面也会在一定的社会条件下产生有害后果：一是劳动者的变化，身心健康受损、畸形发展等；二是消费者的变化，有害消费损害健康，不能适应自然环境等。因此，人需要在人和自然之间的物质变换中有系统地调节。

2.3.3　公有制条件下人和自然之间的物质变换

生态马克思主义经济学论述了马克思关于公有制条件下人和自然之间的物质变换的理论。马克思指出，“社会化的人，联合起来的生产者，将合理地调节他们和自然之间的物质变换，把它置于他们共同控制之下，而不让它作为盲目的力量来统治自己；靠消耗最小的力量，在最无愧和最适合于他们的人类本性的条件下来进行这种物质变换。”[①]从马克思的论述中我们得到以下三点有关人和自然之间的物质变换的认识：

（1）“社会化的人，联合起来的生产者”体现了公有制的本质特征，这是人对自然进行最合理的物质变换的社会前提。有公有制这一社会前提，才可能将人与自然之间的物质变换置于生产者的共同控制之下。社会生产领域中所发生的客观规律，将不再是一种统治生产者的盲目的力量。

（2）靠消耗最小的力量，在最无愧和最适合于生产者的人类本性的条件下来进行这种物质变换，是马克思给人们规定的价值规范。自从工业化进程开始以来，资本主义生产方式使劳动成为异化劳动，造成了人与自然之间的物质变换过程具有反人性的特征，对人的自然属性予以破坏。用牺牲劳动者身心健康与能力全面发展的代价来取得物质产品丰裕的成果。虽然科技的发展，能够使工业化当中的劳动减少体力的强度，但至高无上的竞争原则，仍然是以劳动者身心疲惫为代价获得就业的保证。显然，未来社会不能让这样的物质变换继续存在下去。将生产作为既能创造物质财富，又能促进劳动者全面发展的活动，就成为人类对物质变换进行调节的价值追求。

（3）合理地调节他们和自然之间的物质变换，这是马克思提出的方向。合理调节的内容，将随着人类的进步而不断丰富。其基本特征，就是协调性和持续性。

2.3.4　物质循环理论是物质变换理论的科学应用

物质变换理论是马克思对人类生产劳动中人与自然、生态与经济关系的科学揭示，直接体现在生产过程中。进入再生产过程，物质变换理论则进一步发展为物质循环理论。马克思恩格斯认为，整个自然界是一个有机的整体，万物遵循永恒循环和无限发展的规律。物质循环，包含能量流动在内，就是世界整体运动的直观表现。恩格斯在《自然辩证法》中指出：“整个自然界被证明是在永恒和循环中运动着。”[②]

马克思关于人与自然之间物质变换的理论，实质上是自然生态系统的生态循环与社会经济系统的经济循环之间相互转化、相互作用的纽带。因此，循环经济理论

① 马克思：《资本论》第3卷，北京：人民出版社，1975年版，第926～927页。

② 《马克思恩格斯选集》第3卷，北京：人民出版社，1972年版，第454页。

覆盖的对象，包括整个生态系统的物质循环运动、整个社会经济系统的循环运动、直接生产过程中各个具体生产的物质和经济循环运动。《资本论》（第二卷）分析资本的循环和周转，属于资本主义社会经济系统的循环运动。而马克思在对资本主义经济循环运动的阐述中，都有对直接生产过程中各个具体生产的物质循环运动的论述。

经济循环与物质循环，体现了生产的二重性，也包含了内在矛盾。在现有的社会生产和再生产中，经济循环可以被经济利益分割为局部循环、短期循环。在私有制经济尤其是资本主义经济中，存在着局部循环可以不顾整体循环、短期循环可以不顾长期循环的普遍现象，与资本主义同处于工业文明的社会主义经济，如果处理不好，也会存在以上现象。经济系统本身的内在循环矛盾发展，会导致经济危机的出现，而经济循环中不顾整体循环、不顾长期循环还会直接违背物质循环的客观要求。物质循环客观上总是关系着整个生态系统，违反了物质循环与转化规律，就会破坏物质和能量的自然再生产与持续利用，破坏自然生态系统的净化能力。在马克思对资本主义生产的批判中，揭露了资本主义为追逐利润而违背物质循环与转化规律，造成对劳动者的人身生态正常循环和对环境生态维护的破坏。

在涉及物质循环的范围内，马克思对社会化大生产如何有利于资源节约与环境保护提出了宝贵的思路，当人类把从自然界索取的各种资源以“生产排泄物”“消费排泄物”的形式送回自然界、使之最终回归于自然的时候，要将之引上良性循环的道路。要将“消费排泄物”返还于土壤，以改善土壤；对“生产排泄物”则要再利用，使之通过新的生产过程转化为新的生产要素。用机器的改良和科技的进步的方式变废为宝。社会生产的物质循环调控包括废料利用和废料减少两个方面。可以说，这是马克思提出的人类早期的循环经济思路。

2.4 生态马克思主义经济学的核心理念

生态环境内因论是生态马克思主义经济学的核心理念，确立这个核心理念，就是从理论认识上将自然生态环境从经济运行与发展的外生变量转化为内生变量，由此正确反映社会发展的真实原因与可持续发展的关键问题。

所谓内因论，就是将自然生态环境作为物质财富的源泉、人类生产实践活动的内在要素。从总体来看，自然生态环境不仅是生产劳动与生活需要的基础和先决条件，而且在具体的社会分工（尤其是地域分工）、生产效率、使用价值与价值的形成、劳动力的使用等经济过程中，自然生态环境都是基础条件。

生态马克思主义经济学提出生态环境内因论，对自然生态环境在全面生产活动与生产成果中的重要性作了深刻剖析。一方面，自然生态环境是与劳动力、生产技术等相并列的生产要素，如同劳动力的技能水平、生产技术及生产管理的高度一样，自然生态环境的丰度也直接影响生产效率；另一方面，自然生态环境与其他生产要素是相互影响、相互制约的。其他生产要素与自然生态环境的合理结合能够提高自然生态环境的利用效率和保护效率，自然生态环境的合理使用能促进其他生产要素正确地提高质量。

我国经济学理论界在 20 世纪 80 年代创建生产力经济学之际，曾经有过“生产力两要素”与“生产力三要素”的观点争论，两大观点的关键区别，是“劳动对象”（即土地等自然资源，也就是自然生态环境）是否应当包括进生产力的要素当中。现在看来，两大观点都过于简单，生产力是一个包含多种要素并分层次的综合系统。但是，“生产力两要素”体现的思想，是将自然生态环境作为外部因素，不符合生态环境内因论。相比之下，“生产力三要素”的思想是相对正确的，符合生态环境内因论。该观点的领军学者是孙冶方研究员，为了论证劳动对象属于生产力的要素，他还特意对社会生产与自然生态环境的内在关系开展了深入的研究。

生态环境内因论的理论延伸必然涉及生态价值问题。马克思本人的经济学理论中没有生态价值理论，但是，按照其经济学理论范式，社会经济发展过程必然赋予财富以社会尺度。自然生态具有的自然效用决定了其是人类的财富，而财富要有社会尺度。这个社会尺度的属性、内涵，就是马克思之后的学者探讨的科学问题了。人类劳动创造经济价值要靠具有生态价值的自然财富，自然物质作为经济价值的属性就是生态价值。自然界是生态价值的源泉，人类一般劳动是经济价值的源泉。这两个理论共同构成的核心理念，使可持续发展观建立在坚实的经济学理论基础之上，并为国民经济管理、核算以及发展规划提供了战略指南。

2.5 生态马克思主义经济学的根本规律论述

在生态马克思主义经济学揭示的各种生态经济规律中，位于根本规律地位的是生态经济协调可持续发展规律。在生态马克思主义经济学中，人类和自然界之间进行物质交换，是人类通过生产出不断改变形态的自然物质、同时不断把改变了形态的自然物质返回自然界的运动，必须通过合理调节与共同控制来保持其运动的可持续性，在社会经济运动中实现人与自然、人与人之间关系的“两个和谐”。遵循其规律是能够走上转化自然、人、社会三者矛盾的唯一有效途径，实现生态与经济的双赢。

从上述理论出发，我们在建设社会主义的实践中，所追求的发展就应当是经济效益、社会效益、生态效益相统一的发展，是以生态环境良性循环为基础、生态良性循环与经济良性循环有机统一的发展。遵循这一根本规律，经济增长方式的转变要纳入生态经济可持续发展的轨道，科教兴国战略要与可持续发展战略相配合。我们要在经济建设中，正视人口、资源、环境对我国的三重压力，绝不盲目追求经济高增长，自觉地遵循自然生态对人类经济活动的基本约束，处理好经济发展与人口、资源、环境的相互关系。

2.6 生态马克思主义经济学的理论延展

理论延展，就是将原来已有的理论范畴覆盖面扩展到更宽的领域，以全面反映世界的运动。生态马克思主义经济学的理论延展主要在两个方面：① 将原来意义上的生产理论从物质生产领域延展到精神生产、人类自身生产、生态环境生产、社会关系生产领域，形成五种生产与再生产相统一的全面生产理论；② 将原来以物质生产力为中心的生产力理论延展到人自身生产力、精神生产力、自然生产力，形成四种生产力相统一的广义生产力理论。全面生产理论与广义生产力理论两者紧密联系在一起。

2.6.1 全面生产理论

全面生产理论认为，广义上的生产，是指把人、社会、自然作为一个有机整体的全部生产与再生产。广义的生产由五种生产组成：一是物质资料生产，二是精神生产，三是人自身的生产，四是生态环境的生产，五是社会关系的生产。五种生产的内容十分丰富，它们相互之间发生作用与反作用，相互促进、相互制约。从调节的角度来看，全面生产的内容体系构成了一个调节的大系统，站在每种生产的角度，都可以对其他四种生产提出调节的要求。

（1）物质资料生产是整个社会生产得以进行的基础，马克思恩格斯认为它是人类生存活动的第一个历史前提。站在物质资料生产的角度，它要求精神生产的规模适应物质资料生产的发展水平，为物质资料生产提供导向性、手段性、协调性的服务；它要求人自身的生产在数量与质量上要适应物质资料生产的发展要求；它要求生态环境的生产能够弥补物质资料生产对自然生态环境的消耗，扩大物质资料生产所需的环境容量；它要求社会关系的生产与之相适应，遵循生产关系适应生产力发展的规律，为社会生产提供制度平台。

（2）精神生产提供了思想、观念、规则、科学与文化的活动与过程。它的使命是认识世界、提出改造世界的方法和精神手段，为改造世界的主体——人——提供精神营养。站在精神生产的角度，它要求其他四种生产都要按照人们对客观世界的认识来进行，能够将精神生产的成果应用于实践当中，接受其引导与助推，同时要求在其他四种生产的实践中进一步丰富精神生产的成果。它特别要求人自身的生产与之密切互动，通过文化与教育来推进智力再生产。

（3）人自身的生产是历史的起点，又是社会发展的归宿，在人自身的生产中体现着社会活动的目的性。站在人自身的生产的角度，它要求其他生产不要背离其本义和终极目的，始终体现以人为本的宗旨。它要求物质资料生产、精神生产、生态环境的生产正确处理在数量、质量、规模、公平、效率上的相互关系，为人自身的生产提供更大的实惠。它要求社会关系的生产能正确处理公平与效率的关系，对社会经济中的利益提出约束条件。

（4）生态环境的生产是人类作用于自然界创造生态财富的活动和过程，关系到人类社会全部活动的外部环境与内在约束。站在生态环境的生产的角度，它要求物质资料生产与人自身生产保持在资源环境的承受力之内，能够在消耗自然资源的同时创造生态财富。它要求精神生产与社会关系生产能够为其提供促进手段，创造生态文明的观念形态和制度环境。

（5）社会关系的生产是为实现其他生产得以进行、提供保障和联系的生产。站在社会关系的角度，它要求其他四种生产过程中的当事人理顺所需的权利关系，处理好分工与分配的关系，形成合理的评价体系、激励机制、约束条件。

全面生产理论揭示了生态经济社会生产的有机整体，指导我们在认识各类生产与再生产相互作用的基础上，实现相互适应、相互协调。同时也反映了在人、社会、自然这个综合系统当中，在客观联系中人的调节无处不在。人既不是无所作为，顺其自然，也不是随心所欲、无所节制，而是在多种复杂的联系中尽其努力，争取向目标接近。

2.6.2 广义生产力理论

广义生产力理论包括两种基本属性的类型：社会经济系统生产力与自然生态系统生产力。物质生产力和精神生产力属于社会经济系统生产力，自然生态生产力属于自然生态系统生产力。人自身生产力是同时具有两种基本属性的生产力：具有正常生理功能的人口数量包含着自然属性的生产力，通过社会培育的人口质量——专业劳动技能、知识文化水平与道德素养包含着社会属性的生产力。在社会发展的运动中，上述四种生产力既有共同作用，又分别起到很不相同的作用。

物质生产力体现着人类社会最基本的实践活动——物质生产活动——的能力，体现人与自然之间的物质变换关系，表现为人类利用、控制、改变自然的物质力量。物质生产力是社会生产关系的决定因素，生产关系作为社会经济基础的反映，必须与物质生产力的状况相适应。在物质生产力中，科学技术的物化——生产工具及其能量与信息系统，是主要的构件。

精神生产力是“知识形态上”的社会生产力，它产生于生产实践中的知识、科学、智慧、思维。作为知识形态的生产力，精神生产力是间接的、潜在的生产力；当精神生产力应用到生产实践当中之后，就转化为直接的、现实的生产力，体现为生产技术，这已经属于物质生产力了。机器大工业的产生，开辟了科学转化为技术即精神生产力转化为物质生产力的直通道；而信息技术的崛起，则最大限度地缩小了科学与技术之间的距离，以至于我们分不清在高技术产品生产过程中哪是“科学”、哪是“技术”。随着生产力发展进入更高的阶段，精神生产力不仅是物质生产力提高效率的强化手段，还是物质生产力的发展导向。

自然生产力是自然界所给予人类的生产力，它来自两个方面：自然力（如地热、水力、风力、太阳能等）和自然资源、自然生态环境条件（如土地、江河、瀑布、气候、矿藏、森林、鱼类等），这些因素只要一进入生产过程，就会成为实际起作用的生产能力。刘思华教授在马克思相关论述的基础上专门给出一个较为精确的定义——自然生产力是指自然生态系统所具有的物质循环、能量转换和信息传递的能力，这种能力本质上是自然力量或生态力量。[①]

人自身生产力在马克思的著作中表述为“个人生产力”，它是指人具有的一般劳动能力，包括体力、智力和精神力。由于人是自然存在物与社会存在物的有机整体，个人生产力是人的自然生产力与人的社会生产力内在统一的现实表现。从实质上说，物质生产力和精神生产力都是个人生产力的产物，但随着历史的发展却发生着前两者越发达、后者越被动的现象。而未来的生产力发展，个人生产力将重新占据主动地位，这就是马克思预言的“表现为生产的财富的宏大基石的”是“社会个人的发展”。[②]

广义生产力理论对于原来以物质生产力为中心的生产力理论的延展，产生了革命性的超越。它克服了把生产力解释为人类征服自然、改造自然、索取自然的能力这一片面观点的局限，从人与自然的相互影响，人对自然的征服与反征服，人对自然的适应、改造、保护，人与自然的协调等多个侧面来认识问题。广义生产力理论将自然再生产与经济再生产视为统一的生态经济过程，把社会生产力纳入社会可持续发展能力的轨道上，深刻地揭示了人与自然的双向互动与协调发展的运动过程。

① 刘思华：《生态马克思主义经济学原理》，北京：人民出版社，2006 年版，第 270 页。

② 《马克思恩格斯全集》第 38 卷，北京：人民出版社，1972 年版，第 203 页。

第 3 章

生态马克思主义经济学的批判对象：资本逻辑

生态马克思主义经济学对资本主义的批判有新的深度，它不仅包含着对资本主义生产方式的经济学批判，进一步阐述了资本主义剥削与生产的无政府状态，而且展开了对资本主义生产方式的生态学批判和社会学批判，揭示了其盘剥自然界与抑制人的全面发展的本质。其中，对支配资本主义社会以至深刻影响着社会主义社会的这一经济运行规则——资本逻辑，尤其需要有深刻而辩证的批判。

3.1 资本逻辑解说

3.1.1 资本逻辑的含义

资本逻辑既可以视为一个时代性的中性事物，又是一个在未来被批判的贬义事物。它在争取可持续发展当中必然要被否定，但在实践中要被完全否定则需具备相应的历史条件。如同市场被计划代替、商品被产品代替一样。但是，资本逻辑是可以逐步被削弱、被限制的。

在对资本逻辑进行分析之前，我们需要先弄清“资本”概念本身的含义。

3.1.1.1 批判对资本概念的西方经济学解读

西方经济学是如何解说“资本”这个经济范畴的概念呢？我们以“后凯恩斯主

流经济学”的代表人物萨缪尔逊那本发行量很广的《经济学》为典型来看。他在这本书中说：“资本是不同于土地和劳动（合称初级生产要素）的另一种生产要素，它不仅像初级生产要素那样是经济社会的‘入量’，同时也是经济社会的‘出量’[①]。”他又说：资本货物，由经济制度本身（这里的“经济制度”是“社会”的同义词，跟“土地和劳动”天然供给的特点相区别，并没有“生产关系”的含义——作者注）所生产出来并且被用作投入的生产要素[②]。上述两种说法都表明，资本被界定为具有两大特征的生产要素：① 资本本身是社会经济产出的结果；② 资本不是天然供给的，而是社会供给的。这是西方经济学对资本概念最有代表性的表述，我们可以看到，这个概念，在外延上是十分泛化的，基本囊括了所有时代经济中用于生产资料用途的货物；在内涵上是十分贫乏的，基本排斥了资本概念背后的经济关系。

西方经济学将资本与土地、劳动作为三个并列的生产要素，首先在形式逻辑的分类上就不通。劳动是过程，不是要素，劳动力才是要素。与土地、劳动力并列的要素不是资本，是投资品（现在一个准确的名称是物质资本），即作为劳动产品的生产资料（包括生产资料及其设备、各种工具、原材料、厂房及相关设施）。因此，仅从形式逻辑来看，就不能将资本与土地、劳动力相并列。任何一个接触实际经济生活的人都会看到，当经营者从事投资活动时，他要准备的生产要素，就是生产活动赖以开展的土地、从事劳动的劳动者——劳动者将在生产中提供劳动力，固定资产与原材料即为投资品。而这一切实际准备，都需要一笔用于投资的钱，即货币资本。货币资本是资本的代表形式，而土地、劳动力、投资品，都是货币资本的转化形式。

因此，西方经济学关于资本概念的错误，首先是将其与投资品相混淆，不懂得土地与劳动力跟投资品一样，都是资本的转化形式。

3.1.1.2 资本概念的马克思主义经济学解读

马克思主义经济学的资本概念，是对资本主义经济基本事实的准确反映，从大量现象中，可以概括出资本的经典定义是：资本是能增殖价值的价值。这个定义继承并超越了西方古典经济学家的“作为进行新生产的手段的积累起来的劳动就是资本”的定义。价值能够体现在各种用于投资的生产要素中，如土地、劳动力、投资品，都有价值，它们结合起来，在生产经营之后就能增殖原有的价值总量。

---

① 萨缪尔逊：《经济学》上册，北京：商务印书馆，1979 年版，原著第 10 版，第 73 页。

② 萨缪尔逊：《经济学》中册，北京：商务印书馆，1981 年版，原著第 10 版，第 306 页。

资本具有两重属性：一般属性与特殊属性。

作为一般属性，资本是代表生产资料与劳动未结合条件下体现的生产资料的价值。一般属性的资本，必须与“价值”和“增殖”两个关键词相联系。由此表明，“资本”是个市场经济概念，存在于不同社会制度的市场经济中。

作为特殊属性，就不能将资本看成超脱于社会经济制度的价值物。“资本不是物，而是一定的、社会的、属于一定历史社会形态的生产关系，它体现在一个物上，并赋予这个物以特有的社会性质。”[①]马克思对资本在资本主义社会中的特殊属性做了深刻的分析，将劳动力买卖作为资本所体现的生产关系的关键环节。根据马克思主义经济学的论证，资本代表着资本家对雇佣工人的剥削手段和剥削关系。

当前我国社会经济生活，已从计划经济转变到市场经济，人们谈到资本这个名词时，通常只涉及它的一般属性，没有涉及资本概念得以成立的社会关系，但在学科研究方面不能停留在日常生活用语上。

在马克思主义学者的传统认识中，对资本只有特殊属性的理解。因此，资本就只发生于资本主义经济中。在资本主义社会中，资本与雇佣劳动、剩余价值成为三个不可分割的经济范畴，成为对劳动者进行剥削的经济关系的理论概括。人们对资本没有一般属性的认识。

3.1.2 资本逻辑的前提：生产要素价值化、经济资源资本化

资本的价值要能增殖，必须通过生产、流通等经济活动。市场经济下的经济活动，就是一种投入一笔价值、带来更多价值的过程。价值的总代表就是货币，因此用于投资的货币、即货币资本，是资本在运动起点上的形态。为了使价值增殖，需要用货币购买各种各样的生产要素：土地、劳动力、投资品等，于是货币资本就将其形态转化为生产资本。生产资本既有实物，也有人力，由此分为物质资本与人力资本。人力资本的概念，只有在这个范围内才成立。离开货币资本购买劳动力要素这个前提，就不存在人力资本概念。

至此，我们从资本的结构与转化形态上简要地正确理解了资本概念。在社会经济中，一切生产要素只有成为商品、具有价值，才能被纳入资本概念中。这是市场

① 马克思：《资本论》第 3 卷，北京：人民出版社，1975 年版，第 920 页。

经济所具有的功能。资本主义经济区别于它之前一切经济制度的关键，就在于使各种生产要素以商品形态出现在市场上，为货币所有者购买，投入到增殖价值的经济活动中。从资本主义工厂手工业到资本主义大工厂，生产社会化强有力地推动着各种生产要素进入市场，其中最关键的，就是劳动力成为商品，具有价值，被合并到生产过程中，成为使价值得以增殖的源泉，成为可变资本。

反过来，已经被证明可以结合在生产过程中，起到价值增殖的不可缺少的经济资源，都可以从商品上升到资本的地位。资金、自然资源、地理位置、技术、品牌、管理，甚至关系、权力等都是这样，提供资金可以拥有股份，提供技术可以拥有技术股，还有各种各样的非现金股（关系、权力这类非经济资源的提供获得的股份称为“干股”）。这就是说，各种各样的资源都可以被资本化，唯一例外的就是劳动力。这是有其内在原因的。如果劳动力能跟其他经济资源那样被“资本化”，得以成为“劳动股”，那就破坏了资本的逻辑。这就是说，从市场经济的一般属性来看，有助于价值增殖源泉的资源都可被资本化，恰恰是价值增殖源泉的资源——劳动力，不能被资本化。

综上所述，资本得以成立、运行与发挥本性的经济平台，可以概括为：生产要素价值化、经济资源资本化。

3.1.3 资本逻辑的内容

3.1.3.1 资本的本性及其核心内容

人们在日常生活中就可以感受到资本的本性。例如，只要是投资，价值增殖就是唯一的目的，至于投资到哪个场合、向社会提供什么产品，那都是达到价值增殖的手段。投资后是否能够实现价值增殖，不能由主观愿望决定。能否实现投资目标，取决于市场运作的结果。在资本的背后，有市场机制——“看不见的手”，在指挥着资本运动。资本不是人，但它有追求、有冲动、有成功与失败，这就要有资本人格化，担当资本人格化的投资者、资本经营者，都要主动或被动地接受“看不见的手”的指挥，精明地计算着资本运动过程中的成本与收益。也就是说，资本的人格代表要具有经济理性。

将资本的本性加以概括，人们得出了资本逻辑的说法。资本逻辑是资本本性的核心内容。

资本逻辑的特性可从两方面来认识：

（1）资本具有“死劳动吮吸活劳动”以求增殖的本能冲动。马克思对此早有说明：“而资本只有一种生活本能，这就是增殖自身，获得剩余价值，用自己的不变部分即生产资料吮吸尽可能多的剩余劳动。”[①]资本追逐自身增殖，在日常生活中表现为追求更多的利润，反过来就是追求更少的成本。

（2）资本具有支配劳动来推动社会化生产的客观作用。劳动者运用生产资料来开展劳动，本身是一个发挥主体力量来驾驭客体力量的过程。但在社会经济中这个过程不是直接形成的，雇佣劳动的形成就是以出资者招录劳动者这个经济关系，作为中介使实现劳动者与生产资料相结合。这一方式呈现出资本支配劳动的特征。

这两个特性，在资本的特殊属性内是十分明显的，由此鲜明地揭示了资本主义生产的面目。但在一般属性中会怎样呢？应当说，也不例外，只是受到抑制而已。比如在社会主义市场经济中，第一个特性发生在每个企业，任何投资办企业都要追求资本增殖，但资本摄取剩余劳动要受到法律的限制。第二个特性，整个社会经济的发展并非只靠资本支配劳动来推动，社会契约能使劳动者集合起来发展集体经济，政府计划能拿出社会财力来开展某项经济建设。当然，这些限制本身仍然受到资本逻辑这两大特性的挑战。

3.1.3.2 资本逻辑使社会生产具有的特征

（1）使社会生产脱离其本来目的，成为只追求价值增殖的活动，将利润（价值增殖的表现形式）作为开展生产的唯一目的。当然，一些经营者为了长远利益，在口头上经常淡化这个目的，将造福于社会利益作为宣传口号。

（2）一切成为资本增殖的生产要素都被视为工具，抹杀了其本性，造成见物不见人。对劳动者，只关心其劳动力的发挥；对科学技术，只关心其对创造利润的作用；对自然资源，视其为追求资本增殖效率的对象。

（3）社会生产受“看不见的手”调节，这就是价格机制、供求机制、竞争机制、风险机制这多位一体的市场机制，表明经济当事人的行为受到客观经济规律的支配。

（4）生产经营者的经济理性被圈定在价值增殖上，凡有利于价值增殖的都是应当做，不利于价值增殖的就不应当做。尽管实际生活中经营者的行为可以超出这个

---

① 马克思：《资本论》第 1 卷，北京：人民出版社，1975 年版，第 260 页。

"理性"的狭隘圈子，但任何经营者都不能摆脱这个经济理性的支配。马克思当年形容，资本家是资本的人格化，实际上就是说明资本家在生产经营中不得不本能地追求价值增殖，把价值增殖程度作为行为动机与在竞争时避免被淘汰的法宝。

3.1.3.3 资本逻辑的表现

资本是一种"关系"，但却表现在"物"上，这就造成一种假象，似乎只要有"物"就有"资本"。"物"是三位一体的：商品—货币—货币资本（能转化为各种生产要素），它们都具有某种魔力，于是社会相继出现商品、货币拜物教与资本拜物教，显示资本逻辑的特征：经济过程神秘化。

《资本论》在对资本主义生产方式进行批判时，实际上全面剖析了资本逻辑。马克思分析了商品、货币、资本三大拜物教，揭示了商品所有权规律转化为资本占有权规律，提出剩余价值规律是资本主义生产方式的基本经济规律，由此决定了资本这个"死劳动"只有不断吞噬"活劳动"才能不断增殖。《资本论》揭露了"按照资本的天生固有的规律，凡是人类所能提供的一切剩余劳动都属于它。"[①]但是这个经济关系的实质总是被掩盖，社会生产创造财富的过程，被掩盖为资本魔力的作用过程。拜物教的秘密就是经济关系被掩盖的现象后面的本质。这样的掩盖不是谁有意为之，而是一个客观的历史过程。

最初是商品拜物教。物品一旦成为商品，就产生了一种它既不是作为有用物品性质（这种性质称为使用价值），也不是作为耗费了劳动才能得到的劳动产品性质，而是天然具有能以自身一定数量交换到其他一定数量商品的性质，即商品具有"价值"。因此，在人们心目中，商品不是作为有用物品而存在，也不是作为劳动产品而珍惜（比如人们从"一粒粮食一滴汗"的意义上对其节约），而是作为财物而存在，它有价值，可以换到其他商品。人们看不到商品背后的劳动交换关系，看到的只是商品的价值外观，各种敛财、聚财、守财的荒唐现象由此产生。

接着是货币拜物教。货币本身来自商品，是商品的一般等价物。从商品阵营中，无数交换者经过长期选择，最后固定在贵金属——黄金这种商品上，于是黄金就具有了社会赋予它的特殊地位：超越时代与地域的一般等价物。黄金成为所有商品价值的代表，拥有黄金就是拥有随意获取商品的权利。人们看不到黄金这种地位的历史由来，以为它天然具有这种任意取物的魔力。于是对财富的追逐不再体现在各种

① 马克思：《资本论》第3卷，北京：人民出版社，1975年版，第447页。

具体的商品上，而是集中在追逐金钱上。

最后是资本拜物教。货币用于购买消费品，消费完就没有了。而用于购买生产要素，转化为资本，就可以不断增殖。此时，人们尚可看到增殖的价值来自生产劳动。而一旦货币所有者离开直接生产场所，凭着资本自身来取得分享价值增殖的权力，货币的地位就升级了，它不仅天然具有任意取物的魔力，而且具有天然增殖的魔力。市场经济的发展，使货币能够购买各种资本证券，它那“天然增殖的魔力”随处可见。资本似乎成了价值创造的独立源泉，似乎具有永远增殖的天生属性，此谓“资本魔力”。马克思曾经讽刺地提到，一个名叫普莱斯的博士这样计算过，谁在耶稣降生的那一年拿出一个便士来放贷，在 5%的复利下，到现在他将获得 15 万个纯金地球[①]。这么多的财富从哪里来？答案无疑就是：资本在挥舞着它的魔杖啊！这不是神话，而是观念。语言描述虽然不同，但是实际内涵一样。

3.1.3.4 资本逻辑对社会经济生活的支配

资本不仅支配劳动和劳动者，也支配着资产者，使资产者成为资本的人格化；还支配着社会，“逐渐把以赚钱为主要（甚至最高）生活旨趣的人们凸显为社会中坚。”[②]由此，物质主义和经济消费主义价值观成为主流价值观。这个价值观包含着若干价值判断：① 国家的成就由其所拥有的物质财富来衡量。② 个人的事业成功由其赚钱的多少来判定。主流经济学者张维迎硕士期间（20 世纪 80 年代中期）就断言：货币是社会的奖赏。社会上流行的广告词“成功者”，其真实含义就是依靠自己奋斗成为有钱人，但绝对没有现今媒体上“最美乡村教师”的含义。③ 生活的幸福由赚钱的多少来决定。

由资本逻辑推演出的物质主义和经济消费主义价值观，对社会意识形态产生了重大的影响、渗透和熏染。“发展是硬道理”本来是指国家的生产力得到发展、社会物质基础雄厚、经济技术实力增强，一旦被用于地区和个体，其含义就被污染了。农民进城求“发展”，指的就是赚更多的钱，事业单位求“发展”，真正的业绩就是凭着知名度从市场和上级两个方面获得更多钱。地区得到“发展”，那就是地区的 GDP 增大，财力充足。如此而已，岂有它哉。

---

① 马克思：《资本论》第 3 卷，北京：人民出版社，1975 年版，第 444 页。

② 卢风：《消费主义与“资本的逻辑”》//郇庆治：《重建现代文明的根基》第 6 章，北京：北京大学出版社，2010 年版。

3.1.4 资本逻辑的背景

资本逻辑的发生及普遍化，其背景是资本主义大生产、市场经济、工业文明这三位一体的时代，而这一背景的出现，在人类历史上是一个重大的变革。

我们知道，三大拜物教在资本主义之前的社会就已经产生。商品拜物教与私有制相联系，富人经常将某一品种的商品视为财富，以远远超出自己消费需要的数量储存起来；货币拜物教与商品经济相联系，主要发生在城市与有市场的地方；资本拜物教与高利贷相联系，范围更小。在资本主义社会之前，无论商品、货币还是资本，都不是起主导作用的经济关系，剥削阶级取得财富与地位依靠的主要是他们对劳动者的人身控制权（奴隶社会与领主封建社会）或占有自然形式的基本生产资料如土地等（地主封建社会）。资本逻辑的完成与普及，要以社会分工的充分发展、社会交换的普遍开展为条件，这样才能完全具备生产要素价值化、经济资源资本化的前提。

在人类历史上，这意味着进入了三大历史阶段的第二阶段。马克思从人的个体与群体相互关系的角度，对人类历史作了三大阶段划分：人对人的依赖关系为第一阶段，包括整个资本主义社会以前的社会（原始社会、奴隶社会、封建社会）；人对物的依赖关系为第二阶段，包括资本主义社会、社会主义市场经济社会（这是后人的探索结果）；自由人联合体为第三阶段，即未来的公有制社会。这三大阶段分别有什么含义呢？

人本身是以个体方式存在的，但在社会中人必须结成群体。个体结成群体要有某种纽带，这个纽带，就是客观发生的社会关系。人类历史的第一阶段，使个体结成群体的纽带是人身依附关系，不同时代的家族关系、宗法关系、直接的主奴关系都属于这类关系。进入历史的第二阶段，人从人身依附关系中解放出来，成了自由人，不受家族、宗法关系束缚，也没有法律意义上的主奴关系，但相互之间需要以商品、货币为连接纽带。你要取得生活资料，就要付出货币，不管你是谁。反过来，你要别人为你劳动，你就得付出货币，而不能靠别的什么特权。好一幅“自由、平等”的社会图景。但你要是没有商品、货币，就没有基本生存之地（除了乞丐）。所谓人对物的依赖，就是对商品和货币的依赖。从第一阶段转到第二阶段，马克思在《共产党宣言》中已经做了生动的描述：“资产阶级在它已经取得了统治的地方把一切封建的、宗法的和田园诗般的关系都破坏了。它无情地斩断了把人们束缚于天然尊长的形形色色的封建羁绊，它使人和人之间除了赤裸裸的利害关系，除了冷酷无情的现金交易，就再没有任何别的联系了。……资产阶级撕下了罩在家庭关系上的温情脉脉的面纱，把这种关系变成了纯粹的金钱关系。”[①]当人类摆脱了对这种“物”的依赖之后，就成为了自由人联合体，任何人一到这个社会，就有生活的权利，有受教育的权利，有劳动的权利，而劳动成为生活的第一需要，于是社会进入第三阶段，这是我们人类的未来。显然，这时才有真正的自由、平等和人权。而在第二阶段，自由、平等、人权都要以货币为条件。

资本的逻辑发生在第二阶段。既然“物的依赖”高于一切，人们就要千方百计地取得商品和货币，它们的表现就是价值。价值从生产中来，生产离不开生产资料，对生产资料的占有不能靠特权、不能靠金钱之外的什么东西（如亲友关系、政治地位、家族声望等），只能靠手中一笔价值。当社会化大生产创造了生产要素价值化、经济资源资本化的前提之后，“以物生物”具体化为“以钱生钱”，于是“死劳动吮吸活劳动”以求增殖，用资本来支配劳动以推动社会化生产的资本逻辑得以发生。这是当代社会经济运行的一个普遍的法则。

3.2 资本逻辑的历史地位与双重作用

3.2.1 资本逻辑的历史地位

3.2.1.1 资本逻辑的强弱与私有制经济的发展程度正相关

3.1 节提到，“资本”是个市场经济概念。市场经济是商品经济的发达形态，商品经济是私有制的伴生物。原始社会的生产力发展，使剩余产品出现，社会分工与社会交换发生，私有制与商品经济由此产生。商品交换的发展产生了货币，货币的固有功能（价值尺度、流通手段、储藏手段、支付手段）在商品经济中不断增强。从高利贷发生时起，资本逻辑就发生了。但在市场经济之前，简单商品经济缺少发达的社会化大生产，生产要素没有全面地价值化，资本虽然能够在流通、金融领域

---

① 《共产党宣言》，《马克思恩格斯选集》第 1 卷，北京：人民出版社，1972 年版，第 23～24 页。

具有“死劳动吮吸活劳动”以求增殖的本能冲动，但尚未具备支配劳动来推动社会化大生产的客观作用。前资本主义社会占主导地位的是自然经济，商品流通与金融都很不发达，资本逻辑发生的领域是狭小的，本身也是有残缺的。因此我们可以说，在资本主义市场经济出现之前，资本逻辑是弱的。

资本主义经济是私有制经济高度发展的阶段。资本主义生产方式从城市到农村，从西欧、北美到整个世界，无论在深度与广度上都在拓展；与此同时，资本逻辑也在变得越来越强。当前，就世界范围来看，世界经济的全球化趋势，是由资本主义主导的，资本逻辑的强势发展，也是总体的趋势。

资本逻辑在政治、科技、道德（商业道德）、文化（消费主义文化）等领域都要插入进来。在政治领域，得到大资本支持的政治势力易操胜算，有利于资本增殖的政策更有可能被采纳。在科技领域，决定科技资源投向的不是社会需要的广泛性与迫切性，而是科技成果的市场销路，也就是科技发展对资本增殖的作用；资本对科技的选择与资助成为科技发展方向的有力驱动。在道德领域，与资本直接关联的商业道德，成功的桂冠是授予资本增殖有突出成就者。在文化领域，资本逻辑首先占据了消费文化，各种促进商品与劳务消费的行为，不分青红皂白均被包装成流行文化，塑造成可仿效的社会生活典型。

抵消资本逻辑的趋势有两个，一是资本主义国家的国有经济与合作社经济，与纯粹的私人经济有着不同的运行机制，资本逻辑也有所削弱。但是，资本主义国有经济归根到底是为私人经济服务的，所以，资本逻辑对此可谓是直接削弱而间接增强。资本主义国家的合作社经济，以其内在的运行机制来抵御资本逻辑，不仅多年来一直弱小，而且其内部还受到资本逻辑的侵蚀。正是抗拒不了资本的逻辑，所以合作经济不是缩小就是变异。二是世界上产生的社会主义经济，使资本逻辑受到削弱。当然，我们在后面将阐述，社会主义经济也没有摆脱资本逻辑，只是其内涵与作用程度有所变化。

根据本书前面的分析，资本逻辑是一种历史性的经济机制，产生于商品、货币、市场经济中，盛行于资本主义生产方式，并在社会主义经济中仍然起作用。但在公有制经济内部，资本逻辑是可以调控的，可以在与劳动逻辑并存的状态中合理调节“两个逻辑”的相互关系。而在私有制经济中，资本逻辑得到的调控极其有限。私有的观念、制度、结构越是得到扩张，资本逻辑的作用就越大。在私有经济及其观念占压倒性优势的情况下，社会处处都是以私利损害全局利益。从利益关系上讲，资本逻辑是以物质财富的追逐这个经济上的局部利益来损害社会和生态利益。

当代能够抗衡资本逻辑的，主要不是来自经济系统的因素，而是来自社会系统与生态系统的因素。生态文明的各种诉求随着生产力的发展与物质生活的富裕，正在以对抗资本逻辑的姿态陆续出现，世界的变化正在悄然发生。

3.2.1.2 资本逻辑的历史进步作用

在一定的历史条件下，资本逻辑对生产力的发展起到巨大的推动作用。资本主义的经济发展速度与力度，之所以远远超过前资本主义的经济发展，就是因为有资本逻辑的作用。

资本逻辑服务于从机器大工业发展起来的工业文明。大工业的发展需要很强的投资与财富积累，不像手工业时代那样靠经营者自己的劳动积累就能发展起来。资本在生产要素价值化的基础上，以价值增值为吸引力，将各种经济资源纳入投资的目的上，充分调动社会资源来发展经济。

工业经济是工业文明的首发部门，它的发展十分讲究经济核算。而经济核算的社会基础，不可能超越历史带来的商品、货币、市场经济背景，不可能撇开收入、成本、利润这些范畴。在这些背景与范畴反映的经济关系的基础上，必然产生资本逻辑，并围绕着资本逻辑而起作用。资本为了增殖价值，就必须采取各种手段降低成本，这些手段，有的是损人利己的，有的是损公肥私的，但由生产力发展带来的还是相对剩余价值依托的方法——提高劳动生产率，这也促使生产经营者注重科技发明与应用。资本为了增殖价值，就必须采取各种手段扩大销售，这些手段也是包含着欺骗性的，或对眼前或对长远不利的方法，但总体上增加了市场需求、扩大了商品市场，从而将社会经济的各个角落都吸纳到社会化经济中，促进了自然经济的瓦解和社会分工的发展。资本逻辑的这些效果，直接受益者当然是资本所有者，但对于社会生产力的促进、社会物质基础的增强，其客观作用是不可抹杀的。

物质利益是现代社会经济发展的基本动力。物质利益有不同的层次：个人或家庭、企业、地方、国家，但主要以价值增值体现出来。经济效益的定义是：在一定经济投入下所产出的社会有用产品。在价值化的社会经济中，该定义反映的就是资本逻辑。成本低、收益高，就是价值增值性强。在此意义上，资本逻辑具有社会生产推动力的功能，这是当代具有世界性的客观事实。资本逻辑下的物质利益将在各个层次中分别以以下方式表现：

（1）对于个人或家庭，将其所持有的财富用于社会经济发展目的，奉行节约原则，克制消费，多半不是出于“勤俭治国”的观念，而是利用现有的信用制度增强个人投资的条件。

（2）对于企业，一切提高生产率的努力都以提高资本增殖率的形式出现，这是企业开展竞争、谋求发展的基本动力。

（3）对于地方，资本逻辑为缩小地方经济差距提供了具体动力，任何可利用比较优势、后发优势的投资，都能出于追求资本增殖率而进行跨区域投资，带动产业跨区域转移。

（4）对于国家，资本逻辑可以抵消或替代“王权逻辑”与“军国主义逻辑”。“王权逻辑”意味着用专制权力来取得财富，如用武力的方式夺取王位，颁布纳税纳贡命令来敛财。而在历史上，强大的商业资本集团可以得到比国王更大的财富，西欧中世纪就发生过国王向富商借贷的事。“军国主义逻辑”意味着国家热衷于发展军事力量，通过武力征服其他国家，来掠夺国外的财富。而“二战”后的历史出现了战败国通过发展经济力量，依靠市场竞争来夺取世界市场份额，以达到资本增殖的事实。日本在20世纪后半叶的历史，表现了资本逻辑对“军国主义逻辑”的替代。当然，“王权逻辑”与“军国主义逻辑”经常是为资本逻辑开路的，用武力开辟资本逻辑强势运行的道路，在历史上屡见不鲜。但工业文明带来的世界政治文明的发展，使原来依靠武力开路的重要性与显性程度降低，依靠市场竞争与科技实力来实施资本逻辑的地位上升。相对于王权逻辑和军国主义逻辑，资本逻辑对调动一国的社会资源来提升经济实力当然更为有利。

资本逻辑是资本主义工业文明的运行动力，这个文明对人类社会发展的历史作用是人所共知的。马克思深刻地指出：“资本主义的文明之一就是，它榨取这种剩余劳动的方式和条件，同以前的奴隶制、农奴制等形式相比，都更有利于生产力的发展，有利于社会关系的发展，有利于更高级的新形态的各种因素的创造。”①

我们从历史的视野来看，社会的演变是永恒的、必然的，不管将来进入什么文明形态，资本逻辑在历史发展进程中，都有其历史必然性，产生过推动社会经济发展的进步作用。这一认识，将引领我们正确地看待当代的资本逻辑。

3.2.1.3 资本不光彩的历史记录

资本营造了当今发达资本主义国家的“前科”，即使撇开商业资本时期西方国

① 《马克思恩格斯文集》第7卷，北京：人民出版社，2009年版，第927页。

家征服落后国家，为掠夺黄金而制造的惨绝人寰的种族灭绝史，就是工业资本时期，也有“羊吃人”的圈地运动、黑奴贩卖史、鸦片贩卖史。中国人最清楚，资本能够驱使当时世界最“文明”的国家政府充当鸦片毒贩的“保镖”。近代资本主义的历史就是一部在资本支配下，一部分世界对另一部分世界的资源与人力的掠夺史。“资本来到世间，从头到脚，每个毛孔都流着血和肮脏的东西。”[①]是完全有大量历史事实证明的。对上述历史记录，不能以当事人道德水平而论，起作用的是当时历史条件下的资本逻辑。由于世界文明的发展，一部分类似“前科”的行为收敛了，一部分披上了厚厚的伪装，不那么显眼了。为此，批判的重点也要转移到社会经济中那些日常的、资本逻辑始终起消极作用的地方。

3.2.1.4 资本逻辑在公有制条件下存在的历史必然性

社会主义建立的制度变革使公有制取代了私有制，资本逻辑一度受到毁灭性打击。但为了提高这个新制度的经济效率，社会主义引进市场经济并与之相结合，一系列改革开放的举措都是围绕调动社会资源形成资本，增强企业积累资本、引进境外资本的能力。从某种意义上来说，也就是恢复了资本逻辑存在于社会经济中的合法性，这是历史的必然性。因为社会还处于“人对物的依赖关系”的个体发展第二阶段，不能逾越商品经济这个发展阶段，社会利益与个人利益还存在着深刻的差距，社会集体的理性还无法找到完全的手段与载体来取代市场对经济活动的承载与调节，价值增殖仍然是推动生产资料与劳动力相结合的基本动力，只有生产要素价值化、经济资源资本化才能全面、有效地调动社会资源用于发展经济。在这样的社会背景下，资本逻辑的存在不可避免，对它的利用是无可回避的选择。

但是，资本逻辑在公有制条件下的存在和被利用，不等于原样照搬私有制的资本逻辑。一方面，只要坚持社会主义公有制的主体地位，资本逻辑必然受到制度的抑制；另一方面，为了防范资本逻辑的负面效应，社会必须对其抱有既利用又警惕的双重态度，在思想上批判资本崇拜价值观，在政策上限制资本逻辑发生作用的范围与程度。社会主义下的资本逻辑理应失去旧时的威力，从“野马”变为“耕牛”。为此，需要着重认识资本逻辑的消极作用。

① 马克思：《资本论》第 1 卷，北京：人民出版社，1975 年版，第 829 页。

3.2.2 资本逻辑对社会生产的消极作用

3.2.2.1 资本逻辑扩张的反社会性

社会生产中资本逻辑的扩张导致为价值增殖而不考虑资本驱使下的劳动者，不考虑消费者的合理需要，不考虑社会的长远发展。

（1）资本逻辑对劳动者的态度，始终是作为价值增殖的手段。尽管不同时代，劳动者的社会地位有所区别，但这一点始终不变。在资本主义早期，资产阶级继承了封建领主对劳动者经济外强制的方式，用暴力来驱使劳动者成为雇佣工人，微薄的工资与过长的工作时间，给劳动者带来难以忍受的痛苦，由此造就了资本主义生产的原始积累。生产领域中资本家价值增殖、财富增长与雇佣工人健康损坏、生命萎缩同时发生。在资本主义中期之后，面对工人运动的反抗与社会主义思潮的威胁，资产阶级政府限制了那些明显榨取工人血汗的做法，资产阶级越来越多地运用管理效率、科技手段来取得价值增殖，但劳动者的状况在其他方面仍然恶化，其中如“泰勒制”“福特制”包含有这样的管理内容：加剧了工人在一定时间内注意力的支出，使工人精力付出更多，更容易疲劳。

当代资本主义的企业管理无论采取物质刺激、精神鼓励、地位提升、感情笼络，都是促进劳动者更多创造价值增殖的手段。为使劳动者具有为资本增殖价值的更高技能，企业开展了对工人的技能培训，出现了人力投资。工人任何主动性、自主性、积极性、创造性的发挥，都只能在有利于直接增殖资本价值的框架内。资本主宰着劳动的分工，主宰着劳动的内容。在服务行业人们所看到的礼仪小姐专门站在店堂门口迎宾送客，给顾客一份消费者尊严，就是这种将人作为价值增殖手段的劳动内容的体现。也就是说，无论是要劳动者在劳动中发挥着十分复杂的技能，还是极其简单的技能，都取决于资本增殖的需要。

正如德国学者马尔库塞所说：普通劳动者被普遍运用的科学与技术编织进合理性的生产过程中，资本主义私有制不仅使得劳动者对于日益丰富的劳动产品越来越无力，而且对于强大的科学技术发展也越来越无力，他们只能接受科学技术“已经设计和促成了的这个世界，在这个世界中，对自然的统治和对人的统治是联系在一起的”。[①]

（2）生产的职责在于满足社会需求，市场经济中的社会需求表现为市场需求，它的产生有自然形成、合理引导、被误导三类。资本逻辑的扩张，将需求的产生迎合资本增殖的需要，虽然多数是让生产顺应自然形成的市场需求，但随着扩张手段的积累，越来越误导市场需求。商业行为中那些蓄意通过广告宣传，将多余说成必要、将有害说成无害，不断开发出对消费者没有实际消费利益的商品劳务，一些消费品让消费者花钱购买消费之后，不但不能增进身心健康，反而有害。在法律对假冒伪劣商品劳务实施打击之下，开发生产的对象越来越转向多余消费、无益消费的领域，增加消费者的生活成本、减少他们的真正福利。现在，判断消费本身必要与否，比判断消费有害与否困难多了，资本逻辑在这一方面的反社会性，还有继续扩大的趋势。

3.2.2.2 资本逻辑扩张的反自然性

社会生产中资本逻辑的扩张导致为价值增殖而不考虑自然资源的限制，不考虑环境容量的限制，从而引发生态危机。对自然的掠夺与损害，是资本增殖原则必然导致的结果。

（1）资本逻辑对资源节约的界限：只有纳入现行成本核算才予以节约，节约资源本身的经济收益与所节约资源的经济成本的对比，决定资源节约是否应该发生。后者大于前者，节约资源的措施将不会得到采纳。在生产经营中，节约资源本身的经济收益反映了当时科技条件下社会节约资源的能力与成效，只要这一收益大于节约措施的经济投入，按理都应当采纳。即使节约资源本身的收益不能高于节约措施的经济投入，但在社会效益与生态效益上有明显收益的，也应当在承受能力之内考虑采纳。所节约资源的经济成本则反映了当时社会经济体制环境下的企业节约资源的实际经济核算结果。在资本逻辑支配下，只有将资源节约体现为生产经营成本的降低，对资本经营才是有意义的。如果在生产经营中有某项技术进步带来了资源节约，但并未带来经济成本降低，这对资本增殖就是无意义的。比如在信息技术产品中，许多技术改进完全可以用零部件更新来达到，无需更换整个产品，但资本逻辑支配着信息技术进步走到另一条路线上——用大部件更换来实现小更新，制造资源浪费来拓展市场销路。许多生产技术带来原料的节约，具有很大的生态效益，但从

① [德]马尔库塞：《单向度的人》，上海：上海译文出版社，1989 年版，第 167 页。

经济投入与经济成本的对比来看，收益不大，资本经营者根本不感兴趣。

（2）资本逻辑对环境保护的态度：除了直接影响其生产基地的情况以外，环境保护都是额外的支出，能去掉就去掉。一项投资用于企业生产，必然从两个方面来损害生态环境：一个方面是从土地占用、植被破坏来损害环境；另一个方面是企业生产所排放的废气、废水、废渣分别对大气层、水体、周边土地产生污染。可以设想，绝对不损害环境的投资，必须要有完全的两大措施：一是对占用土地与破坏植被的补偿、复垦；二是对“三废”排放的完全净化处理。这样一来，该项投资必将负担重、成本高、收益低，与资本逻辑相矛盾。理想的完全根据社会效益与生态效益来开展投资的情况，在市场经济中是没有的。现实情况是，代表社会利益的政府、法律、规则，与奉行资本逻辑的投资，双方在进行博弈。前者的疏忽、漏洞、宽松、失职、失效，都会让后者或多或少地避开恢复环境、根治污染的责任。较好的企业，可以将明显损害环境、造成污染的后果加以抑制，使之不产生舆论的指责，避免恶化所处的经营环境。但主动维护生态环境而牺牲投资经济效益，对于企业投资就没有这样的动力。

（3）资本逻辑对生产规模的态度：追求销售总量，扩大市场容量，欢迎过度消费，鼓吹奢侈浪费。从两个经济学常识来看：一个是商品在企业中的生产规模越大，生产中的固定成本分摊就越小，由此这项商品的单位产品成本越能降低，同等价格下利润越大。反过来，同样的利润率条件下，销售额越高，利润量越大。这样的机制正是资本逻辑所追求的、对企业起到支配作用的，且迄今没有任何在道德上可被指责的地方。现代市场经济中铺天盖地的广告、形形色色的消费指南，除了同行竞争的需要之外，就是为了促进商品更多消费。而现代经济中物质富裕已经带来了大量不必要的、过度的消费。过度消费造成资源过度耗费，造成消费者财力、时间精力，以至健康的过度支出，无论对自然环境还是对人体生态都带来不利，但对市场繁荣、生产兴旺有利，对资本增殖有利。

总而言之，人类的生产活动对自然的支配，是通过“资本主体性”对自然的主宰，服从利润最大化、成本最小化的资本逻辑，这是造成人与自然对抗关系的社会根源。

3.2.2.3 资本逻辑与科学技术发展的歧途

（1）自古以来，科技发展都是着眼于增强人类对自然斗争的力量，而这正是科技发展的本来目的与合理途径。到了阶级社会，科技发展用于军事，这已经是科技的异化，但一般说来这只限于国家（或政治集团）的层面，科技发展在民间仍然是用于生产劳动以提高效率和质量。现代战争是科技的大规模运用，人类越来越多的科技资源与力量用于制造杀人武器，这类负面问题，不能用资本逻辑来说明的，本书对此存而不论。从资本主义生产方式开始，由资本支配下的科技发展不断加速，科技被用于企业竞争、用于价值增殖和利润增长。在初期，科技发展要达到这些目的，还得依靠提高生产劳动的效率或质量，也就是增强人类与自然斗争的力量，因此科技所起的作用是双重的。从生产力来看，科技发展是推动进步的力量；从生产关系来看，科技发展是资本盈利的手段，是加剧社会贫富分化的力量。但越到后来，科技发展在生产关系上的作用就越厉害。大工业造成的“传送带”，就是科技用于残酷压榨工人血汗的技术手段。随着科技在资本逻辑下的广泛发展，社会越来越出现脱离社会生产力进步的“科技进步”。一部分技术用于偷窃、行骗等犯罪手段（如“千斤顶”“万能钥匙”），一部分技术用于制造假冒伪劣商品（典型的就是将三聚氰胺掺入牛奶以达到提高其蛋白质含量的测试效果）。现在，各种各样的假冒伪劣商品越来越多，假货与真货的区别也越来越难以划分，社会大量的购买力、消费花费在得不到真正消费效益的商品上。“商品丰富”已经异化，与生活质量、生活水平、幸福指数没有关系，只能在不断虚假的“经济繁荣”下将地球上的自然资源耗费殆尽、环境破坏无遗。

（2）资本逻辑将技术发展引向歧途的主攻地，就是将商品设计引向歧途。从大的方面来看，科技发展越来越多地脱离了人类对自然的斗争需要，而用于迎合甚至引诱市场的需要。当人类面临自然的挑战与危害越来越严重——污染加剧、灾害频繁、环境退化、资源匮乏——的时候，许多科技开发不去解决这些问题，却热衷于人们日常生活中鸡毛蒜皮的改进。在人类面临巨大灾害之前，科技长期无所作为、无能为力，而对日常生活中的精细化、舒适再舒适、便捷再便捷，科技倒是很“内行”。如此“科技进步”，在我们面前将出现家园满目疮痍、人对环境的适应能力低下、痛苦指数随着商品增多而上升的情景。从小的方面来看，由于市场上三种竞争力量——“以营销取胜”爬到上品宝座，“以品质取胜”占据中品之位，“以价格取胜”屈居下品地段——向市场推出的商品，越来越不考虑传统的物美价廉标准。在商品开发中，上策为借助资本的力量来塑造品牌、扩大销售渠道，中策为将商品改得更精美的同时提高价格，下策为保持商品质量的同时降低成本与销售价格。于是耗费在商品上的资源更多而对社会更不实惠，一个趋向浪费型的商品世界正在资本逻辑的引领下降临到现代社会。

（3）资本逻辑将技术发展引向医疗行业，使其不断变成一个高代价、强副作用、低治本效果的行业。一个普通病患来到高级别的医院，他将面临着数不清的高价格的仪器检查、使高水平医生敏锐的综合观察湮没在烦琐的“科学数据”中；他被迫服用大量高价格的药品，同时将人体自身的调节力量消灭殆尽。如果不是部分医疗工作者以其医德来抵消资本逻辑，医疗服务很可能在科技发展背景下成为一个典型的假进步、真倒退的领域。

美国学者著书阐述对“食品和药品安全”信仰的体系是如何建立起来的①。作者揭露：食品加工公司、医学/制药巨头和化学工业，这些经济利益体结合在一起，形成了一套信仰体系，将合成物宣传为良性的，并且优于天然食品和药品。于是化学在食品与药品生产中大显身手，还包括用于制造饲料，其后果就是导致癌症等各种疾病不断发生。1976 年美国全国癌症研究所的所长阿瑟·阿普顿（Arthur Upton）告诉美国国会的一个委员会，所有癌症中有一半是饮食所导致的。2001 年美国疾病控制和预防中心宣布，美国因食物导致的疾病比 7 年前增长一倍。美国制药业现在聘用了 675 名说客，包括 26 名前国会议员，每年耗费 9 100 万美元来影响国会的决策。2005 年政府职责办公室（国会的调查机构）的报告称，美国国家环保局未能保护人民免受成千上万种有毒化学物的伤害。在过去 30 年间，化学公司仅仅向美国国家环保局提供了 15%的化学物的健康影响资料。美国比世界上任何其他工业国家花在卫生保健上的费用都要增长一倍，达到了年均每人支出 6 100 美元，经济总量的 15%被用于医疗。然而，美国人的预期寿命排在全世界第 46 名，婴儿死亡率排在第 42 位。

（4）资本逻辑扭曲了国际技术竞争。工业革命后世界通行起来的专利制度，本意是保护技术发明者的利益，防止对技术发明无偿使用的制度，这项制度促进了社会的科技进步。但在资本逻辑下，掌控技术资源者有条件垄断技术发明，竭力将技术发明及其专利制度服从于利润最大化，专利制度成为了变味地阻碍后来者进行技术追赶的绊脚石。技术资源雄厚的先发大企业瞄准某类技术发展方向，在该方向上申请一个又一个专利，其目的不是推进这一方向的技术应用，而是搞技术上的“圈地运动”，给后发的企业在开发技术的道路上设置障碍，还美其名曰“专利战略”。

① [美]兰德尔·菲茨杰拉德（Randall Fitzgerald）：《百年谎言：食物和药品如何损害你的健康》，但汉松、董苹译，北京：北京师范大学出版社，2007 年版，第 3 章。

在电器电子行业，技术资源雄厚的先发大企业还将技术标准与专利挂钩，支撑他们得以在同行推行的技术标准后面，是一系列他们已经掌握的技术专利，这就使得后发企业难以绕开技术标准而另搞技术发明。上述机制无疑是发达资本主义国家用来遏制发展中国家争取在世界经济技术中平等发展的努力，以保持与扩大国际社会两极分化局面。

国际贸易检验检疫中的各种标准，是出于保护本国与全球的物种安全、消费者利益、生态环境安全等正当目的而设置，世界并没有统一的标准。发达资本主义国家为保护其国内市场、阻碍别国商品，利用技术上的优势，不合理地提高进入标准。包括生态环境标准在内，都转化为阻挡别国商品进入的技术性壁垒。根据西方经济学的分析，得利的正是发达资本主义国家本国的相关行业厂商。

3.2.3 资本逻辑对社会生活的消极作用

资本逻辑对人的思想观念产生这样的消极作用：盲目追求物质财富，经营者成为资本的人格化，消费者成为物质财富的人格化。

3.2.3.1 资本逻辑扭曲了生活观

资本逻辑对社会生产的主导延伸到社会生活的各个方面，产生了以赚钱为目的的生活观。这里先要划清两个界限：① 在商品社会中，货币是获得生活资料的媒介，因此对于收入水平低下的居民，钱就是必需的生存手段。有的人一辈子辛辛苦苦赚钱，也只能糊口活命，因此“赚钱生活观”并不适用于他们。② 前资本主义社会或后来社会中相应的社会角落，一些权贵依靠地位、权势、名位，或者依靠自然状态的财产，获得高额收入，直接获得享受与尊荣，无须不断积累货币，他们主要具有直接的享乐生活观，而不是“赚钱生活观”。

“赚钱生活观”的普遍产生是在资本主义社会，在财富已经享用不尽的状态下，仍然处心积虑地聚敛货币财富，货币已经不是获得高贵生活的手段，而是生活本身的目的。因此，对于这些人来说，不会因为货币额庞大而减少赚钱，货币数量是永远不能满足他们的。这个生活观成了资本拥有者无穷无尽的动力，驱使他们去狂热扩大经营规模，去榨取人力与生态资源。

“赚钱生活观”并不因为赚钱而减少消费。消费不仅成了生活享受的途径，也是赚钱目的外在的价值表现。因此，“赚钱生活观”的消费会突破消费者自身感官的需要，追求等级、档次、品位。所提供的消费物是否真的因质优而有高等级、高档次、高品位并不重要，只要社会承认就行。消费的摆阔目的是第一位的，享乐目的反倒降到第二位。这就是人们所说的“消费主义”的含义。

3.2.3.2 资本逻辑对社会消费的影响

在消费中扭曲了生存、发展、享乐三大需要。

人的生存对物质资料的需要，本来是通过感官来反映生理本能为标准的，用以解决自身与家庭的温饱、保暖、住宿、婚嫁、赡养、抚育、健康等方面的需要，随着社会发展加进了越来越多的社会内容与预先准备的生存需要，如社会认可的衣着标准、安全防范、基本交往以及谋求职业等需要。但资本逻辑导致盲目的物质资料需求超出了上述正常需要，扭曲了生存需要的社会标准。一方面使人们的生存成本越来越大，另一方面使人们在消费中付出越来越大的健康代价。

人的发展需要是为了培育自己的劳动技能和文化科学水平，培育健商、智商、情商的经济需求。现代社会对于满足人们这些需求，将分别由市场与社会来共同提供。但资本逻辑趁机一方面让市场提供来挤占社会提供，把人的发展需要尽量纳入市场范围；另一方面在市场提供的渠道上弄虚作假，引导人们走入歧途，假冒伪劣的教育培训、低级的文化娱乐、不科学的保健，都是资本逻辑泛滥的产物。

人的享乐需要包括物质生活与精神生活两个领域。这一需要在微观上要受个人财力和健康的制约，在宏观上要受社会经济发展水平与资源环境的生态制约。由于资本逻辑鼓吹奢侈浪费，享乐需要超出上述制约，花天酒地的物质享乐透支健康、引诱犯罪，豪华成风夺走了社会继续发展的财力，损害了资源环境等生态资源，单纯的物质享乐冲击了高尚的精神生活。

3.2.3.3 资本逻辑制造的生态不平等

经济产业的扩张污染全球环境，但环境污染的影响对于不同的局部地区是不一样的，富人居住地的生态环境要远远好于穷人的居住地，结果前者受污染的程度远远轻于后者。这是因为，生态财富变成了需要金钱来购买的稀缺品，经济上的贫富差距逐渐扩展到生态领域。除了边远地区、贫穷的山区以及经济落后、相对与世隔绝的贫困居民还得以享受空气清新、水源洁净、没有噪声、垃圾很少的生态状况之外，越来越多的城镇当中，人们的居住环境按照出价多少来分配。出高价者购买到生态环境较好的处所，贫穷者只能待在生态环境恶劣之处。住宅周边的树木花草、绿坡清流都将用金钱来换，而人工维护的环境清洁卫生质量也是由出价多少来决定。此外，富人能够经常驱车前往秀美山川度假，穷人只能长期生活在拥挤、嘈杂、肮脏、窒息的城镇一角。

3.2.3.4 资本逻辑阻碍世界消除不平等

资本逻辑推动了现代经济的快速发展，生产社会化超越国界成为生产国际化，将生产技术与现代产业拓展到世界各地，但不能保证这些发展成果直接为人类的平等和幸福服务。相反，资本服从自身的逻辑：不间断地进行生产、流动、增殖、逐利，放大了价值规律所引发的两极分化机制。对一国社会内部，资本逻辑造成强势群体与弱势群体的分野，不同社会成员在竞争中资本增殖的差别造成了经济实力的差别，引起社会地位的差别，进而引起政治势力与舆论影响的差别。在国际关系中，资本的力量所造成的发达国家与不发达国家之间不平等、不公正的现象十分普遍，并在不同不发达国家之间，造成依附发达国家与不依附发达国家的不同阶层之间的经济、社会地位的差别。这种不平等的加剧，直接来自发达资本主义国家依仗经济技术实力推行的国家战略，而出台这种战略的背后与实施这种战略的凭据，都来源于资本逻辑。今天的大多数人类依旧受到资本逻辑的统治，世界不平等的现象既普遍又深刻。资本主义价值观吹嘘脱离资本逻辑的平等，是虚伪的说教。

3.3 社会主义经济中的资本逻辑

3.3.1 资本范畴在社会主义经济中继续存在的原因

各国的社会主义制度诞生后一开始都是建立计划经济体制，对商品、货币、价值这些经济范畴允许保留，而对资本（包括雇佣劳动与剩余价值）就予以废除。然而，即使计划经济中也必须有用于投资而垫付的货币，它仍然是能够带来价值增殖的价值。社会主义政治经济学曾试图以“基金”“社本”等名词来代替“资本”，兜了多少年的圈子，最后还是因为无法弥缝经济学中的逻辑缺口而作罢。

其实，“资本”概念与商品、货币、价值等概念一样，首先是市场经济概念。只要认识资本具有一般属性与特殊属性这两重属性就不会勉强避开它了。

因此，只要在社会主义经济中有市场经济，就会有资本，也就会有资本逻辑。即使没有市场经济体制，只要有商品、货币、价值等概念，也会有资本与资本逻辑。

在当代社会经济结构中，资本逻辑不仅不可避免地存在于社会经济中，而且也能够在相应的条件下提供很强的动力机制。资本逻辑促进的生产社会化与追逐价值增殖的效能，在全球市场经济的竞争中起很大作用。世界各国无法在离开资本的运动之外获得发展的空间。

区别社会主义经济中的“资本”与资本主义经济中的“资本”，就要从该概念的特殊属性来分析。为此，我们要分清公有资本与私有资本两个概念，所有制关系的不同是它们的基本区别。在20世纪90年代我国确立了经济体制改革的目标模式是社会主义市场经济体制之后，理论界要努力做的，就是将社会主义市场经济中“资本”与资本主义市场经济中的“资本”的不同属性区分开来。一旦社会主义市场经济体制在理论与实际方面都确立之后，为了优化社会经济发展机制，更多的是在更深层次上揭示不同社会制度下“资本”的共性及其调节。

3.3.2 资本一般属性在两种社会主义经济体制中的表现

3.3.2.1 社会主义经济中资本一般属性的内涵

经济学理论发展的实际是，认识资本概念在社会主义市场经济与资本主义市场经济中的共同点，比认识资本在这两种社会经济制度与两种市场经济体制中的区别还困难。也就是说，在认识资本的概念时面临的更大问题还不是资本的特殊属性，而是一般属性。

问题的出发点是认识资本的本性。根据3.1节的分析，资本逻辑可从两方面来认识。

（1）资本追逐自身增殖，对于私人投资者，作为资本家，他只是人格化的资本，这个逻辑不奇怪。但对于公有资本，这个逻辑仍然存在。公有资本的投资者，即使利润不归他所有，这个增殖的幅度，也是其经济实绩的主要衡量尺度，也是他手中所能支配的财权的主要凭据。

在计划经济时期，资本逻辑遭到分裂。对于实际的生产单位——企业，为严防对计划的干扰，极力反对“利大大干、利小小干”，反对追求利润。这说明，社会否定了微观的资本增殖成为目标。但在宏观上，为使国家尽快摆脱经济落后局面，必须注重资本增殖。当时注重的是宏观上的资金增殖率，总体上的投资效率。为此国家对农村采取了统购统销政策，压低农产品价格，保证生活资料低物价，接着采取低工资政策；在职工生活条件方面实施“先生产、后生活”，以求降低工业生产成本。这样造成的生活欠账，本应在生产发展起来以后要偿还，可是一旦遇到不关心群众生活的“长官”，就会拖下来长期得不到解决。人们将此称为“增长逻辑”，但这个逻辑并非完全是资本逻辑的对立物，而是资本逻辑在否定企业的市场主体地位条件下的变形。它有利于控制小集体的本位利益，保障全局的公有利益，缺点是忽略了生产目的是为了改善民生的本意。

进入市场经济时期，在企业获得市场主体地位的基础上，资本逻辑重归统一。公有企业自负盈亏、自谋发展，追求利润自然是企业必然的目标。公有制企业与私有制企业不同之处在于其利润不归企业经营者自己所有，因此，企业经营者不是资本的人格化。由于企业利润与经营者个人利益密切相关，这就又使共同的资本逻辑仍起作用。全面分析来看，公有制企业追求利润，所受到的社会约束与道德约束要比私有制企业大得多。

（2）社会化生产靠资本支配劳动者来推动。我们对资本主义经济的认识，着眼于社会化大生产，雇佣劳动这个生产方式体现这个逻辑是很自然的。在社会主义经济中，这方面却是跟历史条件相联系的。

经济关系作为中介实现劳动者与生产资料相结合有三类方式：①个体经济无须任何中介，劳动者与生产资料可以自然相结合。②集体经济中的联合劳动，是劳动者经过集体投资，与生产资料相结合。这种方式是劳动者支配资本。③无论是私人经济，还是国有经济、公私合营的股份制经济，都是先有投资，再有劳动者的招录，这种方式都具有资本支配劳动者的一系列特征。而实际上，除了我国最初出现的合作社经济，以及后来村级社区公有制经济之外，就是名为集体经济的各种公有制经济，也是资本支配劳动的经济所有制。正是这一支配，才有社会化大生产，没有资本支配劳动的生产方式恰好不是社会化大生产（如个体经济），或者社会化大生产程度不高（如低级的集体经济）。这样，我们得出：生产的社会化程度与资本逻辑的作用成正比。

废除资本支配劳动，意味着劳动者运用生产资料来开展劳动，是一个发挥主体力量驾驭客体力量的过程。经济学家巫继学多年积极主张社会主义自主劳动，这一主张就是与雇佣劳动相对立、消除资本逻辑的经济范畴。很明显，要使这一生产方式与社会化大生产有机结合，尚未得到实现，其实现需要一个历史条件。

3.3.2.2 社会主义生产中劳动逻辑与资本逻辑的并存

由于社会主义经济不能逾越商品生产阶段，选择市场经济体制有其必然性，社会主义生产同样具有二重性：既是劳动过程又是价值创造与价值增值过程，因此资本逻辑在社会生产过程中就成为一个重要的关节点。

作为社会主义劳动过程，要体现劳动者的主体地位，贯彻马克思提出的“劳动逻辑”：联合起来，合理地调节人类和自然之间的物质变换，把社会生产置于劳动集体的共同控制之下，靠消耗最小的力量，在最无愧于和最适合于劳动者的人类本性的条件下来进行这种物质变换①。生产劳动的目的是为了人，依靠人。可以说，“劳动逻辑”就是人本逻辑，是集中体现社会主义生产关系的人际关系的一面。

作为社会主义价值创造与价值增值过程，就必须要有足额的“能带来价值增值的价值”，使一定价值量得到最大的增值率，不断积累—投入—再积累—再投入。显然，这里起作用的是资本逻辑。在资本逻辑中，包括劳动者这个“人力资源”、自然资源等，都是有待资本来配备的生产要素，要服从资本的目标与效率。而资本的目标就是创造更多的增殖价值。

在社会主义初级阶段的社会、经济、文化条件下，两种逻辑相互依存、相互矛盾。只要劳动逻辑，忽略资本逻辑，在社会尚未产生有效率的经济机制的条件下，就容易陷入“共同贫穷”；反过来，只要资本逻辑，忽略劳动逻辑，可以在一定程度上使社会富裕，但却不是共同富裕，而是贫富分化，社会主义生产关系就会遭到破坏。因此，在社会主义生产关系再生产中，不能排除资本逻辑，但如果不加控制，显然它会使生产关系发生变异。这一点，在论证科学发展观的核心“以人为本”当中都有涉及。

由此我们得出一个科学社会主义的结论：社会主义生产关系，不仅要在科学理论指导下建立，也要在科学理论指导下维护。在与资本主义发达国家的竞赛中，为追求高度的劳动生产率和追求经济发展速度，离不开利用资本的逻辑，但是为防止社会主义生产关系的变异，必须要控制资本逻辑，正确处理好其与劳动逻辑之间的关系。

3.3.2.3 社会主义分配中劳动收入与资本所得的并存

建立社会主义市场经济，在经济收入的初次分配原则上，我们提出“按要素分

① 马克思：《资本论》第3卷，北京：人民出版社，1975年版，第926～927页。

配”与“按劳分配”并行，代替原来单一的“按劳分配”原则，以适应多种所有制经济共同发展的格局。其实，这是一个不严密的说法，科学的表述就是“按资分配”与“按劳分配”并行。因为作为分配依据的各个要素中，只有资本与劳动才是对立概念，其他要素都应分别归结为这两大要素。如“技术”这个要素本身是商品，它要么作为技术资本参与分配，要么作为从事技术工作的能力，作为按劳分配的一种类型。管理要素也是这样，管理效率是资本效率的一种，而管理工作是一种高级的劳动形式，因此作为分配依据，管理不能独立于资本或者劳动。至于自然资源，包括土地，只能作为带有垄断性质的资本参与分配。

在这两种分配原则下，收入分为资本收入与劳动收入。需要指出的是，人们通常说的“财产收入”不能与资本收入画等号。资本收入是财产收入的一部分，它与劳动收入在初次分配领域中相对立。资本收入以外的财产收入，不是资本要素直接分配的结果，不是资本收益再分配的结果（如储蓄利息），也不是剩余生活资料转让使用权的结果（如私人房租）。这些财产收入并不与劳动收入相对立。

在“按劳分配”与“按资分配”的问题上，我国在 1975 年前后发生了有关“限制资产阶级法权”的理论热潮。“限制资产阶级法权”的提法来自马克思的《哥达纲领批判》，文中论述：按劳分配“通行的就是调节商品交换（就它是等价的交换而言）的同一原则。”“在这里平等的权利按照原则仍然是资产阶级的法权”[①]。既然体现等价交换原则的按劳分配被扣上“资产阶级法权”的“黑帽子”，就得限制，不能张扬。人们把注意力转移到“做贡献是应当的，不能据此索要报酬”这个伦理道德问题上。其实，等价交换这个调节商品交换的原则，还真算不上是资产阶级法权。没有劳动力市场，等价交换原则就跟资产阶级没有必然联系。而出现劳动力市场之后，工人出售劳动力换取工资，仅仅是表面上的等价交换，劳动力一进入生产领域，就不再是商品而是生产要素，是资本家所有的可变资本。真正的资产阶级法权只能是资本逻辑的法律或契约原则，通俗地说，资产阶级法权就是“我拿出资本就要得到资本的回报”。就单个资本来说，要的是最大限度的增殖；就所有资本来说，要的是等量资本得到等量利润。从这个意义上，我们今天的的确确是要限制资产阶级法权，但限制的绝对不是按劳分配，而是限制按资分配。没有对这个资产阶级法权的限制，就会丧失社会主义的本色。

① 马克思：《对德国工人党纲领的几点意见》//《马克思恩格斯选集》第 3 卷，北京：人民出版社，1972 年版，第 11 页。

3.3.3 资本逻辑对社会主义市场经济的双重作用

充分发挥商品、货币、市场作用的市场经济体制被引入社会主义经济制度后，资本逻辑就开始发挥较为显著的作用了，这个作用是具有二重性的。

3.3.3.1 资本逻辑是改革开放、发展经济所要利用机制

以“搞活社会经济”为特征的经济体制改革，以“利用国际资源与市场”为目标的对外经济开放，都以资本逻辑包含的追逐价值增殖为内核。改革既要求公有企业自负盈亏、追求利润、高度注重资金增值率即综合性的经济效益，又要调动社会上多元投资主体；开放则以引进外资为重头戏。改革开放带来的巨大经济成就，有资本逻辑的作用在其中。这是积极作用的一方面。

3.3.3.2 市场经济建立过程中膨胀的资本逻辑，至少起了三点消极作用

（1）对私有化思潮推波助澜。在曾经实行普遍公有制经济的社会主义社会中，为什么会有全盘否定公有制经济的思潮？就是因为许多人看上资本逻辑的积极作用在世界范围内的例证，并且将那些竞争成功的私人企业与计划经济时期作为政府机构附属物的国营企业相比，私有化思潮有那么一些社会舆论支持。这种思潮的矛头尤其对准国有企业，助长了对国有企业“取消论”，实际干扰破坏着国有企业的企业体制改革。原有的国有经济中的一些掌权者，眼红私人资本的发财获利，追求资本家的地位与身份，以权谋私，侵吞国有资本，借口“企业改制”，将公有企业变成私人企业。某些学者迷恋于私有化，竟然将这种掠夺公有财产的行为说成是“改革的代价”。

（2）对劳动者搞“原始积累”。改革开放之初，在中国计划经济体制缝隙中产生的私人企业，曾经有过老板与员工“讲人情”“讲道义”、处于“朋友关系”的时期。随着私人企业的壮大，资本逻辑的本性发作，越来越多的老板为了赚钱，逐步翻脸不认人。私人企业越来越多地成为血汗工厂，为节省投资而使工人处于极其恶劣的工作条件之中，为增殖利润而尽量延长工时，牺牲工人的健康，压低工人的报酬。各种曾经在 20 世纪六七十年代忆苦思甜材料中出现的吸血鬼嘴脸鲜活地出现在我们面前，甚至有过之而无不及。中国私人企业出现的欠薪现象，其性质之严重、手段之卑劣、发生之频繁，是世界任何一个资本主义国家都无可比拟的。山西出现“用暴力将雇佣工人转化为奴隶”的事件，虽是个案，但也反映了在资本逻辑驱使

下的私人老板赚钱的疯狂。党中央提出“以人为本”的原则抑制了这种以牺牲劳动者人权来换取资本增殖的趋势，随着社会主义法制的健全，保护劳动者合理权益终将抵御资本逻辑负效应的这种病毒发作。但劳动者遭受资本这种“原始积累”的伤痛，会永远记载在经济发展史上。

（3）出现了非科学发展。各级官员将发展视为地方 GDP 的增长，眼光只盯住口袋中有钱的中外投资者，认为依靠他们的资本投入就能带来经济发展，于是爱资厌劳。政府百般讨好投资者，在劳资纠纷中偏向资本家，厌恶劳动者维护自己的合法利益，在企业与居民的生态环境纠纷中偏向企业。在资本逻辑的支配下，地方政府一方面只顾物质财富增长不顾劳动者的状态，另一方面不理智地追求 GDP 增长，不惜以掠夺方式开发当地的自然资源、不顾损害环境来扩大生产规模，以及乱拆乱建、盲目上项目，给投资者制造需求或市场。

上述论证充分说明，在社会主义市场经济条件下，如果不限制资本逻辑，任其依照本性发生作用，社会主义的生产关系就会遭到破坏，能够搞活经济促进生产发展的机制，就会转化为破坏生产力的消极因素。

3.3.3.3 社会主义市场经济对待资本逻辑的原则

根据上述资本逻辑的二重性，发展社会主义市场经济，就要对它实行“利用、限制、改造”的原则。许多学者对此早有明确认识。刘召峰（2012）主张引导、驾驭、制约私人资本力量，认为“驯服资本逻辑的做法就是斩断资本之链，实现财富的合理分配和社会的公平正义”。要从精神伦理与社会制度两个层面对资本进行规范和制约。王庆丰（2013）提出，中国特色社会主义要“驯服资本”而非“消灭资本”，以此建构制度导向，通过国有资本与国家政权去驾驭和引导资本逻辑，超越“资本文明”。鲁品越、王玉（2013）认为，对资本本性的驾驭是发展社会主义市场经济的必然要求和实现对资本主义市场经济超越的关键。卜祥记、何亚娟（2013）主张，社会主义可以从几个方面来限制资本本性发挥作用：生产目的、个人主义经济观念、货币的通用性。刘思华对此作出了更有深度的理论判断：建设社会主义生态文明必须对抗资本逻辑，首先是消解、克服资本逻辑对市场经济发展、社会文化、价值观、思想意识形态尤其是经济意识形态等社会主义价值取向的吞噬，从而有效驾驭、引导、驯服资本逻辑，走出一条超越“资本的文明”的中国特色社会主义生态文明发展道路。

笔者认为，在社会主义市场经济中，可以运用以下三个措施来限制、驯服资本逻辑：①在社会经济发展目标上，以 GDP 为导向转为以人民的福利为导向；②在社会生产运行中，以劳动逻辑替代资本逻辑；③在经济发展依托上，以货币资本投资为导向转为人力资源的高效利用为导向。相关论述在下面展开。

从开展社会主义工业化，到建立社会主义市场经济，社会主义建设者们实际上都是在利用资本的力量推动经济发展。所有联系实际开展马克思主义社会科学的研究和宣传，都在对资本逻辑进行历史性的理论批判。马克思主义在资本主义条件下对资本逻辑的深刻批判，同样成为社会主义市场经济在上层建筑领域所必需的理论基础。提倡社会主义价值观的思想教育，都是在价值观上批判与资本逻辑相联系的各种思想观念，如唯利是图、拜金主义、见物不见人等；正确指导经济社会的政策，就要抑制资本逻辑所造成的各种不平等、不人道的消极后果。建设中国特色社会主义制度，并在经济全球化中把握好中国自己的发展道路，必然要有不同于资本主义市场经济的重大区别。

3.3.4 摆正社会主义再生产中的资本定位

限制资本逻辑，就要让其在社会主义再生产中摆正定位。社会主义再生产分为生产关系再生产、物质资料再生产、人—劳动力再生产、生态资源—环境再生产、精神产品再生产五种[①]。

3.3.4.1 在生产关系再生产中的定位

社会主义市场经济的生产关系包括了公有制经济与非公有制经济共同发展与混合生长、计划调节与市场调节并存、既分工互补又相互干扰、政府主导与民间活动同时起作用。因而在上述生产关系中存在着资本逻辑发挥作用的很大空间。在公有制与私有制经济共同发展的环境中，资本逻辑可能出现增强、不变、减弱三种趋势。要让资本逻辑沿着第三种趋势发展，必须保证公有制经济的主体地位不断增强，尤其是在国有经济中起主导作用；而公有制内部劳动者的主人翁地位越明显，劳动逻辑的影响就越大。此外，由于社会主义市场经济存在中央利益与地方利益的分化，在各地竞相追求经济发展成绩当中，资本逻辑得到发挥其作用的条件。追求最大投资量与发展成本最小化成为各地政府的目标，由此诱发了“以资本为本”的非科学

① 刘思华：《理论生态经济学若干问题研究》，南宁：广西人民出版社，1989 年版，第 288～289 页。作者提出了人口、精神、物质、生态四种再生产，生产关系再生产是马克思的观点。

发展。非科学发展的根源就是资本逻辑，这个根源无法消除，但可以限制。必须让各级政府树立正确的政绩观，推动科学发展，让资本逻辑受到限制。

3.3.4.2 在物质资料再生产中的定位

“现代商品—市场经济，用于投资的货币是生产的第一推动力”已是经济学常识。同时，根据马克思主义经济学的原理，人是生产力最根本的动力，劳动者的生产积极性、创造性的发挥，是推动生产力发展的根本性动力。从物质资料再生产的组织过程来看，资本只有与其他生产要素构成合理的比例，才能使生产不仅有规模，也有质量；使增长不仅有速度，也有效益。没有技术、管理、分工协调、有保证的能源原料供给，资本的投放就会是低效或无效的。在宏观与中观的层面上，片面强调资本的作用只能扭曲经济发展。因此，资本在物质资料再生产中的定位，只能肯定其作为第一动力，或者说初始动力，不能被视为根本动力。

3.3.4.3 在人力资源再生产中的定位

在市场经济中，客体力量由资本来代表，主体力量分别由经营者与劳动者来代表。其中，经营者发挥的恰好是整体资本的效率，而劳动者发挥的是生产过程中的劳动力，劳动力是生产资本的诸要素之一。很自然地，资本关注的主要是经营者的人力资源，资本愿意为经营者阶层（高层白领雇员）设置高薪，支付培养的高代价，形成这一人力资源的高投入、高产出。而对劳动者的人力资源，则在低成本的区段上运行。

企业的所有制影响对劳动者的人力资源的再生产。公有制经济劳动者主体地位高，资本不能强行贯彻成本原则来压低劳动力价格。私有经济劳动者处于受支配地位，资本将按照其本性尽量降低劳动力使用成本。当然，社会经济的发展，提升了劳动的复杂度、精细度，劳动者的健康、技能、精神状态将越来越显著地影响资本的效率，随着生产的技术密集度增大、知识含量提高，资本将乐于使用高质量的劳动力，这就有必要将物质资料再生产中的“高投入—高产出”经营原则，扩展到劳动力的使用上，达到“增大一分劳动力成本，增大两分资本收益”的效果。在许多产业中，物质资本的重要性逐步让位于人力资源。

对资本逻辑的限制，就要通过法律法规，实现对所有类型的人力资源都有足额的补偿，包括风险补偿，承担人力资源充值的代价，服从于整个社会对人力资源的保护。

3.3.4.4 在生态资源—环境再生产中的定位

资本通过物质资料再生产来影响生态资源—环境的再生产，资本的效率越来越受到生态资源—环境再生产的影响。在这个双向影响中，有个长期效益与短期效益的关系。资本追求利润的本性决定了它力求物质资料生产规模的盲目扩大，结构升级总是滞后；总是在掠夺生态资源与环境，以达到降低成本的目标。但是，资本人格代表者也会认识到，资源耗竭与环境损坏将给资本在物质生产领域的运作带来毁灭性打击。因此，资本经营者总希望别人理性对待自然，约束别人追逐物质利益的行为，而自己最好能够按照资本本性来行动。于是在资本逻辑支配下不断发生局部与整体、企业与社会的博弈。如果多考虑一下社会和个人的长远利益，就会降低损公（这里指社会生态利益）利己的强度；多考虑短期利益，就会提高损公利己的强度。于是物质资料再生产破坏生态资源—环境再生产的行为就要由代表社会的政府来约束，但是资本的力量也会渗入政府当中。资本主义社会由资本主导，政府维护生态环境的努力十分虚伪和软弱。资本人格代表者的理性在资本的本能冲动下也处于下风。社会主义社会的政府必须让人民的监督高于资本的影响，才能使资本更多地考虑长期效益、全局效益。

3.3.4.5 在精神再生产中的定位

资本影响社会意识，精神生产反映社会调节力。从经济领域中产生的商品—货币—资本拜物教，深刻影响着社会意识。社会依靠伦理道德、宗教、政治思想（如爱国主义）、文化生活等来调节资本对社会成员精神的影响，避免唯利是图原则支配全部社会生活。但是，决定社会意识的基本因素毕竟是社会存在，经济关系中的资本逻辑越强烈对社会意识影响也就越大，靠精神生产来调节社会意识就会苍白无力；经济关系中的资本逻辑受到限制，精神生产的调节就是强有力的。必须以社会经济关系对资本进行限制为前提，弘扬马克思主义思想体系对精神生产的指导，使这一调节作用得到有效的保障。

3.3.5 社会主义市场经济发展进程中资本地位的变化趋势

在对资本逻辑进行利用、限制、改造的原则之下，资本在社会主义市场经济发展进程中，应呈现如下变化。

3.3.5.1 改进三个经济发展主体的发展目标

三个经济发展主体是指国家、地方与企业。在单纯追求经济实绩的时期，国家、地方都以 GDP 为发展目标，企业以资产额、利润率为发展目标，这些目标都以投资为第一推动力，资本逻辑起到最强作用。贯彻科学发展观，要用“以人为本”来取代这三个“为本”：在发展目标上“以 GDP 为本”、发展结果上“以物为本”（“以物质财富为本”）、发展动力上“以资本为本”。由此，在发展指标上都要实现经济效益、社会效益、生态效益的兼顾与有机结合。

对于三个主体而言：① 国家经济发展的主要导向指标与衡量指标都要充分体现为了人民的幸福、人的自由全面发展，兼顾经济、生态、社会三方面的效益，不能只追求经济发展的高速度而忽视社会发展与生态维护。② 地方经济发展是国家经济发展的一部分，基本要求与国家经济发展相同，但还要根据地方的区情，按照国家制定的主体功能区规划，履行国家赋予的区域发展使命。③ 企业是市场主体，天然需要追求体现资本增殖幅度的经济效益，但同时不能忽略现代企业应有的人文精神与社会责任，不能违背“绿色发展”的潮流，因此对资本逻辑要合理地抑制。我们所说的现代化发展与社会进步，就要有如上三个发展主体的改进。

3.3.5.2 调节要素供给的方式与渠道

市场经济似乎有了货币资本就有了一切，有资本可以购买一切物质，可以购买科学技术，可以雇佣劳动者，可以聘请专家和经理——相当于购买管理，从而用别人的专业技能来实现资本的生产、流通职能，等等。当然，这里隐含着一个条件，就是要有资本运作的能力。也就是说，只要有投资资金与用这笔资金的本领，就可以进入各种各样的领域谋求这笔资金价值的增值。资本的强势就是这样来的，至少在起步阶段是这样。在贯彻科学发展观中，必须创造外部环境，控制要素供给的方式与渠道，降低资本的强势。

（1）劳动力的供给要联系相应的政治条件，做到迫使资本在运作中“尊重劳动”。发达资本主义国家对此要好于发展中的资本主义国家，原因在于工会力量的强大。我们至少先要达到这一步，让工会成为迫使资本“尊重劳动”的制约因素。进而增加一线生产的劳动者代表在人民代表大会中的比重，扭转多年来人大、政协经常出现有利于资本的提案，却鲜见有利于劳动的提案。

（2）技术的供给要经过筛选。要科技进步通过物质资料再生产的作用，既可能更大地损害生态资源—环境再生产，也可能有利于促进生态资源—环境再生产。社会要按照生态经济原则，排斥那些看起来利润多、销路好，却损害生态资源—环境再生产的技术。反过来，一些有利于生态资源—环境再生产的技术，由于价值增值不高而受到企业界冷遇，就要有相应的政策扶持鼓励。这里，科学发展的逻辑要在关键环节上取代资本逻辑。前者要有审核制度，后者要增加产业政策的新内容。国家创新体系在技术供给上起到了重要作用，具体的供给对象要与国家的产业政策、技术政策挂钩，资本逻辑对此要服从国家的产业发展规划。

（3）自然资源的供给也要按照生态经济原则进行筛选。宪法有关自然资源的所有权条款应当得到落实，不能让私人资本集团随意占有以及获得全部资源收益。一段时间以来山西煤炭资源事实上的私有化促成了资本强势，除了煤老板的经济效益剧增外，社会效益、生态效益均急剧下降。对煤炭资源开发，公进私退、“大”进“小”退，不仅是合理的，也是必要的。

（4）资金的供给是资本形成的基础，社会资金的供给要有利于削弱资本强势。金融一定要掌握在社会主义国家手中，这是贯彻“节制资本”的新民主主义原则（甚至也是孙中山的新三民主义原则）的最后一道防线，是社会主义初级阶段公有制主体地位的保证。随着知识经济的到来，许多有知识、有经营才干、就是缺少资本的人才，应当通过银行贷款获得社会资金来投资，建立受限的私有或集体的职能资本。这样的资本是生产经营条件，但强势不再。

3.3.5.3 收入分配的倾斜

社会主义的价值判断已经表明，对社会进步的作用，劳动收入没有消极作用，而财产收入则有两重作用：消极作用是会产生不劳而获，积极作用是在经济发展初期有利于调动居民将消费资金转化为积累资金。但随着经济发展受到市场需求约束、生态资源约束越来越大，知识积累的重要性越来越超过资金积累的重要性，财产收入的积极作用愈加减弱。从社会发展总的方向看，财产收入对社会进步的消极作用趋向于增大。我们必须在理论上认识这一点，在政策上向“按劳分配”原则倾斜，对“按资分配”予以抑制，鼓励居民增加劳动收入而不是财产收入。这将推动资本地位下降，劳动地位上升。

第 4 章 生态马克思主义经济学的三维理论

笔者 2013 年 5 月出版的一部专著《“科学发展”理论探索》，主题是探讨马克思主义经济学范式下的科学发展与生态文明建设，该书第七章提出：将马克思主义经济学从经济系统一维转变为三维，这是发展马克思主义理论范式的一个创新性发展。专著涉及的科学发展观，本身就跨越经济、生态、社会三维系统，因此笔者已经从对科学发展观的探讨中初步构建了马克思主义经济学的三维理论。本书主题是生态马克思主义经济学这一新学科，无疑是跨越经济、生态、社会三维系统的，并且更逼近经济学科的核心理论：价值理论。为此，本书将继续开展这一马克思主义理论范式的创新工程，做生态马克思主义经济学三维理论的构建尝试。

4.1 构造生态马克思主义经济学理论的三维系统框架

4.1.1 生态马克思主义经济学的转型

生态马克思主义经济学的使命是探讨“两个解放”，因此，它应当与可持续发展经济学一样，既要作为经济学科的一个门类，立足经济学分析的方式方法，又要超越经济学原来的一维形态，从一个系统（经济系统）走向三维系统（经济、社会、生态三大系统），研究三大系统的问题。实现这一转型的具体途径是：

（1）在学科范畴上从一维转向三维，根据研究对象，或者使同一范畴的一个经济学概念变为同时出现于三大系统的三个并列概念（如经济效益、社会效益、生态效益）；或者将经济范畴发展成为适用于三个系统的综合范畴，明确该范畴具有三个系统的内涵；或者将哲学、社会科学普遍适用的范畴，赋予其分别在三个系统中明确的含义。

（2）价值理论是经济学理论的基石，要从三维系统视角来建立"大系统价值论"。这一理论创新可从两方面入手。

一方面，马克思主义经济学的劳动价值论要坚持、完善和发展，使之适应于知识经济、信息社会，将"劳动产品"概念从商品扩展到劳务（无形商品）、技术及其他信息产品，用劳动价值论来解说商品、劳务、信息三大类价值。

另一方面，马克思主义经济学的劳动价值论，原来只是经济系统中的价值论，将价值作为人类劳动的创造物，价值的源泉是劳动。大系统价值论提出，社会系统的价值是劳动力价值，生态系统的价值是生态价值，要分别阐述这三个系统当中性质不同的价值概念。这里，需要解决的关键理论问题是：① 论证劳动力价值是一种社会价值，而不是经济价值。用经济价值的观念来解说劳动力价值，无异于将劳动者与被劳役的牲畜等量齐观。劳动力的形成决不只是其载体所消费的生活资料价值，还有必须经过思想观念教育与本人学习的付出，必须有社会保障的代价。② 论证生态价值的源泉不是人类的劳动，而是自然力；但生态价值必须要用社会尺度——劳动时间来度量。

（3）在"大系统价值运动"基础上，研究广义资源循环，即三维系统的资源循环：经济循环、自然物质与能量的循环、包括人力资源在内的社会资源的循环。该循环表示为：广义资源—广义生产力或可持续发展能力的形成—三维系统的总产出、成果、效用—广义资源。

（4）研究经济规律，除了继续通过经济系统中的事物分析其本质之外，还要通过社会系统与生态系统中的事物来探究。

（5）在研究前提下，构建跨越三个系统的"广义社会人"概念，其要点是：①"广义社会人"所追求的"个人利益"是三维的，包括经济利益、狭义社会利益、生态利益，但无论哪一类利益，都不可能"利益最大化"，而是三种利益的相互制约、相互平衡。② 个人利益不是孤立的，它一方面是社会关系的人格化本性要求，另一方面不能与社会环境相矛盾，即通常说的只能追求合法、合乎道德的个人利益。

③ 个人利益是否在必要时服从团体的、社会的利益，要看一个团体、社会是否有生命力的尺度。④ 越是合理的社会制度，越是能够在最多的场合使个人利益与社会利益达到一致。

（6）在理论应用上，当我们提出社会经济领域的问题时，应兼顾来自三个系统的因素。对解决问题的措施建议要对经济、社会、生态各个领域进行综合考虑。如果仅仅把注意力集中到某个系统而忽略其他系统，这可能会解决一个系统的问题而滋生出另外两个系统的问题。

（7）在研究方法上，三个系统的定性分析与定量分析混合使用。大量定性分析将同时考虑三个系统的问题与实际，大量研究将同时使用三个系统的定量分析，某个系统的定性分析借助其他系统的定量分析，某个系统的定量分析为其他系统的定量分析提供论据。

4.1.2 三维系统视角下的幸福指数

4.1.2.1 幸福指数的性质与特征

幸福指数是一个包含三个系统内容的统一的概念。

幸福指数的内涵：一个由客观状况支撑的主观概念。这个概念包含三个要素：客观状况、正常反应、主观感受。正常反应是客观状况与主观感受之间的纽带，它只能是一个经验型的、大概率的、平均化的要素，是从亿万人群的客观状况与主观感受的联系中概括出来的。我们在探讨幸福指数时，只能假定所有的人对某种客观状况都是同一感受，实际上并非如此，人与人之间这个纽带很不一样。这说明了探讨幸福指数的复杂性和不确定性。这个要素可以隐藏于后，那么客观状况与主观感受就是可以实际体会的要素。在这两个要素中，客观状况可以设计出相应的指标来测度，而主观感受却无法进行测度，只能从社会舆论中来把握。

作为幸福指数的客观状况，包含有经济、社会、生态三个系统的内涵。不用深入研究，人们都会直观地感觉到，造成人的幸福感的客观状况是由三个系统的内涵共同组成的，它们是：富裕—经济系统内涵，平安+和谐+自尊—社会系统内涵，环境良好—生态系统内涵。由于客观状况是上述内涵的统一体，因此幸福指数是一个综合概念，这个概念不宜分为三类，如经济幸福指数、社会幸福指数、生态幸福指数。

可测度的客观状况经过正常反应这个纽带，抵达主观感受，就不再是能用绝对值来衡量的数值。因此幸福指数是一个相对概念。如果硬要构建一些绝对量的指标，那么社会历史的发展无疑将显示：现代的幸福指数必定大于古代、发达地区的幸福指数必定大于欠发达地区。但这是不符合事实的。

幸福指数是一个动态概念，它更多反映的不是静止的，而是变化的内容。我们对幸福可以这样描述：幸福是欢乐——这是某种巨大变化带来的；幸福是满足——这是低代价的经济发展带来的；幸福是平静——这是痛苦指数处于很低水平带来的；幸福是希望——今天的努力带来明天可预期的美好。

以上论述表明，幸福指数是一个复杂概念，它不能简单地用数值来表现，而是要从思维上把握，包含三个系统的内涵，说明人处于相对欢乐、满足、平静、希望的心境中。现实生活中，我们可以设计出适用于某一阶段、某一状况的幸福指数，但一定要在内心里明白，这还远远不是真正完全的幸福指数。随着认识的变化，它是要“修订”的。

4.1.2.2 中国现时幸福指数的判断

从直观上来说，种种社会舆论已经足以表明，现实中我们所观察到的经济是幸福指数不增长经济。理由是：① 从客观状况看，首先，经济系统的成就所直接托起的富裕程度上升本来就远远低于 GDP 指标的上升，再加上基尼系数升高造成富裕成果越来越落在比例较小的社会群体之上，多数人处于相对贫困之中，这带来的全社会主观感受必定大打折扣。② 从客观状况的两个社会系统、生态系统来看，它们的负面效应对经济系统成就的抵消，导致客观状况这个统一体良性总量难以增加。③ 有一系列社会因素造成“正常反应”这个纽带对“客观状况”向“主观感受”之间的传导正效应减弱。如全社会理想信念的缺失、嫌贫爱富的社会心理、公平正义的艰难处境、竞争合作的关系失衡、钱、权、位三者关系的扭曲等，就是作用于“正常反应”传导效应不佳的社会因素[①]。为此，“拿起筷子吃肉、放下碗来骂娘”这句由来已久的话，背后确实有道理。

① 李欣广：《刍议人文视角下社会经济的非物质性发展》，《改革与战略》，2010 年第 11 期。

4.1.3 三维系统视角下的贫困

贫困概念，历来限于经济系统，通常在国家、地区、家庭三个层面使用。贫困与非贫困之间的区别，其标准是由权威机构根据社会总体发展水平来确定的，以收入指标来划线，低于这个数额的收入水平（即低于贫困线）就称为贫困。因此，贫困国家、贫困地区、贫困家庭通常又称为低收入国家、低收入地区、低收入家庭。

从 20 世纪 80 年代后期开始，研究扶贫问题的理论界早已认识了两点：① 贫困地区往往处于恶劣的生态环境中，这里实际上是两种贫困：经济贫困与生态贫困。生态贫困的类型，包括自然地理方面的生态失衡、自然灾害贫乏、基本资源（如土地、水、森林及其他植被）短缺或退化、地貌不平导致交通闭塞等。② 有的地方生态环境很好，却很贫困。究其原因，是这里的社会发育程度低下。人们常说的“人的素质低”就是其外在表现。具体就是社会观念落后、生产技能低下、文化科学知识欠缺等，富饶的自然资源不会去利用。这里实际上也是两种贫困：经济贫困与社会贫困。社会贫困，指的是人的生产与再生产水平落后，加上相应的社会运行制度短缺。

为此，我们站在二十世纪八九十年代理论界研究成果的基础上，明确提出贫困分为三维：经济贫困、社会贫困、生态贫困。社会经济发展，就是要同时解决这三维贫困。

八九十年代理论工作者论及这三大贫困，眼光基本放在贫困地区，贫困概念基本建立在“匮乏”的概念之上，如经济贫困与经济资源匮乏相联系，社会贫困与人力资源和制度资源匮乏相联系，生态贫困与生态资源匮乏相联系；总的结果就是低收入。

今天，我们深入研究科学发展观，需要拓展贫困概念本身。这就是要论述：贫困不限于低收入（国家、地区、家庭），贫困概念的内涵并不是只有匮乏。由于机制不良，导致资源无法得到充分利用，难以产生较多的成果，这是当前经济发展中出现的更主要的贫困现象。我们已知，在经济机制不良的情况下，造成不能“物尽其用、地尽其利、人尽其才”，如在本国的银行储蓄过剩时还要用外资来弥补投资缺口，这是社会资金利用率低下的表现，也是经济贫困的反映。再如社会人才济济，但不良的社会机制会造成许多人才利用聪明才智搞歪门邪道，这是社会人力资源利用率低下的表现，也是社会贫困的反映。

4.1.4 三维系统视角下的危机

经济危机、社会危机、生态危机被统称为三大危机。它们的出现分别反映了人类社会发展中经济、社会、生态三大系统的病态。

4.1.4.1 三大危机的表现

经济危机是通过市场、企业与个人的经济状况表现出来的。在历史上，由于来自社会、自然或人体方面的灾难性原因，社会产品的供给在短时间内不能满足社会的需要，造成大面积的饥荒或贫困，这就是经济危机。而到了资本主义市场经济时期，经济危机似乎颠倒过来，社会产品的“供给”在短时间内大大超过社会的“需求”，造成企业商品滞销、资金紧缺、信用链条中断，大批银行、商铺、生产企业纷纷破产倒闭，大批员工被解雇，市场由此更加萧条。这种不同于历史上的经济危机，就是我们熟知的“生产过剩”危机。实质上，这是生产力发展中产业得不到合理的结构调整，使商品供给超出社会经济关系造成的市场购买力不足而发生的危机。任何一个现代经济危机，都是供给不足与生产相对过剩并存的。

社会危机包括政治危机，其通过民众、社会群体与政府三者内部之间、相互之间的关系恶化表现出来。这类危机爆发，意味着社会利益关系严重失调，社会矛盾激化，原有的政治、法律等维护社会秩序的设施紊乱或失效，无法保持人们生活的社会环境的正常状态。

生态危机直接表现为严重的环境破坏、资源耗竭、自然灾害频发。历史上发生的生态危机有时使整个民族无法在原有的栖息地生活，被迫进行大迁徙。农业社会的生态危机主要发生在水土资源失衡的问题上，工业社会的生态危机除了继续有农业社会的问题之外，还要加上发生在矿产能源耗竭的问题。生态危机的复杂性超过经济危机、社会危机。在造成生态危机的基本原因中，包括了人口繁殖超过自然承载力、社会经济规模超过自然物质与自然空间的限度、经济发展的模式与行为方式违反自然规律等，既有较小的问题，又有历史大跨度的问题，这些问题的积累，不断加剧着生态危机。

现代的经济危机与社会危机都反映了其所依托的社会制度的弊病，具体分析这些弊病的性质、消除的可能性，是当代马克思主义经济学的使命。而现代生态危机则是整个工业时代的弊病，分析其具体表现与消除的条件，则是生态马克思主义经济学的使命。

4.1.4.2 三大危机的相互关系

三大危机性质不同，都有独立发生的原因与独立出现的机缘，但它们相互之间产生影响。

经济危机能够使本来就潜伏着的社会危机爆发出来。如果原来就有社会危机的可能，那么，经济危机的发生就会使社会危机的爆发难以遏制。在相反的情况下，经济危机就可以在政府宏观调控下逐步解除。

社会危机的发生必将损害社会经济，如果危机深重，持续长久，经济就将萧条，即使没有突然性的经济危机，也会带来社会经济的衰退。

生态危机是逐步加剧的，能否扭转要看社会的行动。作为生态危机亚种的资源危机（如石油危机）、环境危机（如气候带来的自然灾害）、人口危机（如老龄化）都将打击经济发展，引发经济危机。人口危机则可能直接引发社会危机。将来在经济危机的引发原因中，很多可能会来自生态危机。即使生态危机不引发显著的经济危机、社会危机，但它给社会经济带来的不可持续的障碍是可怕的。

社会主义在计划经济时期，发生过比例失调性质的经济危机，也发生过政治运动失控造成的社会危机。在市场经济时期，非科学发展是诱发经济危机、社会危机的主要根源。我们有自信依靠正确的指导思想与社会主义制度的生命力来消除经济危机、社会危机，而对生态危机这个工业化时代的危机，还必须依靠生态马克思主义经济学作为理论武器，在科学发展观的引领下，通过社会主义生态文明建设来予以解决和消除。

4.1.5 三维系统视角下的经济规律

4.1.5.1 三种类型的经济规律认识都有待进入新的境界

经济规律是反映社会经济内在要求的客观机制。在理论界的共识中，经济规律按作用范围的层次分为三种类型。第一种类型，是在一切社会经济形态中起作用的经济规律，如生产关系必须符合生产力发展要求的规律；第二种类型，是在市场经济中起作用的经济规律，如价值规律、供求规律、竞争规律、比较优势规律等；第三种类型，是在特定的社会经济制度中起作用的经济规律，如资本主义基本经济规律即剩余价值规律、社会主义基本经济规律等。

就经济学界的研究成效来看，这三类经济规律中，人们认识较为统一、较为确定的是第二种类型。这类经济规律作为市场经济中客观机制的概括，每天都在当事人之间发生，直接决定着他们的兴衰存亡，从而迫使当事人自觉或不自觉地去把握、应用它们。理论的表述不过是许多人认识的升华。这些规律所反映的社会经济内在要求，包括个别尺度向社会尺度转化、供求平衡、优胜劣汰、有利取重不利取轻等。这些要求的实现都有相应的机制支撑，如优胜劣汰，决定优胜的最终因素是成本，降低成本的基本途径就是优化资源配置。

第一种类型的经济规律，对很多人来说并不直接影响其利益，更多的是宏观的、制度性决策的理论依据。它的作用机制十分广泛，不易把握。从十一届三中全会前后理论上拨乱反正、重视这一经济规律以来，我们在粗线条上有了正确认识，但细节上不断深化还是一个漫长的过程。

第三种类型的经济规律，对马克思巨著《资本论》的分析，我们对资本主义剩余价值规律的认识没有什么分歧，而对社会主义经济规律的认识，尚无定论。理论界比较一致的看法是，认为社会主义基本经济规律应当由社会主义的社会生产的目的与手段构成其内容。但是，无论我们用怎样的美好说法来表述社会主义的生产的目的与手段（如最大限度地满足人民物质文化生活的需要、在高度发达技术基础上不断完善社会生产等），总是缺少说服力来证明它们是客观机制而并非主观愿景。人们可以辩解，违反这些规定性就将导致经济发展遭受挫折，由此证明相关表述的客观性。但换一个角度，也可以把这些规定性视为合理的发展目标与基本手段，未能实现目标与手段当然意味着经济受挫，这跟“规律”并不完全是一回事。类似的分析同样适用于另一个社会主义经济规律：国民经济有计划按比例发展规律，它的内容到底是一种客观机制还是一种主观追求的“合理状态”？也仍然是有争议的问题。

然而，不管理论对经济规律的认识是否统一、完善，今天看来，上述经济规律的传统认识都有一个要共同改进的重大缺陷：未充分认识到经济规律不仅是在经济系统内发生，而且会在经济、社会、生态三维系统中发生。这个共同的缺陷分别对三个层次的经济规律带来不同的缺陷。

对第一种类型的经济规律，存在着改进生产力与生产关系本身定义的必要性。既然这两个概念本身就有缺陷，那么人们对“生产关系必须符合生产力发展要求”内涵的认识自然就失之准确。笔者的专著《生态文明观与马克思主义经济理论创新》在第三章、第六章中已分别论述：① 根据可持续发展观，对生产力概念要突破“改造和征服”表述的束缚，融入人类社会与自然和谐的含义。认识生产力必须认识产业发展的自然资源基础。② 生产关系不仅通过生产资料的占有而发生，也会通过对自然资源和环境资源的利用而直接发生。人们在社会生产中结成的相互关系，包含同时代与不同时代客观存在的相互关系。

对第二种类型的经济规律，存在着“两个忽略”的重大缺陷：① 由于忽略了社会系统的背景，对经济规律的作用实际上是隐含着“经济主体仅仅是‘经济人’而不是社会人”的假定，因而经常无法解释社会经济活动并不完全遵循经济规律的现象。② 由于忽略了生态系统的背景，对经济规律的作用实际上是隐含着这样一个假定：在资源无限供给的大环境下，人们寻求各自的经济技术与管理手段来优化资源配置。社会经济机制将对资源的丰裕或稀缺自动地作出调节。这一违背客观的假定，造成经济规律的传统认识无法应用于生态经济危机与可持续经济发展的领域。

比较优势规律是涉及地区间、国家间分工与贸易的客观经济规律，但在传统认识中，比较相对的利益与优势，都局限于经济方面的利益（增值利益与发展利益）或优势，而未将生态方面的利益与优势纳入眼界。

对第三种类型的经济规律，社会主义政治经济学中传统的经济规律研究，无论是基本经济规律、社会生产按比例发展规律……都撇开了自然生态规律对经济活动的影响。基本经济规律是解释经济发展动力机制的，传统表述就缺少追求生态需求的动力。社会生产按比例发展规律内容很丰富，首先涉及的是社会生产的结构受经济需求的引导，但缺少生态需求的引导，忽略从整个人类到小区居民对大气、水、土地、植被等的需求；其次涉及的是社会生产规模与增长速度受社会人、财、物以及技术存量的制约，但缺少受自然资源与环境承载力的制约；最后涉及社会生产比例的变动受经济需求与经济供给的相互促进、相互制约的互动影响，但缺少经济需求、经济供给、生态需求、生态供给之间复杂的互动影响。

总之，经济规律尽管是直接发生在经济系统中，但它离不开社会系统、生态系统。把我们原来忽略的这两个系统的重要影响予以共同考察，人们对经济规律的认识方能全面、科学。

4.1.5.2 两维系统背景下经济规律发生包含的内容

社会系统、生态系统如何对经济规律发生重要影响呢？

我们这里所说的“社会系统”是狭义的，是将本来属于社会系统的经济系统排除之后的领域。经济系统考察社会的“客体”即物质资料运动（物质资料生产、分配、流通、消费）的形式与条件，狭义的社会系统就专门考察社会的“主体”即人的运动（人口生产、人力资源生产、分配、人的非物质社会生活）形式与条件，主要是考察劳动者的能力发展、使用与劳动者积极性发挥的社会条件。很明显，离开社会系统的上述内容，就无法完全阐述经济系统的运动规律。

生态系统本身属于自然系统，但是，当我们研究经济规律时所涉及的又不是纯粹的生态系统，而是与人类社会发生关系的生态系统。经济系统中物质资料运动必然发生在生态环境的大背景之下。由于生态系统从来就影响着经济系统，人们对社会生产的认识早已不自觉地包含了“纯粹生态系统”对经济的影响，只不过这种认识出自人类经济活动规模很小的时代，所以才有“自然资源无限供给”这一假定。时过境迁，人类经济活动已经极大地影响了生态系统，那么反过来，一个变化的、对人类经济活动的承载接近极限、以至于遭受破坏的生态系统，对人类经济活动产生着不可忽视的影响。撇开这一影响来考察经济规律是反科学的。

在经济、生态两维系统背景下，经济规律发生的前提，就是否定资源无限供给的大环境下社会经济机制自动调节资源丰缺的假定。在此前提下，经济规律的发生包含着如下内容：

（1）不同层次的区域空间（从一个乡村到整个世界）内的产业结构，最终受制于自然资源与自然环境系统。产业的升级意味着人类的智力资源不断地替代自然资源，这种替代的速度与有效性取决于一系列客观因素或主观努力，但总有相当大部分的基本自然资源是不可替代的。

（2）社会经济活动与自然环境之间不断发生相互影响，尤其是产业规模变化与产业生产方式和技术类型的变化，对生态环境有更加直接的影响。影响是双重的，有良性的也有恶性的。资源的可替代状况与环境的可承受程度必将决定产业的可持续性。随着经济活动规模的扩大，以产业发展为主的社会经济活动越来越需要适应自然条件对物质循环与能量循环的要求。

（3）产业发展必定受经济再生产与自然再生产两方面客观比例关系的制约。产业发展在经济再生产方面的比例失衡，将损害自然资源与环境的持续供给；而产业发展过程中遭受某方面的自然再生产失衡，也会破坏产业发展本身。经济再生产与自然再生产的比例失衡，主要是相对的失衡，但也有绝对的失衡。从历史上看，两类比例的相对失衡已经造成多次经济与社会危机，同时又在经济技术发展中克服了这些失衡。但两类比例的绝对失衡，则将严重影响经济社会的可持续发展，避免两类比例的绝对失衡已经成为经济社会发展的一个重要主题。

（4）自然再生产比例的相对失衡造成的各种生态危机已经成为显性危机，人类应对这一危机的经济与技术手段刚刚开始锻造。人们对已有规律（如供求规律）的表述已无法解决来自生态系统进而影响经济系统的失衡与危机。随着危机的加剧与应对危机的努力加大，经济与产业发展必将受到或小或大的影响。原有的经济规律由此将发生“嬗变”，整个经济学原理都将在客观力量推动下，突破保守意识的阻扰而发生变革。

（5）资源优化配置是经济活动的中心原则，可持续的资源优化配置是指经济资源、人力资源与生态资源的综合配置。它的含义是：在硬约束条件下确定一个可预见时期，充分调动经济资源与社会资源，促使生态资源最合理地转化为经济资源或成为人类享用的生态产品。要达到这样的理想状态，却受制于相关经济规律与生态规律的综合作用。

理论界当前尚未对原有经济规律的新解说有很高的共识，尚未概括出反映可持续经济发展的新的经济规律，但在实践中越来越突破过去对经济规律的认识。理论界提出转变经济发展方式并开展深入研究，必将促使人们在经济活动中，如何全面考虑包括生态系统元素在内的经济动力机制、需求内涵、供给力量、利益关系，对经济规律原有的理解将逐步加入生态系统元素，将生态规律的部分内容纳入经济规律当中，或将经济规律的作用范围有条件地扩展到生态系统内，由此将加深对经济规律的认识。没有这样的理论突破，对于研究可持续经济发展，转变经济发展方式，就缺少足够的理论支撑。

4.2 大系统财富与价值论

4.2.1 大系统价值理论的发生

4.2.1.1 从商品价值到经济价值

马克思主义经济学的价值论原来只限于经济系统，最初仅着眼于商品，即作为人类劳动产品的物质财富。商品的价值，必须由劳动创造，在质上是人类一般劳动的凝结，在量上由社会必要劳动时间来度量，马克思主义经济学的价值论被称为劳动价值论，就是由上述理论所决定的。而劳动价值论覆盖的对象就是商品，因此马克思主义经济学的价值论探讨的就是商品价值。我们可以说，经济价值就是商品价值。

随着市场经济的发展，我们看到，由人类劳动创造的、并且在市场上交换的财富，已经不限于商品物质财富，还有非商品的物质财富和非物质财富。商品、劳务、信息三类，都是劳动产品，都是市场交换对象，都有价值。商品价值、劳务价值、信息价值，成为并列的三类经济价值，它们的价值量的度量方式不一样，但价值本质相同。

上述三类价值，从另一角度来看，又可分为物质产品价值与精神产品价值。商品是有形的物质产品，劳务是无形的物质产品，商品价值与劳务价值都是物质产品价值。信息是精神产品，信息价值属于精神产品价值。但是，精神产品不是全部都具有信息价值，精神产品与价值的关系是一个复杂的概念，有待单独探讨。

4.2.1.2 从“产出”角度的价值观察到“投入”角度的价值观察

社会生产是由“投入”与“产出”两个方面构成的。“产出”的劳动产品都有价值，投入的是生产要素，是否都有价值？如果投入的是机器设备、生产工具一类要素，本身就是劳动产品，是物化劳动，无疑是有价值的。但对于不是劳动产品的生产要素：劳动力、土地等自然资源，是否有价值？本书对此将分别探讨。

马克思在研究社会生产的投入要素时，扭正了西方经济学所谓“劳动”要素概念。“劳动”是过程，根本不是生产要素，将“劳动”当成生产要素，不仅是逻辑上的笨拙，而且掩盖了真实的经济关系。替代“劳动”要素概念的是劳动力，对这项要素，马克思明确提出它是有价值的——就是劳动力价值。但马克思的劳动力价值概念，似乎还是一个经济价值的概念，劳动力的生产过程似乎是一个经济过程。马克思对劳动力价值的分析不多，主要是用来论证剩余价值产生的来源。从对劳动力价值的论述来看，没有太多不同于经济过程的思考。

对于土地等自然资源这些生产要素，传统的马克思主义经济学认为其不是劳动产品，明确认为土地没有价值；只是由于各种生产关系的作用，使其有价格，其被称为“虚幻的价值”。

价值是财富的社会尺度，是经济生活中财富交易与生产发展的衡量工具。19世纪的社会生产，对于劳动资料、劳动力、自然资源，人们只感到作为劳动产品的劳动资料才有供给问题。生产力发展水平决定着劳动资料的供给丰裕与否。而对于劳动力与自然资源，社会与自然界会天然供给，无须人们操心。社会经济中的问题一般都是劳动者是否有足够的就业机会的问题，自然界似乎不存在自然资源供给不足的问题，只有开发水平高低的问题，人们需要度量的不是自然资源本身，而是它如何经过劳动过程转化为原料，也就是原料类劳动产品。于是，经济价值，作为市场上商品、劳动力、原料相互交换的工具已经足够；社会生产发展所要考虑的是劳动产品的供给，有经济价值这个概念已经足够。人们按照价值规律来办事，一切都可符合客观实际。

但是，当社会生产所需投入的劳动力与自然资源越来越需要重新考虑其供给时，这些财富的社会尺度就不能被忽视了。

（1）劳动力是作为劳动主体的劳动者身上的能力，作为生产主体，劳动者越来越有自己的要求。劳动力价值足额补偿越是成为重要的经济问题，就越要跨越经济系统，到社会系统中探析劳动力的生产过程。

（2）自然资源来自社会生产的外部环境，其供给日趋紧张，人们需要度量和交易的不再是自然资源所转化的原料，而是自然资源本身。经济社会发展呼唤着自然资源本身的财富衡量尺度。

于是，与经济价值相并列的另外两个系统的价值理论，就要产生出来。我们将跨越经济系统、社会系统、生态系统这三个系统的价值理论，称为大系统价值论。

4.2.1.3 从来自社会的价值到来自自然的价值

商品价值与劳动力价值都来自社会，其概念已由马克思提出和论证。随着人类越来越重视自然资产，越来越多地在经济生活中有偿使用自然资产，不是劳动产物的自然资产是否有价值就成为对传统价值理论的挑战。一些理论提出了“资源价值、环境价值、自然价值”（都可以统称生态价值）概念，以此构成对限于劳动产品的劳动价值论的否定。马克思主义经济学者一般从两个方面来维护劳动价值论：① 坚持自然资产没有价值，但由于有使用价值、有稀缺性，所以有价格，越是稀缺，越是趋向垄断价格。所以自然资产是宝贵的，不能无偿使用。② 自然资产的价值就是劳动创造出来的，劳动价值论适用于自然资产，生态价值不过就是一种特别类型的经济价值。笔者经过深入研究，从第三个角度来维护劳动价值论，指出劳动价值论只适用于经济系统，而对生态系统要另外创造新的价值理论。不能用理论界原来没有探讨来否定经济系统中已经创建出来的正确理论。三个角度哪个更好、更能解说客观世界，有待马克思主义理论界继续探索。

4.2.2 大系统价值的度量对象：财富

根据价值是财富的社会尺度这个基本定义，大系统价值论首先要对其度量对象——财富作系统性阐述。

在《生态文明与马克思主义经济理论创新》一书的第五章第二节中，笔者将财富分为物质财富、精神财富、生态财富三大类型。在此笔者还要作进一步说明：① 人力资源实际上也是财富，不过这个财富形式较为特殊。它不是社会主体——人类所享用的财富，而是在创造财富意义上的财富。有了人力资源，才有物质财富、精神财富、生态财富的创造。它不是作为社会经济发展客观结果的财富，而是作为社会经济发展主动因素的财富。② 一些论著认为，对社会发展有积极作用的政治经济制度、规则、政策、法律、各种形式的政治文本，乃至组织机构，也应被视为独立类型财富，称为政治财富或社会财富。但是，这类“财富”实在难以在经济领域中分析评估，我们就不纳入经济学科范围了。这类被成为“政治或社会财富”当中有部分形成文本的内容，就被列入精神财富类型当中。

物质财富、精神财富、生态财富除了作为人类所享用的财富之外，还有更复杂的关系：① 精神财富的自身载体是信息，无法独立存在，往往需要以物质产品为最终载体。因此，物质财富与精神财富通常共处于物质资料内。② 建筑类的物质商品不仅是物质财富，往往还包含着生态财富。③ 物质财富与生态财富都是精神财富的重要原料。

4.2.3 大系统价值的载体：社会再生产

阐述大系统价值，要以各种财富的再生产为前提。

中国马克思主义经济学界在对马克思主义经济学的理论创新中，早已阐述了马克思主义的全面生产理论，提出了人类社会五种社会再生产：物质资料再生产、生产关系再生产、人口—劳动力再生产、精神产品再生产、自然资源—生态环境再生产。在《生态文明与马克思主义经济理论创新》一书第七章第二节中，笔者简要地回顾了五种再生产提出的历史。

在五种社会再生产当中，物质资料再生产、精神产品再生产、自然资源—生态环境再生产，分别是生产物质财富、精神财富、生态财富的领域；人口—劳动力再生产是生产人力资源的领域；生产关系再生产并不直接生产任何财富，但它是所有财富生产的社会形式被复制的过程，它对所有财富的生产发展起反作用。

五种社会再生产是对历史唯物主义的另一种诠释。恩格斯在《家庭、私有制和国家的起源》第一版序言中就指出：物质资料再生产和人的再生产是历史的决定因素[①]。它们分别创造社会的客体条件与主体条件。物质资料再生产提供着其他再生产所使用的物质资料，人的再生产提供着其他再生产所需要的人力资源。

从创造社会的客体条件来看，物质资料再生产所依赖的物质生产力，其主体条件——劳动者，由人的再生产供给；其客体条件——劳动资料，依靠本身的成果提供；劳动对象则由社会外部的自然界最终提供。生产力的这三个要素——劳动者、劳动资料、劳动对象——的持续提供，分别发生于人的再生产、物质资料再生产、自然资源—生态环境再生产当中。

从创造社会的主体条件来看，人的再生产除了依靠物质资料再生产提供生活资料外，还必须依靠精神再生产提供精神产品。社会的精神产品分为三类用途：一部分直接成为社会消费享用的财富；一部分成为人力资源的发展资料；一部分成为物

① 《马克思恩格斯选集》第 4 卷，北京：人民出版社，1972 年版，第 2 页。

质资料再生产与自然资源—生态环境再生产的要素——生产信息。

我们将自然资源—生态环境再生产作为社会再生产的一种类型来看，区别于完全不依赖人类社会的自然再生产。自然资源—生态环境再生产是对自然再生产的控制、维护、引导、仿造、再生。这类生产的产品是生态产品，分为三种用途：一部分直接成为社会享用的生态财富；一部分是要尽可能保障自然界向物质资料再生产提供所需的劳动对象；一部分成为精神再生产的“劳动对象”。

以上关系如表 4-1 所示。

表 4-1　再生产和再生产使命的关系

再生产	再生产使命				
	物质资料再生产	人的再生产	精神产品再生产	自然资源—生态环境再生产	为社会消费
物质资料再生产	—	提供物质条件	提供物质条件	提供物质条件	提供物质财富
人的再生产	提供人力资源	—	提供人力资源	提供人力资源	—
精神产品再生产	提供生产信息	提供发展资料	—	提供生产信息	提供精神财富
自然资源—生态环境再生产	提供劳动对象	提供生存条件	提供“劳动对象”	—	提供生态财富

4.2.4　大系统价值论的不完全

从《生态文明与马克思主义经济理论创新》到本书，笔者在马克思等前人的基础上，提出了研究成果是经济价值、劳动力价值与生态价值这三大价值的初步理论阐述。经济价值基本关联着物质财富与部分精神财富（市场化的信息商品），劳动力价值关联着人力资源，生态价值关联着生态财富。

西方经济学把生产关系领域的收入也看成是某种“商品价格”，这种角度为马克思主义经济学所不用。这就说明，生产关系再生产领域不是创造财富的领域，而是一切财富生产赖以发生的社会形式的再生产领域，不会产生任何的价值。至于生产关系再生产领域中出现的有价值（广义）的文本，可以作为精神财富来看待。

现有的价值理论都无法说明全部精神财富的“价值”。如历史与现代所存在的宝贵的思想、理论、文化，都被视为“无价之宝”，既难以垄断，基本为社会成员无偿享用，又无法以某种社会尺度来计量其价值。再如已经市场化、可拍卖的艺术品、收藏品和文物，可以不断出现价格，却不能说这就是它们的价值。我们只能以经济价值理论来解说可复制、再生、市场化的那部分精神财富，而不能以任何价值理论来解说不可复制、再生的精神财富。有人以价值理论的这种不完全来否定已有价值理论的科学性，这是可笑的逻辑。

在这里，我们顺便回击一个似是而非的说法，有人说劳动价值论不能解释艺术品、收藏品和文物，就说劳动价值论不能成立，这就是可笑逻辑的典型表现。劳动价值论是解说经济领域中物质产品（或者说物质性的劳动产品）的理论，艺术品、收藏品和文物是精神产品，不在劳动价值论的覆盖范围。只有可复制、可再生、市场化的艺术品才可以被纳入经济价值中。价值理论不能解说全部精神财富与劳动价值论是否成立完全是两码事。

4.2.5 大系统价值的内部关系

研究“大系统价值运动”，有利于阐述经济价值、劳动力价值与生态价值三者的相互运动。当社会生产创造经济价值时，发生着两种消耗：消耗劳动力价值、消耗生态价值。在社会消费过程中，也发生着两种消耗：消耗经济价值、消耗生态价值，这两种价值的消耗则创造了劳动力价值。生态价值靠自然力来创造，但自然力创造生态价值离不开生态环境条件的维护与恢复，要消耗经济价值与劳动力价值。

三维系统的各种财富不是简单的叠加关系。在《生态文明与马克思主义经济理论创新》一书的第九章中，笔者对经济价值、劳动力价值、生态价值做了初步的创新论述。就其相互关系而言，可作如下简明的概括：① 经济价值与生态价值是总体相逆的关系。如果经济财富总是靠粗放式生产获得，那么，得到经济价值总量越多，耗费的生态价值就越多，留下的生态价值总量就越少。在科学发展中，可以在一定程度上改变两者相逆的关系。② 经济价值与劳动力价值是间接的相互推动关系。当劳动力的培育需要耗费越来越多的物质产品时，只要所耗费的物质产品数量的增加与质量的提高超过所耗费的这些产品价值的降低，劳动力生产的成本就将增大，于是总体上经济价值总量增大将推动劳动力价值总量增加。而当劳动力价值增大，劳动复杂程度增加时，也就推动经济价值增大。③ 精神产品价值有广义与狭义之分。狭义的精神产品价值已纳入经济价值当中，但人们都知道，有大量精神产品无法在市场上以至在经济生活中体现其内在价值。只有市场上实现的那部分精神产品，才会表现为狭义的精神产品价值，即信息价值，而那些超越时空的精神财富，只能从理性上把握其广义的价值。当然，精神产品总量越多，可在市场上实现的精神产品也就越多，狭义的精神产品价值就越大。例如，一部《红楼梦》作为超越时空的精神财富，其“文学价值”从精神产品价值角度看是广义的，但它转化为各类改编作品可以在市场上实现而获得狭义的精神产品价值。随着社会生活水平提高，文化产业在文化需求拉动下不断发展，狭义精神产品价值在经济价值中的比重将不断增大。

4.3 经济价值论

4.3.1 经济价值分析完全遵循劳动价值论原理

经济领域的价值凝结在劳动产品中，分别形成为商品、劳务、技术、信息包含的价值。经济价值在物质资料生产的劳动过程中被创造出来的，开展劳动过程需要主观条件与客观条件，主观条件是劳动者用自己的劳动能力从事有目的的劳动，客观条件是投入劳动过程中的生产资料。在人们简单化的概括下，劳动力、土地等自然资源、投资品，就是创造经济价值的三大要素。其中，劳动力价值创造的源泉，土地和投资品的作用是价值创造的条件。这是一个主观条件借助客观条件创造经济价值的运动，劳动力要素代表生产主体力量的发挥，土地和投资品的作用代表生产客体力量的效率，两方面缺一不可。这三大要素对价值形成的作用，劳动力体现为劳动强度和劳动熟练程度；土地要素代表自然资源，自然资源的丰度；投资品以工具为中心，代表科学技术的水平，投资品的效率。对于价值形成的质来说，价值体现的是人类抽象劳动的凝结；对价值量形成来说，劳动力、土地、投资品的效率与作用，对于生产物质产品的劳动时间都分别起到重要作用。另外，复杂劳动是简单劳动的倍加，劳动复杂程度体现着创造性劳动对价值创造的意义。

4.3.2 经济价值的三维运动

当我们的理论扩展到三维系统之后，就要认识到经济价值的运动同时发生在三维系统当中。

4.3.2.1 经济价值在经济系统中的运动

这个运动是我们熟知的。生产资料与劳动力相结合，通过劳动过程，创造使用价值和价值。在使用价值的创造过程中，劳动作为具体劳动，消耗了生产资料（对于劳动对象，是改变其物理形态，由原料变为产品，这部分是完全消耗；对于劳动工具，是磨损，是部分消耗），由此而转移了生产资料原有的价值；在价值创造过程中，劳动作为抽象劳动，创造了新增价值，并按照社会必要劳动时间的标准获得了一定的价值量。

这个运动过程是马克思在《资本论》中详尽分析了的。实际上，这种分析只涉及经济系统，而劳动力价值本身的运动、生态价值的运动，都没有显示出来。劳动力的发挥过程是创造价值的过程，劳动过程必须消耗生态资源，这些都是从经济系统的运动角度来阐述的。原先主导经济价值运动的资本主义经营者们，一心想增殖经济价值与获得剩余价值，他们只把眼光放在经济系统中，关心着价值如何高效地转移与创造、劳动力如何高效地发挥、生态资源如何保证得到。其余的事就不在他们心目中了。可惜，这种狭隘的眼光，在社会主义经济学者与企业经营者那里也遗传了下来。

如果我们越出经济系统的范畴，经济价值的运动就是另一种含义。

4.3.2.2 经济价值在社会系统中的运动

在社会系统中，从劳动力发挥过程来看，经济价值创造的过程，同时是劳动力价值得到实现、劳动力使用价值得到发挥的过程。① 从劳动力价值实现的意义上看，劳动者在社会系统中通过自身努力增强了自己的劳动力，具有价值，在评定劳动报酬数额时，这个价值得到初步的认可（确切地说是不充分的认可）。但劳动力价值的社会认可是一个长期的过程，劳动者只有在发挥劳动力的过程中，不断地体现其效用，也就是其使用价值，才能保证劳动力价值得到持续的认可或进一步的认可。这既关系到经济系统中的分配问题，也关系到社会系统的人生“价值”。② 从劳动力使用价值发挥的意义上看，这是劳动者证明、检验自己的能力，评估自己的人力资源质量的实践。这两个过程，统一起来看就是劳动者的劳动社会意义与个人人生意义有机结合的过程。在劳动者被雇佣的过程中，其劳动的社会意义很难体现（日本企业管理中，企业主为调动工人的积极性，较为强调这一点，而欧美企业对此比较忽视）；劳动的个人人生意义，由于分工不合理、劳动组织方式不合理、管理方式不当、计酬方式独断等，也大受限制，尤其是"蓝领工人"。为此，劳动者的积极性，在资本主义生产中只能靠纪律惩罚与金钱刺激来调动。③ 经济价值创造的过程，还有可能是劳动力使用价值与价值增殖的过程。劳动者在劳动过程中"干中学"，不断增加经验、提高技能，如果在其中还有培训与再教育，就更能提升自己的劳动力效能了。正常情况下，劳动者整个一生的工作年限，劳动力使用价值与价值的增长应当是一个凸起的曲线，青年时代经验不足，起点较低，随着工作时间的积累，逐步升高，接近老年后，由于生理机能下降与知识老化、更新困难，高度又逐步下降，直至退休。保证这个凸起的曲线，必须排除职业病与工伤的影响。劳动者工作环境与条件越好，劳动力使用价值与价值增值成效就越好。科学发展观将"以人为本"作为核心，强调有尊严的劳动，就是要在经济价值创造运动中，做到劳动者的劳动力价值实现、使用价值发挥、使用价值与价值增值，为此提供相应的一系列工作条件，体现社会系统的优良互动。

4.3.2.3 经济价值在生态系统中的运动

物质再生产过程本身会涉及生态系统，当自然资源被开发成生产基地（农业的耕地、工业的生产用地等）或者原料时，土地与原料就作为劳动产品具有价值，这是生产资料价值，与生产工具是一个性质。从大范围来看，社会生产的价值运动跨入生态系统，一方面经济价值被创造出来，另一方面生态资源被消耗掉，同时其中的生态价值也被消耗掉，这是一个逆向过程。在此过程中，部分生态资源被纳入经济成本，以生态资源的消耗为内容，成为一个经济成本付出与补偿的过程。但不纳入这个范围的生态资源被消耗，其生态价值就没有被补偿。具体内容，将在 4.4 节中详细分析。

4.3.3 经济价值量的经济意义

价值是商品的二因素之一，它在揭示经济关系方面是不可缺的理论工具。但另一因素——使用价值——价值的物质承担者，即物质财富，则对于揭示经济发展的内涵极为重要，也就是这里所说的经济意义。它是指对社会经济实力增强、人民经济生活取得实惠的实际效用。如果某种经济成就，只在宣传上有意义，而对上述实际作用不大，也就是经济意义不大。我们必须从科学发展观的高度，客观分析经济价值量的经济意义。

4.3.3.1 微观上的经济价值量

对于企业这样的市场主体来说，经济价值是其追求的目标，经济价值量增大，是靠努力与竞争成功获得的。企业获得的经济价值越多，企业经济技术实力愈加增强，企业员工得到经济实惠就越多，这是常识。需要注意的是，处理好长期与短期的关系，不要因为追求短期的经济价值量增长而有损长远的发展后劲。

4.3.3.2 宏观上的经济价值量

对于一个国家来说，每年创造的经济价值总量，以 GDP 或 GNP 指标来体现。这个数字，是由全国所有的生产者，主要是企业的各个经济价值量总加起来的，但是，从社会的角度，其经济意义大有可分析之处。

理论上说，经济价值代表物质财富，实际上，只要是生产出来、为市场、为社会所认可的商品与劳务价值，都计算到经济价值总量当中，至于它们是不是财富、是怎样的财富，那就有待分析了。初步分析起来，可计算为经济价值的物质财富，除了人们能够想到的满足正常生产、生活的用途之外，至少有以下几类较特殊的用途：

（1）应对自然灾害的所需物资，以及开展生态环境建设的所需物资。社会必须拿出或储备相当数量的物质财富。对于这方面的经济价值，自然环境好的国家，比多灾多难、自然环境已经恶劣、需要更多生态环境建设的国家，显然要少得多。

（2）部分商品、劳务，用于满足迷信、应酬、落后风俗人情的需求，或用于满足两极分化之后，为瞄准富人钱袋而挖空心思想出的服务而开发出来的需求，例如色情服务、博彩服务的需求。可以说，对于这方面的经济价值，社会环境好的国家，比社会环境恶劣、生活方式不合理的国家，显然要少得多。

（3）有的经济价值的生产规模增大，与欺骗、腐败有着直接关联。例如，反反复复进行的建筑，楼房未到陈旧就拆掉再建，道路未曾损害就挖掉再修，反正人们对楼房与道路的标准总是在提高。于是形成“主观上拉动公司的利润，客观上拉动社会的 GDP”，实际的生产目的来自有关当事各方的利益。产品或劳务的订单不是出于真实的市场需求，而是出于生产单位对掌控财力者的游说。再如，供给者以欺骗方式拉大市场需求。对于没有实际效用的保健品，就算排除其危害因素，实际上等于将社会上的一吨萝卜简单加工之后伪装成一吨人参来销售，在此过程中无论生产总值、市场销售量、货币流通量无不得到增大，唯有消费效益没有增长。这类需求今天呈现急剧上升的趋势，它们多半不违法，难以查出。其生产规模增大的效果是：一方面增大经济价值总量，另一方面严重地损害社会经济的可持续发展。

（4）有的商品劳务是用于不涉及所有制关系的“收入分配调整”，体现在扶助社会贫困群体与提高落后地区居民生活水平。满足这类需求的财力，主要来自政府的转移支付，也包括社会慈善事业。如果社会有抑制两极分化的制度、路线和政策，所有制关系较为合理，区域发展更为科学，政府财政上的转移支付就不用忧虑不堪重负，用于此类需求的经济价值也就可以停留在合理的较低的水平上。

（5）有的经济价值是“为生产而生产”所创造的。这在中国计划经济时期是流行的，在市场经济条件下不可能成为常态，但仍然会发生。其特点是不管最终需求，只考虑中间需求。在传统指令性计划经济体制中，对生产的拉动靠的不是市场机制，而是指令性指标机制。在国民经济计划指标中，反映最终需求的指标来自于遵循最高决策机构的全国性计划机构，在现实生活中，经济增长速度与主要产业发展速度服从于主观上认定的“生产资料优先增长规律”，用于投资的产业增长相比用于消费的产业增长取得绝对优惠待遇，由此决定了全国性的生产与投资。假如最高决策机构要求的一套产业增长速度与总体经济增长速度数字相容并被决定公布，这套指标将被层层分解、层层分担。尽管这一整套产品所满足的需求很不吻合于市场需求，仍然能够有效地付诸生产实践。于是出现了“生产这些产品是用于建新厂的，新厂建成后生产的产品是用于建更新的工厂的”这样的循环投资推动，反正产品生产出来总有出路。于是生产年年增长，人民生活水平却没多少提高。今天我们的市场机制还很不完全，上述“为生产而生产”的情况经常在地方政府一味追求 GDP 或盲目投资决策中出现，由此创造的经济价值，只与社会物质消耗量有关，而与经济福利、经济实力关系很淡薄。

（6）有的经济价值是在“过剩经济”背景下由于新产品、新技术出现而创造的，包括适应新产品、新技术出现而产生的教育等社会性服务创造的劳务价值。这类经济价值对社会生产的有效增长带动作用很大，当然也要有合理的比例。

列举的上述六种情况，第六种是必须创造的经济价值，除体现实际的发展之外，第一、第四种经济价值有必要性，但以有条件的不增大为好，其余三种经济价值是多余的。为此，一国的经济价值总量，并不完全代表能够给社会经济发展和人民生活水平提高的物质财富，当中有许多“水分”，光看表面数字看不出来。我们要分析其中的实际内容，了解经济价值当中的经济含义。联系中国今天的 GDP 不断上升的现象，有识之士是不能盲目乐观的，要分析我们经济发展在多达程度上符合科学发展的要求。

4.4 劳动力价值论

4.4.1 劳动力价值得不到足够补偿是市场经济的内在机制

对于西方经济学以“劳动”作为生产要素、选用“劳动价值”来解说社会收入分配，马克思在《资本论》中提出“劳动力价值”这个范畴，是经济学研究一个重要的拨乱反正。正是这个范畴，对发现剩余价值起到关键的作用。然而，该概念在阐述了剩余价值与资本主义工资问题后，似乎完成它的使命了，其实劳动力价值概念的意义远远不止这个。劳动力是劳动者的能力，它的生产培育本来是一个与人的发展有内在关联的过程，但长期以来，人们只看到劳动力作为生产要素的一面，市场要素交易关系与要素成本掩盖了对劳动力及其价值的正确认识。

马克思提出劳动力价值概念是服务于其剩余价值理论的。这个概念用于论证：劳动力本身的价值，与劳动力使用所创造的价值，两者的差额成为剩余价值的源泉。由于马克思高度关注的是这个资本主义生产的秘密，与劳动力价值的相关内容来不及充分论述，由此致使马克思的劳动力价值概念留下一系列问题：劳动力价值类似于一般商品的价值吗？劳动力交易市场类似于一般的商品市场吗？劳动力价值像一般商品那样被决定吗？本书试图根据马克思主义经济学范式，解答马克思尚未探究的经济学原理。

4.4.1.1 劳动力价值概念的应用场合超越劳动力商品交易

价值是财富的社会尺度，劳动力是人力财富，当然有其价值。

人们一般认为，劳动力价值只与劳动力商品相联系，只有劳动力作为商品放在市场上出售，才有劳动力价值的发生。这一认识，还会进一步将劳动力商品与雇佣劳动制度作为互为关联的社会现象，由此得出劳动力价值发生的前提是劳动力商品买卖成为资本主义生产的条件。

我们对这样的认识有待更正。劳动力作为生产要素，只有在它处于独立小生产的场合，才不用进行价值评估。只要劳动力被社会化地使用，不管是否有劳动力市场，都会有价值评估的需要。劳动力价值概念产生的社会前提是劳动力被社会化地使用。

不错，劳动力商品化是劳动力价值概念产生的最初的社会条件，但即使这个社会条件消失，就算进入社会主义计划经济，社会不存在雇佣劳动及其与之相联系的劳动力商品市场，劳动力价值也不退出历史舞台。原因在于：①即使在计划经济时期，劳动者通过分配录用的方式就业，而不是在劳动力市场上出售劳动力，但也有评估劳动力价值的需要。在实行按劳分配原则中，对“劳”的计算本身就有三种形式：劳动的凝结形式（或物化形式，以计件工资为例）、劳动的流动形式（以计时工资为例）、劳动的潜在形式（以岗位责任工资为例）。其中，按劳动的潜在形式进行分配，就与劳动力价值直接相关。劳动力使用价值的社会分配体现为劳动力与岗位责任的合理配置，其经济杠杆就是确定不同岗位的工资数额，这就是劳动力价值的应用场合。②社会主义经济中剩余价值范畴仍然存在，它跟资本范畴一样具有一般性与特殊性这双重性质。一般性反映了社会主义经济仍然具有资本增殖的性质，特殊性在于改变了它的归属，剩余价值由私人资本所有者分配转为社会分配。按劳分配可以发生在可变资本（V）+剩余价值（M）领域，但在收入分配之前，社会主义的生产需要经济核算，劳动力价值就是经济核算的一个成本变量。在考虑价值的分配与财力的积累当中，不能撇开成本。

当劳动力一方面作为生产要素被社会化使用，另一方面劳动力的使用与劳动者个人利益挂钩的时候，劳动力价值产生的社会必要性就具备了。无论是计划经济还是市场经济，社会主义经济中实现生产资料与劳动者的结合，都要通过劳动者跟公有企业进行“从业工作—劳动报酬”这样的经济交换形式，从而体现生产资料公有制与劳动力个人所有制同时存在。而劳动力个人所有制就是劳动力价值实际产生的直接原因。在劳动者跟公有企业进行经济交换的场合，劳动力价值以劳动力价格（广义）的形式体现。总之，劳动力价值是与个人所有的劳动力的社会化使用相联系的概念，而不仅是与劳动力商品化相联系的概念。对劳动力价值的研究不仅是资本主义也是社会主义生产关系研究的重要课题。

社会要对社会化使用、个人所有的劳动力这个财富予以评估，劳动力价值就是劳动力财富评价的社会尺度，是劳动力的所有者——劳动者个人获得社会回报的重要依据。

4.4.1.2 劳动力交易不可能像商品买卖那样等价交换，双方一开始就不平等

马克思在论证剩余价值产生的源泉时，假定劳动力交易市场供求一致，双方买卖遵循等价交换原则，也就是劳动力的价格与价值相一致。该假定符合人们对一般

商品市场的认识，使马克思对剩余价值来源的揭示撇开了偶然性的干扰。

实际上，该假定不符合现实，劳动力交易与商品交易完全不是一回事，双方一进入交易市场就是不平等的。不管市场是否供求一致，劳动力的价格与价值都不会一致，劳动力价格从来低于其劳动力价值，劳动力价值总是被市场低估，原因有以下三个方面：

（1）劳动力交易主体双方地位滞后于劳动力的供求关系。从资本主义产生历史来看，当劳动力供小于求的时候，劳动力需求方不是依靠市场，而是依靠暴力来强制推行雇佣劳动；当劳动力供大于求的时候，劳动力市场就依靠市场经济本身力量来压低劳动力交易价格。劳动力市场上长期出现供大于求的格局，使得劳动力价格被压低成了社会习惯，即使在局部领域或有的时候劳动力供小于求的时期，劳动力供给方也难以乘机提高自己的交易价格。

（2）劳动力交易双方一开始进入市场就出现强势弱势的差距，劳动力只是被资本雇佣的生产要素。客观的交易格局，就是一个资本所有者面对多个分散的劳动力所有者，资本是一个统一的交易主体，劳动力则分属各个不同的交易主体，除非有像工会这样的外部因素，否则劳动力交易双方完全是强弱不对等的主体。

（3）现实交易中，劳动力不是被卖出去的，而是被租出去的。经济学常识告诉我们，买卖是交易对象所有权的转让，租赁则是交易对象所有权与使用权相分离的前提下，有代价地转让使用权的行为。雇佣劳动制度将劳动力作为资本雇佣的生产要素，这种交易不是根据市场等价交换原则来进行，而是根据“资产折旧”原则。劳动力的租用者付给劳动力所有者的，只是根据劳动力简单再生产必须支出的“折旧费”。可以断言，劳动力租赁说的论断，对于资本主义剥削的揭示，比劳动力的买卖说更能展示对劳动力的“补偿不足”。

社会主义市场经济出现了生产资料与劳动者相分离的经济成分，也出现了劳动者的劳动力被租用的交易，这实际上很难实现等价交换，按照劳动力价值来支付租金，往往是满足“折旧”了事。

4.4.1.3 将社会系统的产物放在经济系统中处理，必然补偿不足

劳动力价值是与商品价值相并列的另类价值，劳动力的“生产”与“消费”都是社会过程的运动。但是，由于社会历史的阶段性，存在着将劳动力的“生产”“消费”与劳动力价值都置于经济系统的客观事实。不仅日常生活未能揭示这一点，理论界也没有认识这一点。

将劳动力再生产限于经济系统，劳动力再生产的代价就只被看作是一种活体力的再生产，而不是人这一社会主体所具有的体力与智力的综合能力再生产。在资本主义雇佣劳动制度下，劳动者的能力再生产如同用在生产中的牛马的畜力再生产一样。假定牛马的畜力能够被其主人当成商品出售，就可以用经济学的术语说，牛马的"劳动力"价值取决于生产与再生产它的生活资料的价值，包括饲料费、棚舍费、小牛小马饲养费、兽医支出以及调教费等。按照牛马的"劳动力"价值来类比，不可能足额补偿劳动者真正的劳动力价值，只能补偿被扭曲的劳动力价值。

进入社会主义时期，人们不习惯扭转"劳动力再生产限于经济系统"的传统思维，仍然满足于将工资与劳动者吃饱穿暖的需要等同起来。

为了打破这个误区，我们首先要认识劳动力再生产的社会性。

4.4.2 劳动力价值体现着劳动者"人的再生产"代价

4.4.2.1 劳动力价值的社会性

劳动力的价值决定不能取决于生产与再生产它的生活资料价值。因为劳动力"商品"的生产与再生产不仅是经济系统的过程，更是社会系统的过程。因此，劳动力价值是基于社会系统的分析，而不是经济系统分析的价值概念——劳动力所有制具有很强的社会系统意义。这里，经济学界必须树立以下三点新认识：

（1）劳动力作为劳动者的能力，不是由经济生活中的"生活资料价值"或者说"人体再生产"所决定的，而是由社会生活、"社会人"的再生产所决定的。人的劳动力的生产与再生产的，除了包括生存所需的生活资料消费之外，还包括文化生活、交际、教育的费用支出，还包括劳动者本人在学习中所耗费的时间和精力，再加上劳动者的社会保障费用。概括地说，是人在其全部社会生活中与物质能力、精神能力有关的耗费所决定。

（2）劳动力再生产需要哪些费用，数量界限如何，都无法只从经济过程的分析得出，正如马克思说的"和其他商品不同，劳动力的价值规定包含着一个历史的和道德的因素。"[①]例如，一个国家的劳动者，需要多少人际交往的花费，包括节庆聚会的活动花费，显然与该国历史传统、风俗习惯有关。再如劳动者作为社会成员，

① 马克思：《资本论》第1卷，北京：人民出版社，1975年版，第194页。

是否参加宗教活动、参加多少，决定着其脱离生产而耗费生活资料的支出，这些都是不可忽略的生活支出，完全由社会环境决定。

（3）劳动力价值不像一般商品那样是被动决定的。一般商品价值取决于生产该商品的劳动耗费，劳动力价值决定也是这样，这一点跟商品价值决定相同。但是，生产某一商品的劳动耗费完全是生产者进行的经济技术过程，商品自身没有生命、没有意识，不会对生产出它的耗费有任何影响。而生产劳动力的主体就是劳动者自身，生产过程是一个极为复杂的过程。既包括劳动者自己的主观努力程度，也包括个人在人生成长中的社会机遇。因此，劳动者对他的劳动力价值量的形成是有主观能动性的。

4.4.2.2　劳动力价值水平与人的发展程度相关

劳动力价值的水平反映劳动者的发展水平，包括生活水平与人的需求发展程度。

从理论上来说，人的需求包括三个系统的需求。其对经济系统的需求，就是通常所说的对生活资料的需求，包括吃穿住行；其生态系统的需求，包括对生活环境的需求、对空气和水的质量需求、对绿色的需求；其社会系统的需求，包括对知识学习与文化活动的需求、对人际交往的需求、对社会政治生活知情和参与的需求。有的需求跨越三个系统，如对健康的需求，就其营养来说是要在经济系统中满足；就其获得人居环境质量的需求来说，是要在生态系统中得到满足；就其获得医疗保健服务与开展体育锻炼来说，是要在社会系统中满足。

上述需求能否满足，取决于社会制度与综合生产力的发展水平。从社会制度来看，奴隶社会的基本劳动者——奴隶，只能获得勉强生存的需求，前提是继续被奴隶主役使。封建社会、资本主义社会中劳动者需求的满足程度，与当时社会的剥削程度相关。社会主义制度下劳动者的生存需求理应完全满足，但在初级阶段（如苏联的卫国战争时期与中国的三年困难时期）、局部地区（如贫困地区）也有严重不能满足的情况。从综合生产力的发展水平来看，社会的物质生产力、精神生产力、生态生产力构成的综合生产力，决定着人的需求本身的内容与供给保障。需求内容总体上随着综合生产力的发展而不断丰富与完善，劳动者的需求就要用更多的花费来满足，其物质、精神、生态的产品保障能力也将得到增强。如果社会经济发展不出现失衡，一个国家劳动者的需求满足程度，从该国历史的纵向对比来看是上升的。符合历史发展规律的现象是：社会经济发展体现劳动力再生产的代价趋向增大，劳动力价值必将得到提高。

4.4.2.3 劳动力价值的创造源泉来自于社会性培养

根据劳动价值论，创造商品价值的源泉来自生产商品的劳动，劳动力价值的源泉与此完全不同。劳动力价值的创造源泉是什么，这无法从经济系统中探寻，只能从社会系统中探寻。劳动力价值的创造源泉来自社会性培养，这个概念，区别于自然性培养。自然性培养是指人的生产当中的自然生理过程，它应当排除于劳动力价值创造之外。社会性培养，是以培育劳动者原生态的劳动力适应社会生活为目的的自觉的过程。在人的意识当中，一个人从婴儿成长到成年，追求某种与就业直接相关的理想目标与人生价值，追求健康、聪明、机灵、有从业的专长，具备上述综合性的能力，为的是在今后社会中谋生、自食其力、有作为，这些都属于社会性培养。

社会性培养有三个层次：家庭培养、自我培养、社会培养。这三个层次就成为劳动力价值的创造源泉。每个劳动者的劳动力，在社会性培养中的社会平均耗费，就构成该劳动力价值的量的决定。劳动力价值创造包括这些环节：家庭抚养、自我学习与锻炼、社会的培育。在古代，前一二个环节的比重较大，越是临近现代社会，第三个环节的比重就越大。在一个现代文明社会，一个人从幼儿园、小学、中学、大学，社会投入的办学力量、社会的学习环境（包括少年宫、图书馆、博物馆、科技馆、夏令营、体育俱乐部），都能对人的综合能力培育起着作用。社会培育的地位与有效性，是一个社会文明程度高低的重要构件。

4.4.3 工资的国民差异就是劳动者发展的国民差异

马克思在《资本论》第一卷第六篇“工资”中，专门用第二十章来分析“工资的国民差异”。马克思说道：“在比较国民工资时，必须考虑到决定劳动力的价值量的变化的一切因素：自然地和历史地发展起来的首要的生活必需品的价格和范围，工人的教育费，妇女劳动和儿童劳动的作用，劳动生产率，劳动的外延量和内含量。”[①]这段话应当被看作是第二十章的纲，其内容是列出了决定工资国民差异的五个因素。但接下来我们就会发现，马克思实际论述的仅仅是最后的两个因素。马克思论述的是工资的国民差异发生在以下两种情况中：① 不同国家的企业生产同种商品

① 马克思：《资本论》第一卷，北京：人民出版社，1975年版，第613页。

但创造的价值不同，这取决于它们之间的劳动强度与劳动生产率不同，也就是在生产者花费的同一劳动时间中，劳动量的内含与效率不同。劳动强度与劳动生产率本身并不直接决定工资的国民差异，这要以劳动的结果——商品生产量不同为媒介，劳动物化形式的差异才决定着工资的差异。② 以不同国家交易不同商品为研究平台，价值决定在这里发生了嬗变：生产率较高的国民劳动在世界市场上被算作劳动强度较大的劳动。由此，马克思提出了著名的国际价值论，即价值规律在国际上的应用。至此，第二十章的内容没有再延伸下去。这一章篇幅特别少，显然，这跟马克思前述的决定工资国民差异的五个因素不相符合，该如何解释呢？答案只可能是：本章没有写完。工资国民差异的完全论述，应当展开五个因素的内容。

正因为缺少对前三个因素的分析，我们就无法解释工资国民差异发生的第三种情况：不同国家的劳动者从事同一种劳动，在没有劳动强度与劳动生产率差别的条件下仍然有很大的工资差别。这一点在当前开放的世界经济中看得很清楚，这种情况成了驱使发达国家对外投资与实施生产国际化的动力之一，也是落后国家吸引外资与发展出口的重要的“比较优势”。这一工资国民差异的背后就是劳动力价值的差异，它来自本章中列举的“自然地和历史地发展起来的首要的生活必需品的价格和范围，工人的教育费，妇女劳动和儿童劳动的作用”这三个因素。简略地概述，相比发展中国家，发达国家的生活水平决定了工人生活必需品的范围较宽，教育费用较多，儿童很少参加工作而是在接受教育、妇女更多地在家中改善生活质量与抚育儿童，这些都使发达国家的劳动力价值较高，这就是马克思在第二十章中本应论述的工资国民差异的原因。我们无法知道为何这一论述在《资本论》中缺失，但逻辑的链条是清楚的：工资的国民差异反映劳动力价值的国民差异，进而反映劳动力再生产水平、劳动者发展水平的差异。由此说明：对于人的发展水平来说，发达国家高于发展中国家。如果我们要赶超发达国家，提高人的发展水平就是一个目标。

4.4.4 正确处理人的发展与劳动力价值的关系

根据以上论述，正确处理人的发展与劳动力价值的关系要有两点认识。

4.4.4.1 当前提高劳动者工资水平的合理性

根据我国的现状，无论哪种分配原则，都需要向劳动收入倾斜。理由是：① 劳动收入有内在的上升依据，但在企业的市场竞争中，不管哪类企业（内资或外资、公有或私有、集体或国家）都有降低成本、增加积累的需要，劳动者的收入被迫服从于这个需要，因而现实当中劳动者收入都是被压抑的。② 劳动力价值（V）得不到足够补偿是市场经济的内在机制，私人企业有追求利润的动机，部分国有企业内部生产关系资本化，扩大了市场经济的这一不公平交易的缺陷。在按资分配中，市场机制尤其对 V 没有足额的补偿。为此，对工资的人为调节普遍出现在世界各个市场经济国家当中。各国颁布的最低工资法，虽然不能保证 V 的足额的补偿，但至少说明了劳动力价值哪怕是部分补偿也离不开人为调节。③ 理论界尚未认识到劳动力生产不是一个经济过程，将其类比于商品生产，只能低估劳动力价值的真正大小。④ 对外开放以来我国一直将低廉的劳动力成本作为商品国际竞争的比较优势，却不知道这个比较优势是以人的发展水平低下换来的。可以有条件地肯定，在社会主义初级阶段长此坚持，只能将我们这个发展中国家陷在低水平发展的泥坑里。

综上所述，经济理论研究理应注重劳动力价值的足额补偿问题，并直接与满足人的发展的需要相联系。因此，劳动者收入分配问题背后涉及的以人为本原则，不是一个停留在道德层面上的问题，而是有着深厚的经济本质。

理论分析给我们的是一个道理就是：社会新增价值的分配要向劳动收入倾斜。这不仅是一个追求公平的问题，更是经济社会发展的需要：① 扩大内需，要靠广大劳动者提高消费水平，劳动收入老是被压抑，扩大内需就是空话。② 转变经济发展方式必须加强创新与提高生产的集约化水平，这都离不开提高劳动者素质，也就是使劳动力生产过程有更多的投入，劳动力价值增大不可避免。劳动力价格过多低于劳动力价值只能损害经济发展方式的转变。③ 建立和谐社会，关注民生，体现中国特色社会主义制度的优越性，必定伴随着社会历史与道德对生活资料范围的扩展，劳动力价值增大正是中国取得发展成就的体现。

4.4.4.2 增强劳动力使用价值生产的合理性

人的发展直接带来劳动力使用价值生产的效果。劳动力使用价值生产包含生理自然过程与社会过程。在社会过程中，教育事业是其中最重要、最典型的方面。本节就以教育为代表来论述劳动力使用价值生产的合理性。

所谓劳动力使用价值生产的合理性，就是社会付出越来越多的代价，增大了劳动力价值，应当带来劳动力质量越来越高的结果。结合我国的实际，这个合理性问题越来越迫切。因为社会上出现的劳动力使用价值生产的误区，扭曲了劳动力社会培养过程。

中国经济社会发展需要越来越多的人才，即高质量的劳动力。劳动力价值的增大也因此成为客观趋势，但我们看到的，这里有非科学发展。① 教育作为劳动力生产的重要环节，理应对人才培养起到良好作用，但当前的应试教育却不利于受教育者成才。② 直接生产领域的高质量的劳动力是中国人才需求的重点领域，它的培养途径是职业教育—生产实习—在岗培训，但多年来体力劳动者待遇过低，驱使着中国的大量家庭正在拥向一根独木桥上：追求学历，脱离生产第一线。③“学而优则仕”的理念占压倒性优势，学以成才不被看好。本来，所谓“仕”，就是官员，也就是社会管理者，本身就应当是管理人才，但追求高学历则不管成为什么类型的专业人才，都要追求，或都被提拔成管理人才，导致大量管理能力不行而专业能力很高的人才被错误配置，这不仅是极大的资源浪费，也是管理水平低下的重要根源。

中国正在发生各种劳动力价值增大而劳动力质量降低的趋势，如果劳动力资源普遍质次价高，整个社会的经济社会发展效率就会很低下。因此，必须从劳动力使用价值生产的非科学性误区中走出来。

4.5 生态价值论

在《生态文明与马克思主义经济理论创新》一书的第五章第二节中，笔者对生态价值阐述了如下观点：① 生态价值是未经人类劳动加工的自然资源与自然环境所内含的价值，存在于自然生态系统当中，体现在经济社会系统当中。② 生态价值的源泉来自于自然力的作用，其实质是自然力的作用与生态财富社会稀缺性的相互关系。③ 生态价值是人类社会对生态财富的衡量尺度，社会劳动是衡量生态价值的尺度。当人类劳动直接或间接地使生态系统得到维护或改进时，凝结在生态系统中的劳动就衡量出自然力创造的生态价值。社会用劳动来替代自然力创造相同或相似的生态效用所耗费的必要劳动时间，就构成了生态价值量。④ 生态价值量决定于补偿机制，当社会消耗掉一定量的生态财富，假定以人类劳动来补偿大自然创造的同等生态财富，补偿中所消耗的必要劳动时间，就是生态价值量的尺度。⑤ 生态价值向经济价值的转化有多种情况，可持续经济发展要求人类社会理性地调节和控制这一转化。

本书在上述观点基础上，对有关生态价值问题进行补充论述。

4.5.1 生态价值是生态财富的社会尺度

4.5.1.1 与生态财富相关的若干概念

与生态财富相关的概念，除了生态价值外，还有生态资源、生态产品、自然资产、生态资本或自然资本。这些概念的含义相同之处甚多，难以全部精确界定或分辨出来。但有些关键性区别仍需要指出。

生态财富与生态资源两个概念基本一致，差别就在于理解“财富”与“资源”的角度。生态财富侧重于享用的角度，未强调开发利用这个侧面；生态资源侧重于利用的角度，强调开发。

生态产品概念要联系自然资源—生态环境再生产。当人类对自然的资源、环境进行维护、引导、恢复、再生的劳动时，产生的劳动成果就是生态产品。生态产品的本质仍然是自然的物质与能量，但它们已经过经济系统的“过滤”，人类劳动凝结在其中。例如，经过人类保护的森林公园里的所有植被与物种，修建水库所储存的水资源、人工建造的树林，就是生态产品。

自然资产、生态资本或自然资本，区别在于“资产”与“资本”。我们一般将已有权属、直接成为经济发展有利条件或作为社会生产要素的生态资源，称为自然资产。国家、地区都有其自然资产，企业也有其自然资产。而从价值增殖角度，可将作为投资品的生态资源称为自然资本或生态资本。在国家与地区层次上，自然资产或自然资本一般没有区别，但对企业来说，区别较为明显，已经占有的自然资产未必就能成为可增殖的自然资本。

4.5.1.2 生态财富的三种形态

在《生态文明与马克思主义经济理论创新》一书的第七章第三节中，笔者阐述了自然资源的三类使用价值：经济效用、环境效用、生存效用。这里要进一步论述到，这三类使用价值分别对应于三种生态财富的形态。

在刘思华主编的中国最早的《可持续发展经济学》一书中，提到了“资源环境的价值”有三种表达方式：实在生态价值、功能生态价值、本源生态价值。对此，我很受启发，但需要作重要更正。根据马克思经济学的价值理论，价值的类型是单一的、统一的，其类型区别的是价值的承担主体。上述生态价值的三种类型，实际是生态财富的三种类型。本书将上述提法改成如下理论：

（1）作为生态要素直接进入社会生产过程而被人类经济活动消耗利用的，是实在生态财富，它具有经济效用。根据其能否自然再生产出来，分为可再生资源与不可再生资源。

（2）不经过经济系统而是直接进入为社会生产与生活、人类自身生产及维护生态系统提供自身功能的生态财富，是功能生态财富，它具有环境效用。不同范围、不同自然条件下的这类生态财富在遭到损耗后，能否替换、恢复，以及恢复到何种程度，要由自然科学来判断。

（3）生态系统的整体为人类以及全部生物、为当代以及世世代代的生存条件提供的生态财富，是本源生态财富，它具有生存效用。如含有足够比例氧气的大气层、防止紫外线辐射的臭氧层、陆地上的水资源总量、地球上某个限度的森林覆盖率等就属于这类。

生态价值不会在这三类生态财富上分成不同的类型，但是，涉及生态财富的计量、转化时，由于价值的承担主体不同，就会出现区别。

4.5.1.3 生态财富与物质财富的关系

生态财富是一切物质财富的来源与基础，对此毫无疑义。人类创造物质财富的过程，同时也是利用、消耗生态财富的过程。在此过程中，三种类型的生态财富起到不同的作用。

（1）实在生态财富主要转化为原料、燃料类的劳动对象，它提供了物质财富的实体与生产所需的能源。在这里发生的过程，是劳动对象越多、自然资源越少的过程，同一物体只能有一种身份，非此即彼。生态财富与物质财富是此消彼长的关系。

（2）功能生态财富可以转化为生产基地与生活基地，前者主要以国土资源形式成为生产资料，后者以园地形式成为生活资料，都可以成为商品，于是生态财富被“改造”成为物质财富，同一物体具有双重身份。但是，在这物质财富新增过程中，生态财富有可能发生两个方向的变化：一是“资产缩水”，二是资产增值。例如，将森林开垦成为农田，生态财富必然是“资产缩水”，而退耕还林，就是生态财富的资产增值。

（3）本源生态财富并不能转化成物质财富，但一切物质财富的创造都要以本源生态财富作为外部条件；而物质财富的生产，只要规模过大，都会在不同程度上损耗本源生态财富。

4.5.2 生态价值与经济价值的互动关系

在分析生态财富与物质财富的关系的基础上，我们来探讨生态价值与经济价值的关系。

4.5.2.1 实在生态财富中的生态价值与经济价值的互动

对于实在生态财富，如此前分析，既然生态财富与物质财富是此消彼长的关系，那么衡量它们的生态价值与经济价值也是如此。纵览世界经济，一方面经济价值不断被创造出来，另一方面生态价值不断被消耗掉。在这个总体运动背后，要消耗多少生态价值来创造一定量的经济价值，取决于物质生产中的能源利用率、原料使用率。生产技术越是集约型的，就越能够少消耗生态价值来多创造经济价值。

假设将科技发展水平固定，按照现有科技水平就能确定地球上可作为生产要素的自然资源总量，生态使用价值的总量由此确定，生态价值的总量也可以计算。那么，我们完全可以肯定，随着经济价值总量的增长，生态价值总量会越来越少。生产规模越大、经济总量增长越快，离生态价值消耗殆尽的前景就越近。等到生态价值总量很少的时候，经济价值的增长就要受阻，被迫放缓、停滞。这种被动的制约，后果是可怕的。

这明显就是一个我们必须避免的不可持续发展的结局。破局的关键就在于科技发展水平固定的假设不是真的。社会经济发展带来科技水平提高后，人们将越来越多的自然资源开发利用，使之转化为生产要素。根据自然科学的能量、物质守恒与转化规律，理论上自然资源开发利用没有边界。但问题在于，科技发展带来的实在生态财富，其增长速度能否赶上社会生产正在消耗的实在生态财富？如果赶不上，那么结果就是青黄不接。我们面临的传统化石能源能否被新能源替换，就是这类问题中最严峻的一个。

4.5.2.2 功能生态财富中的生态价值与经济价值的互动

对于功能生态财富，如此前分析，它被“改造”成为物质财富，同一事物具有双重身份。那么，当经济价值不断被创造出来时，生态价值仍然存在，最多可能贬值。于是，作为生产生活基地的同一事物就具有双重价值，正如一块农田，一片花园，同时可以用经济价值与生态价值来衡量。看来，我们似乎不必为经济价值的不断增大和生态价值的减少而烦恼。

然而事情并非那么简单。前面说过，在物质财富新增过程中，生态财富有可能发生“资产缩水”或资产增值两个方向的变化，因此当经济价值不断增大之时，生态价值的减少是很有可能的。当人类创造物质财富的经济战略、方针、政策错误的时候，功能生态财富被“改造”成为生产生活基地类型的物质财富，同样可能发生经济价值总量增长而生态价值总量减少的情况。

更严重的是，地球上的功能生态财富是有限的。有史以来，人类不断开发荒原、山地、湿地，让越来越多的功能生态财富改造成为基地形式的物质财富，现在已接近极限，再往前，就是沙漠、戈壁、石山、高寒山区等很难被开发的地方了。这时，开发的成本将越来越大，有限量的基地形式的物质财富被赋予无限膨胀的经济价值。另一方面，生态财富在“外壳不变”、内涵方面在妨碍野生动植物生存、物种灭绝日趋加快的意义上严重缩水。经济价值与生态价值相逆的趋势，将不亚于实在生态财富。

有史以来，人类在生产基地上耗费的环境面积远远大于生活基地上耗费的环境面积。科技发展，使既定生产规模下所需基地的环境面积减少，或者说在既定的环境面积上达到的生产规模增大。这就是内含扩大再生产。最明显的是在农业方面，土地生产率的提高反映了农业生产技术的进步。随后在工业、物流业等产业，观念超前者十分注重土地生产率，而我们许多开发区的管理者对此毫无意识，对土地供给宽打宽用，将土地的优惠价格视为土地实际的二重价值（经济价值与生态价值），他们迟早要吃苦头。如同实在生态财富的利用一样，科技进步带来的功能生态财富的节约，很可能赶不上人类物质生产规模增长的速度。

我们还不能忽视，实在生态财富与功能生态财富有着正相关关系。没有足够的功能生态财富，也就提供不了足够的实在生态财富。科学界已经指出：物质生产越发展，人类生活水平越富足，所需的自然资源就越多，生产生活基地面积也就越大。于是科学界提出了“生态足迹”这个概念。从“生态足迹”概念入手，我们已经看到了与功能生态财富相对应的、有限的、以贬值为主的生态价值，其难以支撑不断增大、膨胀的经济价值。

4.5.2.3 本源生态财富中的生态价值与经济价值的互动

对于本源生态财富，它与人类的生产生活没有直接关系，它是世界一切生物生存的外部条件。从这个意义上说，这类财富的生态价值很难得到足额计算。人类社会经济价值的生产与这类生态财富的生态价值之间发生如下关系：① 自然科学提供的事实表明，人类经济发展已经严重地损害着本源生态财富，与此对应的生态价值也急剧减少。于是形成这一链条：世界经济发展—地球上的自然环境趋向恶化—本源生态价值总量减少。② 为了维护人类的生存条件，一方面，人类努力维护地球上的基本生态环境，开展了保护臭氧层、大气层、海洋生物资源、热带森林资源等的工作；另一方面，人们开展了多种改善环境的建设活动，由此耗费了大量劳动，也就消耗了大量经济价值。其中，只有很少部分能够再形成经济价值，大部分会通过恢复生态系统功能来重新增加生态价值。

4.5.3　可持续发展目标下的生态价值与经济价值互动

通过以上分析，我们可以归纳出在可持续发展的目标约束下生态价值与经济价值的总量关系。

（1）物质资料生产的主要过程是将实在生态财富转化为物质生产要素即劳动对象的过程。为保持可持续发展，必须不断提高社会生产生活对生态财富的利用率，为此要做到：一方面保持可再生资源的自然更新与永续利用；另一方面保证科技进步能够将更多自然资源开发利用，使不可再生资源的消耗有新的种类替代。这样，就可以实现以实在生态财富为承担主体的生态价值总量非减。而经济价值的增大，不再伴随这类生态价值的减少，而是通过劳动复杂程度的提高、产业结构的升级来实现。

（2）物质资料生产与社会生活的进步，都会占用、损耗更多的功能生态财富。为保持可持续发展，必须做到：① 控制对功能生态财富的占用与损耗，这主要靠控制人口数量来达到；② 科学开发尚未利用的环境，尽量保持原有的生态功能，维护与恢复已遭到损害的环境，增强环境的生态效用，使环境利用方面的经济价值得到新增的同时，保持原有的生态价值量；③ 通过科技进步，提高空间利用效率，争取在不减少功能生态价值的目标约束下增大经济价值，体现集约型增长与内涵扩大再生产的水平。

（3）维护全人类的自然生存条件，维护地球上的本源生态财富，是一个要用举国之力、举世之力来开展的行动，属于自然资源—生态环境再生产。可持续发展的目标是保持生态价值非减，而对经济价值，肯定是消耗多再生产少，社会将用其他方面创造出来的经济价值来支撑和维护本源生态财富，在量力而行的基础上，高度重视开展自然资源—生态环境再生产，特别要约束物质资料再生产和生活消费对人类自然生存条件的损害。应当知道，消费对于可承受的一定量经济价值、维护本源生态财富使其生态价值总量非减，具有直接的效果；而通过维护生态财富的努力，保证人类社会生产生活的正常条件，防止自然灾害、环境退化对经济价值增值的障碍和抵扣，是不可忽视的间接经济效果。面临世界各地每年、每天都在发生自然界引起的经济损害，人类社会不得不付出巨大的代价来维护自然生态条件。

第5章

生态马克思主义经济学的实践主题

从唯物史观来看，无论是贯彻科学发展观还是实施可持续发展战略，都不会是一帆风顺的。虽然生态经济的领域主要涉及的是人与自然的关系，但在具体的问题上，都牵涉到人们的利益与认识两类问题，涉及人们深层次的社会观念问题。可以说，当生态马克思主义经济学的理论与实际相结合的时候，我们看到的是社会行为问题。

5.1 实践生态马克思主义经济学的难度与依据

5.1.1 实践生态马克思主义经济学的难度

马克思主义为人类指出了科学的发展途径，指明了“两个解放”（人的解放与自然的解放）的道路。作为马克思主义思想体系的一部分，生态马克思主义经济学的侧重点不在“人的解放”这方面，而在“自然的解放”。它要求为了实现人与自然的和谐，必须改进人类的社会行为。但是实践生态马克思主义经济学有着极大的难度。难度在于：人类已经形成并不断强化着工业文明时代的社会生活模式，包含着生产、生活、制度、技术、思想观念。改进人类的社会行为涉及很多、很深的问题，许多问题的解决至今看起来仍然找不到可行办法。

实践生态马克思主义经济学，在我国已有多条途径：贯彻可持续经济发展战略（我国实施人口、资源、环境协调发展的可持续发展战略），走新型工业化道路，实践科学发展观，开展社会主义生态文明建设，建设“两型”社会……。其共同点，就是经济发展与生态保护相协调。做到这一点，不是单纯改变经济发展模式的问题，也不是一个技术层面的任务，而是追求政治、经济、社会、文化各个领域可持续发展的整体变革，包括思想与制度。生态问题绝不是一个单纯的自然问题，而是一个深刻而全面的社会发展问题。

实践生态马克思主义经济学的难点可归结为两个方面：① 代表社会前沿的思想理论尚未有明确统一认识；② 社会各层次由于现实利益与生活习惯，不愿真正实践生态要求。

从 20 世纪后半叶以来，代表社会前沿的思想理论取得了三大共识：① 工业化以来的世界经济发展，已经造成了威胁人类生存的生态危机。② 为了解决生态危机，必须改变经济发展自身对自然资源的高消耗，对自然环境的大破坏，为此要有发展方式的改变。③ 解决生态危机要靠全人类的共同行动，各国对此要有联合。但是，仅有上述共识是远远不够的。思想理论上的分歧不少，例如，主张零增长与反对零增长的分歧，人类中心主义与自然中心主义的分歧，技术乐观主义与技术悲观主义的分歧，等等。最主要的是，马克思主义认为，必须共同完成自然解放与人的解放才能最终解决科学发展的途径问题。因此，国际共产主义运动与可持续发展道路是正相关的，在资本主义制度框架内不能创建生态文明新时代。这个认识，并不为西方意识形态所接受。与生态马克思主义经济学的立场、观点相对立的，实际上是致力于构建“生态资本主义”的尝试——这是一种避免“红色”变革，只要“绿色”变革的思想观念。

除了认识上的分歧之外，人们的生态经济或绿色发展理论，都没有完全具体指明达到可持续发展目标的基本途径。在这个方面，呈现的是两头强、中间弱的态势。“两头”强指的是：① 对可持续发展观的理想与论证，有关人与自然和谐的必要性及目标的论证汗牛充栋；② 体现可持续发展经济的具体对策层出不穷，对于各项实际行动有着多方面的指导。中间弱指的是：践行可持续发展观所需改变的生活方式，追求可持续发展目标的生产力发展基本途径，实现可持续发展经济的社会机制等都存在重大问题。

明知可持续发展观却不愿付诸实践，来自以下三个层次：

（1）从国家层面来看，国际上的国力竞争与地位争夺十分激烈，增强国家实力的捷径，就是沿袭而不是更新现有的技术发展模式与经济发展路线。

（2）从地区或企业层面来看，它们都代表一个局部范围的利益，在遵循生态要求方面临着如同计划生育一样的博弈：大家多生育就共同倒霉，大家少生养我也要付出，别人都少生养，只有我多生养最有利。于是，大家都不降耗减排共同倒霉，大家都降耗减排我也要付出，别人都降耗减排，只有我例外最有利。但这种博弈的主观动机只能是一相情愿的，实际发生的结果必将是各个主体对于遵循生态要求不同程度地打折扣，最终导致全局范围内的生态目标得不到落实。

（3）从个人来看，个人是社会的一员，社会由无数的个人组成，每个个人对社会的影响又很有限。遵守生态文明的规范，也如同其他道德一样，个人与个人之间良莠不齐。不同国家、地方的生态文明发展程度不同，各个局部社会中的社会成员遵守生态文明规范的比例也不同。一部分社会成员出于自私、方便或者无知，不愿遵守生态文明规范。法律法规的制约、道德规范的要求，还不能全部覆盖个人的社会行为。

5.1.2　实践生态马克思主义经济学的依据——社会调节

5.1.2.1　社会调节是历史进步的重要动因

实践生态马克思主义经济学与历史形成的社会生活模式相矛盾，在很多人看来，这就是现实，现实似乎只能迁就、适应，不能改变；这种保守观念必须突破。人类社会发展沉积下来的事物也要由人类自己来改变，对此不能顺其发展，必须调节。人类有目的的社会调节是历史进步的重要动力。

生态马克思主义经济学的重要理论价值，就是要求对人类的行为进行调节。迄今以来，人类社会的发展，本来是社会群体利益推动的合力产生的结果。可持续发展观要求人类社会的发展走可持续发展的道路，用理性即对未来负责的态度来规范所有的发展行为。

人类社会可持续发展的最大思想障碍，就是一种认为生态经济的规范要求“做不到”“不实际”的世俗偏见，甚至将系统推行生态经济规范要求的社会举措视为一种“疯狂的社会实验”。这种偏见导致人类只能放弃理想、随波逐流。这里从两个方面来批判这一偏见。

社会发展是客观世界多种合力的结果，是客观规律作用的表现。人类能够通过正确认识客观规律来获得理想规范，也能够通过正确认识客观规律来引导社会发展。从部分人的先进意识到社会共识，是一个辩证发展的过程。否认这个过程，一切“顺其自然”，在改变现实状况上无能为力，是不可取的。

从马克思主义的历史眼光看来，人类历史产生以来，调节就是历史前进的重要因素，社会越向前发展，调节就越自觉，这是大量历史事实所能证实的。社会领域中的客观规律不同于自然规律，它不是人自身以外的规律，而是由不同层次的人的行为组合成的规律。个人行为是一个层次，家庭或家族行为又是一个层次，各种集体、社会集团、社会共同体直至国家的行为分属于不同的层次，整个人类、当前作为“国际社会”表现出来的行为则是最高的层次。调节的含义，就是人们根据各种实际情况、客观规律来校正自己的目标、调整自己的行为，使之不断地在客观规律的约束下实现自己的理想要求。

5.1.2.2 人的二重性是两类调节的依据

生态马克思主义经济学有关“人的二重性学说”，打破了社会经济活动只能是顺应人的自私本性的观念，为人类按照客观规律的理性调节提供了前提。

（1）作为自然生态人，人的调节发生在“人的生产”过程中。“人的生产”包括人的个体自身的生产与人的群体生产。人的个体自身的生产，一方面，与动物个体生产过程有相同的新陈代谢，吃喝成为基本的消费需要；另一方面，又有生存于社会的人特有的消费需要，但社会性的消费需要也是立足于自然生态人的属性的，如穿着、居住、交通。这些消费行为围绕人的个体自身生产而发生，随着物质生活水平的提高越来越丰富多彩，但副作用不断产生。人的调节就是在日趋丰富的消费中不断认识和避免所产生的副作用。无论节制饮食、以步代车，都是这一调节的表现。

人的群体生产内容很复杂，其中婚姻生育是最关键的一环，人类对其调节是重要的社会行为。恩格斯早在《家庭、私有财产和国家的起源》中，就论述了在人的生产过程中，人类的婚姻形态依次经历了从群婚制到对偶婚制、再到一夫一妻制的历史。每一次这样的进步，都是人类对自身性行为进行调节的结果。而且，在各个民族中，都有对自己的生产生活进行制约、保护生态环境的规则。

（2）作为社会经济人，人的调节可分为不同类型。

- ☞ 个体的调节：西方经济学理论中的“经济人假设”实际上就是在这个层次上。这个假设认为人在社会经济活动中都追求自身利益的最大化，且只有在自利的追求中才发生利他的客观效果。按照这个假设，虽然人的本性自私，但为了达到自利的目的，可以用利他的行为作为手段。实际上，以利他的手段实现自利的目的也要区分短期和长期的过程。短期过程就是现期交易，"一手交钱一手交货"；长期过程就是通过种种方式博取商业信誉，使自己以长期"为社会做贡献"的支出换来丰厚的回报。而无论是短期过程还是长期过程，都离不开人对自身经济行为的调节。更重要的是，上述个人行为的"自利""他利"的解说，无论怎样头头是道，也只能覆盖部分而不是全部。因为人的行为受到各种各样的道德观（包括宗教观）的制约、引领，并非在社会经济活动中都追求自身利益最大化，而对个人行为起决定性作用的道德观（或宗教观），不是出于人的"本性"，而是社会生活的产物。对社会生活的调节当然对个体行为的调节发生作用。

☞ 各个层次的社会群体，小到两三个人的集体，大到整个国家：在这个层次，"经济人假设"必须让位于"社会人假设"，"人的本性自私"这个命题不再适用了。为了共同的利益，人们就要自觉地限制自身的利益，"公而忘私"经常成为社会群体生存、发展的必要条件，群体中的人要在不同程度上调节自己的行为。有人会说，群体可以制定出规则，用以鼓励那些奉公克私的行为，惩罚那些损公肥私的行为，还是符合"人的本性自私"这个经济人假设。但是，规则是无法完全达到这个目的的。规则既不能覆盖人的所有行为，也不能做到完全的公平。社会群体必须在规则之外，通过伦理道德来调节群体内部公私利益关系。一旦道德发生作用，人就不再只是经济人，而同时是社会人。当然，"社会人"所具有的"为公"的程度，要依据群体本身的范围，范围越小，"为公"的程度就越低。在这个层次上，最大的"为公"就是爱国主义。通过社会学理论，我们可以知道，任何一个群体，调节群体内部公私利益关系的能力越强，奉公克私的比重越能大于损公肥私的比重，这个群体就越能发展，越能达到强有力的水平。一个自私成风的群体，不管有多少感人的道德典范、有多么严厉的规则，都无法消除其巨大的内耗。

☞ 整个人类，包括代内与代际：在这个层次，"社会人假设"必须让位于

“既是自然生态人又是社会经济人”假设。共产主义理想的出现，体现了“解放全人类”的目标，这是以整个人类为最大利益的追求。而生态马克思主义经济学的理论，揭示了人类与自然界“两个解放”相互统一的原理。在这个层次的调节，代内与代际是一致的。很难想象，一个关心全人类利益的人不会关心人类的子孙后代。这一调节需要最大的责任心，涵盖了对他人、对其他民族、对后代负责任，集中点就是追求可持续发展，建立生态文明。

5.1.3 生态马克思主义经济学的实践构成

生态马克思主义经济学的实践构成包括目标、机制、备件。

5.1.3.1 生态马克思主义经济学的实践目标

生态马克思主义经济学的实践目标，体现了“以人为本”的核心，是跨越社会界与自然界这“两界”的本质要求。社会界的本质要求是人的全面自由发展，自然界的本质要求是可持续发展，这两个本质要求是统一的。具体来说，我们从学科上将“两界”分为三个系统，以便于研究。在社会系统，我们的目标是在“人的再生产”领域使社会成员获得最满意的医疗、教育、养老、文化服务，得到最符合人的本性的劳动条件与就业机会，得到最能体现社会权利的政治参与社会安全；在经济系统，我们的目标是在“物质资料再生产”领域实现公平与效率的最佳结合，使社会整体与个人得到充分的物质财富，过上富足而健康的生活；在生态系统，我们的目标是在自然资源与生态环境再生产领域达到资源永续利用、环境保持良好的状态，人们生活在山川秀美、空气洁净的大自然中，自然灾害减少到最大限度。

上述三个系统的目标不是孤立存在的，而是相互联结的，社会系统的目标规定着经济系统目标的目的性，也为其他两个目标提供人力条件；经济系统的目标提供着其他目标的物质条件；生态系统的目标是其他系统目标的约束与承载力。实际上，生态马克思主义经济学实践的是社会、经济、生态三位一体的目标，要追求的是这三者的共赢。

在社会历史发展进程中，三者的追求、条件与约束是相互制约、相互促进的。① 追求来自主观方面，即人们的价值观念。生态马克思主义经济学与有利于可持续发展和生态文明的一切思想理论都是所需价值观的理论基础。② 条件是三个系统在实现目标上所达到的水平，包括：社会成员在生态经济方面的认知水平、智慧与实践能力，社会在生态建设方面所具备的物力、财力和科技水平，社会在自然资源与生态环境再生产方面的已有成就、经验基础、自然资产（如森林）的积累等。③ 约束来自客观方面，即包括人类在内的自然界的资源供给能力、净化能力、承载力。总览以上元素，生态马克思主义经济学的实践目标，就是在承认自然生态约束的前提下，依照现实的社会经济发展与生态建设水平，遵循可持续发展和生态文明价值观去追求人类与自然发展的理想目标。

以上所述生态马克思主义经济学实践目标的逻辑分析，应当遵循社会经济发展目标的实际形成过程。

社会经济发展目标是由恩格斯指出的“人的三个需要：生存、享乐、发展”综合而成的[①]。

生存需要取决于在当代人所处的社会经济环境中人们满足基本生理上的物质性需要，主要包括人的吃、穿、用、住、行以及医疗等需要，再加上环境安全的需要——各种自然灾害不仅对人类的生产造成破坏，也直接危害生活，人类必须躲避和抵御来自环境灾变对自身生存的侵害。另外，对社会成员个人来说，满足生存需要主要来自两大途径：通过从业和家庭关系来获得生活资料。为此，与这两大途径直接相关的需要，都是生存需要的派生需要。前者包括满足就业的居住地迁徙、职业性教育、信息获取、经费垫支等，后者包括建立家庭繁衍种群的婚嫁、抚育、养老积蓄、丧葬等需要。

享乐需要是在当代社会所能提供的物质条件下，给人们带来感官上、精神上的快感的需要。享乐需要一方面是生存需要在质量和数量上的高档化，如吃、穿、用、住、行当中更舒适、更高级的消费，另一方面是高雅或低俗的娱乐活动。

发展需要是围绕提升、改进人本身能力、性情的物品或服务的需要。人们常说的“智商、情商、健商”方面的培育，属于这类需要。社会上的学习、研究、文学艺术、博览、体育等基本属于满足发展需要的活动。旅游兼有享乐与发展两种性质的需要。

除了物质条件，业余时间（闲暇）是满足享乐需要与发展需要的基本手段。就我们当代所处的阶段而言，以上三类需要的实现程度应当按以下方式表述：

① 恩格斯：《自然辩证法》//《马克思恩格斯全集》第 20 卷，北京：人民出版社，1971 年版，第 653 页。

（1）生存需要。我国现有的生产力发展水平已经能够普遍满足全体人民吃、穿、用、住、行等基本生理上的物质性需要，不能普遍满足的只是医疗需要。然而，由于土地供给的制约，我国居民的住房问题、交通出行完全处于供不应求的状况，且很难通过生产发展与财力增长来解决。由于社会经济机制、社会风俗习惯等原因，存在着物质财富浪费与温饱难以解决两者并存的现象；由于社会服务与分工状态的缺陷，许多场合人们的生存成本人为增大。而自然环境的恶化更使受灾地区居民的生存需要得不到保障。对全体人民生存需要的最大威胁就是两极分化。

（2）享乐需要。改革开放前对全体人民的享乐需要过分限制，产生了负面效果，有损社会主义优越性的体现。此后逐渐发生了过度享乐，对人的再生产必然产生不利，这就产生了一个人自身的生态需要的问题。现在社会要倡导用更多精神享乐替代物质享乐。但无论哪一类享乐需要，只有在适度的意义上才是合理的。破坏全社会合理享乐需要的最大问题就是主要由腐败导致的奢靡之风与“酒文化”，这些享乐的沉溺往往同时破坏他自己的“生存需要”。

（3）发展需要。以教育为代表，现在社会已无须省吃俭用来满足这一需要的数量，但亟待提高它的质量，亟待建立和实现公平教育的机制。由资本逻辑导致的各种不良机制妨碍教育的发展，必须克服发展需要的满足途径遭受金钱污染。

综上所述，推进社会经济发展的重点，已不是追求满足三大需要的总体财力或物质成果，即“做大蛋糕”，而是解决人与自然的矛盾、社会矛盾、人类自身的矛盾所引发的不平衡。

5.1.3.2 生态马克思主义经济学的实践机制

生态马克思主义经济学的实践要求，竞生机制、共生机制、自生机制须共同形成。我们先分别阐述这三种机制。

（1）竞生机制。在生态经济实践中，竞生机制比竞争机制更广泛，它包括三个环节：① 适者生存，只有适应环境者才能生存下来，对整体、局部与个体来说都是这样。人类社会面临着生态危机，如果我们不适应这个具有生态约束（资源供给有限、环境容量有限、生态需要平衡）的世界，还是一味按照人类自己的偏好来发展，被自然淘汰的前景是不可避免的。人类历史上不乏某些民族被自然环境恶化所淘汰的先例。认识与调整就是适应的行为。按照生态马克思主义经济学的理论来认识发展的极限，按照可持续发展的生态经济要求调整自己的行为，才能适应外部环境。整个人类是这样，一个国家、一个区域、一个城市、一个单位也是这样。当然，国家、区域、城市由于不适应环境遭到的淘汰，并非意味着灭亡，而是在经济社会发展与人的自身发展上受挫，无法自立，要靠外援才能生存。② 优胜劣汰，这个在市场经济中针对市场经济主体适用的原则，当然是不能任意扩大它的作用范围的。对于生态经济实践来说，它是一个针对社会规则而言的原则。国家的法律法规、战略规划、方针政策、企业行为、社会风尚、习俗习惯，凡是不利于生态经济要求的，必然导致这个国家的竞争力低下，国际地位或幸福指数下降。必须通过构建最佳的初始规则、根植更新机制、调动群策群力开展社会监督、保持社会活力等办法，使不良的规则体系被淘汰出局。当然，优胜劣汰是一个过程，这个过程越顺利，其效果就越好。优胜劣汰的进展状态反映着适者生存的发生状况。③ 标杆效应。在经验和教训的双重影响下，优良的行为规则将成为标杆，生态经济实践中的优良的行为者将成为效法的榜样，落后者将追赶先进者，先进者将受到鞭策的压力更上进。如陈景润的执着成为求学者的学习榜样，背后有"文革十年"在学界碌碌无为的衬托；张海迪的奋进成为身残志不残人士的学习榜样，背后有无数残疾人一生缺乏理想追求的对照。在生态环境保护领域也需要有这类学习榜样。

（2）共生机制。在生态经济实践中，共生机制反映了各相关主体在运行上相互依赖、在作用上相互补充、在联系上相互协调的内在动力。社会上各个地区、各个组织与个人，都会有这样那样的空间联系，处于这样那样的生态系统中，面临这类那类的物质能量转换或流动，客观上存在着生态、经济、社会的共生关系。社会调节理应让当事人首先要相互照应，顾及牵涉他方利益的行动效果。当他们能够有某种联合、合作来采取共同行动、遵守共同规则时，就能够产生良好的共生效应，促进所处的生态系统向着有序、协同、进化的方向发展。依据合作的需要、层次的不同，对合作对象的选择也不同。要使共生机制发生，首先要认识相互间的相关性与共同利益，在此基础上寻求合作、协调的方式，实行相互提携的共同行动，最后结成互利共存、优势互补的具有共同目标的利益共生体。在这一过程中，通过舆论宣传，推动共同的生态价值理念形成，是个强有力的手段。生态经济实践的共生机制，必然要求各相关行为者将实现共同目标的利益放在第一位，大道理管小道理；要求信息互通、经验交流。在社会经济中通过共生网络的生成、交易关系的持久、资源的共享、知识的溢出，形成持久的活力，促进共同体的进化。

（3）自生机制。该机制是一种能够产生自觉行为的机制。社会所规范的生态经济要求是否为全体成员或各个局部所遵循，关系到社会的生态经济目标能否实现。

社会一般的运行靠的是形成规范后实施的自上而下的监督，在完全没有自觉行为的状态下，这样的监督成本将难以接受。让各方有接受共同规范的自觉行为，前提是规范本身能产生很强的公益性、公正性，对各方具有很强的说服力，反映各方的最大利益。生态经济的自生机制的生成，往往要借助最初强有力的外部压力。前提与手段的结合，就会有自生机制生成的过程。以企业—政府—居民三者的博弈为例。企业的生产污染损害了居民的利益，企业根据以往的经验，知道强硬的拒绝会留下把柄，于是采取软拖的方式，使污染问题长期不得解决。于是居民转而向政府提出干预诉求，政府由于听信企业虚假的陈述，没有实际解决的行动。居民长期无法通过合法手段解决污染问题，企业的污染损害不断加剧，居民忍无可忍，采取偏激手段对付企业，政府出于维稳而执法，受打击者将不是企业而是居民，企业得到可继续污染的自由。这样的过程，促进了一个最不利于企业遵守生态经济要求的“自生机制”。它会让每个损害居民环境利益的企业，都会自动生成对居民软拖、对政府哄骗的行为。反之，如果有一个能实际测定环境损害的标准、能约束政府不作为的法规、能限期解决问题的清晰规定、能将政府考核与环境状况挂钩的措施，那么，政府将不会对环境污染有放弃实际行动的表现，企业不能凭借虚假的承诺来软拖长久不能解决的问题，居民也不会对合法解决问题产生绝望的心理。只要拒绝解决环境污染的企业总是受到重罚，在大量这种良性例证的影响下，任何企业都会采取一种明智的方式——在污染产生前后及时解决。有学者提出，让各类行为者遵守生态经济要求，需要“大棒、胡萝卜、牧师”三种手段——这是对违规的惩罚、模范的奖励、信念的灌输三者的比喻。其中，“大棒”是开路机，缺此什么也谈不上；“胡萝卜”是辅助手段；“牧师”是长效机制，也是以那两个手段为前期工作的跟随办法。没有惩罚和奖励，信念灌输只能对少数行为者起作用，多数人却将此挂在口头上。

竞生机制、共生机制、自生机制的共同作用，将使社会成员的行为不断朝着生态经济的规范加以更新。如同与工业文明伴生的市场经济催生出“经济人”一样，生态文明伴生的理性社会需要催生出一个现代的“新人类”——“生态人”。实践和实现生态马克思主义经济学的要求是不容易的，社会应当也能够通过相应机制的培育、塑造，使其能够实现。

5.1.3.3　生态马克思主义经济学的实践备件

备件，就是能够成为实现目标的必备条件。具备生态马克思主义经济学的实践备件是硬件（科学、技术、资源、资金）、软件（体制、规划、组织、管理）、心件（思想、伦理、认知、信仰）三个手段的同步改进。

硬件直接来自生产力的发展。从古到今的历史过程，生产力发展一方面损耗自然资产，另一方面又生产和积累了人造资产。在人造资产中，需要有一大部分用于维护生态平衡。科学让人们认识了人与自然关系，指明了可持续发展的路径；技术给人们实际维护、恢复自然资产的物质手段，科学技术的重要功能就是提高永续利用、不断开发自然资源的能力；资金给人们实施上述行动的财力。所有硬件，都取决于社会的物质资料存量与增长态势，以及使用物质资料的人的智慧。然而，作为生态经济的硬件，不仅要依靠生产力发展水平，而且越来越依靠生产力发展的方向。错误的导向会使财力的运用出现与主观愿望相反的效果，不合理的资源开发将加剧生态失衡，科学技术的不正确应用会带来人们意想不到的后果，私利会促使越来越多的损人利己（甚至损人不利己）的技术手段出台。因此，把握生产力发展的正确方向，促进人造资产更多更好地用于维护生态平衡与增进可持续发展的能力，是生态经济实践的重要论题。

软件是人的社会行为规则的集合体与载体，它是社会文明演进的重要组成部分。一个国家是“发达”或“不发达”，在很大程度上体现在软件方面。社会着眼于资源节约、环境友好、生态平衡的体制健全、规划有力、组织完备、管理严密，是产生生态经济效果的最大保证。经验的长期积累与现实的高度重视，有利于软件的改进。生态文明制度建设，是增进生态经济实践软件的基本途径，本书第 6 章对此将专门论述。

心件是社会实践生态经济、走向可持续发展的精神动力与行为指南。人的理性行为都来自思想，生态文明主题下的思想也来自理论——将是社会的指导思想，它在各种公共事务中起指导作用；发生于伦理道德——将成为社会生活的行为准则，它在社会成员的日常生活中起规范作用；发生于信仰信念——将成为人们认识世界的真理标准，成为人们在谈话、讨论中的判断准则，它迟早会在人们的工作、生活中起到无形的引领作用。心件有“源”有“流”，“源”于历史的精神遗产，需要人们一代一代地整理、继承、扬弃和发挥；“流”来自当前的外界，认识来自实践，并将对已有的思想意识更新改造。围绕生态问题的精神生产，理应增加更多，国民经济中的文化产业，要成为增进上述心件的重要渠道。

5.2 经济发展的现实与生态经济的价值规范之间的矛盾

整个世界都会有经济发展的现实与生态经济的价值规范之间的矛盾。对于中国而言，生态马克思主义经济学实践中的矛盾存在于发展追求当中。

5.2.1 来自社会发展目标的矛盾

5.2.1.1 中国追求经济发展成效与履行世界环保责任的矛盾

发展成效与中国的世界地位上升呈正相关。中国从鸦片战争后就由于国家的落后被世界轻视，由于在近现代没有傲世的经济与科技成就，中国在世界国家中的地位一直不高。新中国成立以来，我国首先在独立自主、坚持正义方面赢得国际社会一定程度的尊重，接着，我国在经济社会取得的长足进步获得了世界的赞誉。现在，新的矛盾产生了。

2008 年 1 月 23 日，瑞士达沃斯论坛公布了 2007 年世界各国环保状况的排名。这份资料是依据各国在环境卫生、空气污染、水资源、生态多样性与生态环境、自然生产资源和气候变化等来进行比较的，比较的结果显示：西北欧国家的瑞士、瑞典、挪威、芬兰及拉美的哥斯达黎加位居前五名，而北非西亚沙漠大区域的马里、毛里塔尼亚、塞拉利昂、叙利亚、尼日尔以及西南非的安哥拉排名最后。不出所料的是，美国位于发达国家末尾，中国与印度等位于较后的位次上。

从对世界发展的贡献来看，中国的经济扩展无论在数量还是质量上都将持续下去。这是中国经济总体实力走向复兴的历史性机遇。由此也同时为世界其他地方尤其是发达国家的经济提供了更大的市场，为世界经济总量增加了更大的份额。然而经济总量的增长几乎必然伴随着生态环境状况的恶化，我国目前经济增长的生态环境影响已经逐渐超出了国内区域。我国温室气体排放量的排位已达到世界前列，成为世界环境恶化总体状况与趋势的重要因素，不可推卸地负有越来越重大的责任。其他国家会认为，全球对世界环境改善的努力会被中国抵消，由此造成的政治、经济、社会压力就会更大。尽管作为发展中的大国，我国可以把经济发展视为一项历史性权力，但全球生态环境的恶化使我们已经越来越难以凭借这个权力来为我国当前的经济发展速度与模式辩护，我们必须准备着承担更大的全球性生态环境保护与养育的责任。

世界关注的焦点在变化。由于发达国家的经济发展水平已经高居于世界平均水平之上，世界的主流舆论将不再为牺牲环境追求增长的业绩唱赞歌，而是向环境状况优良的国家投以赞扬和尊敬。对中国而言，如果在经济发展中经济强国地位与成为对世界生态环境保护负责任的大国这两个目标是矛盾的时候，如果前一个目标被放在第一位，这样的思路是要出事的。理由有以下三点：

（1）有可能因为追求当经济强国而变为生态弱国，破坏我们自己的生态环境。

（2）为西方发达国家遏制中国经济发展提供借口，获得国际支持，而这类遏制必将对我国借助国际市场、国际资源来发展经济带来严重障碍。

（3）经济强国的目标如果与生态环境保护目标相矛盾，迟早会跟我们尚未完全认识的生产力发展规律相矛盾，重蹈过去苏联赶超美国的覆辙。20 世纪 50 年代，苏共领导提出“20 年之内在主要工业产品产量方面赶上和超过美国”，认为这是社会主义与资本主义在和平竞赛中优胜的体现。结果目标如期实现之时，苏联与美国的经济发展差距不是缩小了，而是更扩大了。因为生产力发展标准已经不是按照 50 年代的“主要工业产品产量”来衡量了。中国如果不改变经济发展方式，不管是在 GDP 总量还是在其他什么经济指标上赶上美国，我们终究会发现，这不是真正的强国地位。

因此，中国应当追求的，不是简单地成为经济强国，也不是在当前有形的经济总量指标上争当世界经济老大，而是解决经济强国与生态环境保护大国这两个目标之间的矛盾。为此，探索“先进水平”比“赶超先进水平”更重要。在经济增长速度上，宁可稳步前进，不要盲目地树立在经济地位上当头的雄心壮志，多考虑一下如何尽快摆脱生态环境“后排兵”的角色，从减缓与修复经济现代化进程带来的生态环境破坏的努力中履行我们的国际责任。

5.2.1.2 生活中追求小康物质水平与生态质量的矛盾

全面建设小康社会是当前中国的努力目标，这个目标的确立，依据就在于：党在社会主义初级阶段的基本路线，是将经济建设确立为党的工作的中心，这是为了解决社会主义初级阶段的主要矛盾：人民群众日益增长的物质文化需求与相对落后的生产力发展水平之间的矛盾。虽然小康社会应当有经济、社会、生态三个方面的内容，但一般人们都从经济方面来理解，以世界中等收入水平作为参照。中国各地的经济发展水平差异很大，在一部分地区勉强达到温饱水平之时，一部分地方已经超过“小康”即世界中等收入水平了。如果撇开消除贫富差距的考量，要想全面实现小康生活水平，而不是在平均数字上达到小康生活水平，必然会有相当比例的社会成员达到富裕生活水平。这样，就要有经济总量与经济增长速度作为支撑，也要有各种经济资源的投入。而自然资源投入水平，无论是矿产资源、能源、土地、淡水，都要有很大的总量，其供给面临巨大压力。在经济总量、自然资源投入的同时，足以应对生产、消费中产生的废弃物的环境容量，也面临巨大压力。

中国经济发展的成就使越来越多的社会成员追求更高水平的生活，小康状况在城乡处处显示出来。从“吃”的方面来看，我国传统的饮食文化，使许多场合中餐桌上的菜肴超过实际的消费。从“穿”的方面来看，新兴的时装文化驱使越来越多的家庭以更多的衣柜来储存两辈子都穿不完的衣服。从“住”的方面来看，不同家庭的住房已经不是按照居家质量来反映差距，而是按照每家拥有的不同房产来反映差距，出现一家拥有十几套非经营房产的现象。从“行”的方面来看，一方面发达国家那种私家轿车普及的趋势正在我国逐步推进，导致大中城市交通堵塞愈演愈烈；另一方面旅游发展导致景点旺季拥挤、公路铁路建设也没有缓解坐车难的局面。如果说，生活水平提高所需的经济增长使我国能够从大量进口矿产资源与石油来维持近期需要的话，与生产生活都直接相关的土地、淡水，就只能靠挤占、调动、抽取等榨取方式，强迫本国国土不断地供给了。这就提示我们，沉醉于经济发展与生活水平提高，不看自然生态的承受力，是短视的。

5.2.1.3 中国开展工业化所处阶段与环境保护的矛盾

实现工业化，成为经济强国，是我国一百多年来民族的复兴梦。我国开展工业化的历史进程，经历了三个阶段：

（1）计划经济体制时期以重工业优先发展为引导的阶段。这个阶段的工业化尽管为新中国的国民经济现代化奠定了初步基础，但在比较封闭、科技水平较低、农业得不到工业很多带动的条件下，工业化呈现在比重、规模与技术水平上不相称的状态，工业化完全是粗放式增长。由于工业总规模不大，中国的生态环境影响不是很严重。

（2）改革开放初期以出口驱动和市场驱动为动力的劳动密集型产业为主的阶段。这个阶段的工业化发挥了中国现有的比较优势，无论在占领国际市场、满足人民消费需求、解决就业问题上都卓有成就，以致把中国从短缺经济推进到“过剩经济”。由于中国工业化规模的扩大，生态环境问题日趋严重，只不过劳动密集型产业主要是轻纺工业，产业物耗水平相对不高。

（3）从20世纪90年代末期开始，中国开始进入以重化工业为主导的阶段。大体上，这个“进入”呈现以下五个特点：① 劳动成本廉价的比较优势仍然很强，在我国的重化工业多半还是劳动密集型环节的资金密集型产业，多半是非精细加工制造的环节。② 工业技术特别是有自主知识产权的工业技术仍然是稀缺的要素，工业化快速发展不是建立在科技创新的基础之上。③ 由以上两点，决定了中国与发达国家的后工业化发展有很大差距，但比多数发展中国家的工业化水平高。④ 中国工业化发展的外向依赖程度较高，外资推进的工业化发展占有重要比例，中国参与国际分工程度较深，大量生产属于国际化生产，近几年来被国际上誉为世界制造基地。⑤ 中国制造业超强发展，而服务业相对落后。上述特点，反映了中国现阶段工业化的依托，还不是智力和科技，而是制造业领域特别是资金密集型产业中劳动密集型环节的劳动力，加上总量很大的水电、能源、原材料、土地、物流等。

重化工业的制造业在中国工业化中的比重逐步增大，是传统工业化发展阶段推移的客观趋势。中国走新型工业化道路是我们的愿景，但不可能短期内完全扭转传统工业化发展阶段的客观趋势。中国资金密集型制造业中低科技生产环节比较优势强，也是当前中国处于国际分工的实际状况。这一现状造成我国物质资源与环境资源的消耗特别大，与生态环境保护的矛盾也特别大。中国经济社会发展的各种因素，导致我们对传统工业经济的两大重化工业产品——化石能源（煤炭、石油）与钢铁——的需求特别大。其中，我国的钢铁生产量已占世界总量的十分之三。中国以世界最大的物质资源和环境资源的耗费，来推进处于经济全球化背景下的工业化进程，这个矛盾为中国的工业化发展提出了困难选择。我们不能退回到纯粹劳动密集型产业的地步，只能继续前进，提高工业生产的技术密集水平，争取上升为以科技资源为主的产业发展，同时提高服务产业的比重。这个前进的速度，决定了我们能否缓解现阶段工业化与生态环境的矛盾。

5.2.2 来自体制转轨的矛盾

中国发展市场经济体制模式与打造生态型经济发展机制的矛盾。

5.2.2.1 两种市场经济的共同之处

由于世界性的生态问题凸显，对资本主义生产方式的批判出现了一个新的阵地。人们指出：随着资本主义市场经济的发展，资本增殖的无限膨胀，人类与自然环境的关系越来越具有浓厚的功利主义色彩，特别是西方发达资本主义国家，盲目地迷恋于追求经济指数的高速增长，而过度消耗资源，污染环境，严重破坏了人类赖以生存和发展的生态环境。这方面的批判，将随着理论的发展越来越全面而深刻。但是，引起我们反思的是：在中国建立和发展社会主义市场经济的当代，我们也在复制着上述机制。

社会主义市场经济是通过借鉴资本主义市场经济而建立的，当中不仅引进了资本主义经济增长的活力与效率，也引进了为利润而生产、为消耗而消费的不良机制。这种机制复制体现在以下四个方面：

（1）资本主义生产是为利润而进行的生产，这种生产方式必然使生产和消费具有无限扩大的趋势——一切都已变为商品。由于衡量一切事物的唯一尺度是金钱，这就决定了资本主义把生产首先看作是对人的全面剥削和对自然的全面掠夺，而不考虑社会的耗费，不考虑对下一代人生活与环境的有害后果。社会主义生产有明确的目的，就是为了满足人民群众的物质文化生活的需要，对人的剥削和对自然的掠夺造成生活环境恶化是与这个目的相对抗的，国家与社会舆论不允许。但在市场经济体制中，利润是企业的直接生产经营目标，一切为增大利润而降低成本的方法都符合这个直接目标，因此在法律法规监管不到位、舆论不到场的情况下，企业都会本能地以剥削劳动者和掠夺自然来降低成本，这是我们目前现实生活中经常遇到的事实。

（2）资本主义产生了与为利润生产相适应的消费方式。无限扩大的生产决定了人们的消费也具有无限扩大的趋势。产品为更新而更新，人们为消费而消费，为消费而不停地奔忙劳作，而消费本身却早已超出人的合理需要，在一些人那里甚至成为失去理智的疯狂的占有与浪费。社会主义生产是在社会前进的大背景下开展的，中国要民族复兴，要支援发展中国家，要为了向共产主义过渡创造条件，这些目标远远超过提高消费水平。艰苦奋斗与勤俭治国的方针并未过时，而这两个方针不仅要贯彻到生产中，也要与提高人民群众的生活水平相统一。但在市场经济体制中，企业为了扩大产品销路，也在千方百计地鼓励消费，那些奢侈豪华的生活方式为商品销售商所青睐，铺天盖地的广告宣传都在营造显富、夸富、炫富的社会氛围，发生在资本主义国家的“消费主义”在我们这里大有市场。至于要认识到这样一个逻辑链条：浪费商品—浪费物质财富—浪费自然资源，许多人还未达到这样的理性水平。

（3）资本主义市场经济依靠市场调节为主，市场这只“看不见的手”在调节人类活动和环境公共物品的供需关系上无能为力。环境是进入市场而具有外部效应的公共物品，市场调节在它面前是失灵的。社会主义市场经济必须在市场调节的基础上，强调计划调节对社会经济的主导作用。当我们对这个原则的认识与贯彻这一原则的对策体系都不足够时，由市场机制驱动市场主体来继续产生损害生态环境的外部效应，是难以遏制的，资本主义的这个“市场失灵”照样会出现。

（4）资本主义生产条件下科学技术的作用被导向服务于资本主义的生产和消费，而不是用于环境资源的生态保护这些不能获得利润的领域。无数事实表明，比起那些老的技术，21 世纪的新技术对于环境的破坏更大，造成了人类生存与地球环境更不协调。社会主义国家比起发达资本主义国家在科技发展水平上还处于后进状态，为赶超国际技术发展潮流的需要，我们对外国科技的吸收、学习、模仿是主要的，创新能力的提高有一个较长的过程。同时，市场经济体制下，高新技术产业化同样离不开市场驱动，“购买力导向”远远强于“发展需要导向”。

社会主义市场经济与资本主义市场经济的区别，除了强调发展公有制经济、强调有一个超越市场的调节力量——代表人民利益的政府计划调节——之外，在市场主体——企业依托商品、为利润而生产、资本必定追求价值增殖等机制方面，都是有共同之处的。因此，上述资本主义生产方式破坏生态环境和资源的效应仍然在社会主义市场经济当中发生。我们要的不是完全消除市场主体——企业依托商品、为利润而生产、资本必定追求价值增殖等机制，而是更自觉地运用社会主义的计划调节机制来限制这些效应、消除其中最显著的后果，同时培育新的生态经济的机制。

为了实现生态型的经济发展，就要深刻认识资本主义生产方式对生态环境和资源具有破坏作用的内在本性，认识中国建立与发展市场经济体制模式与打造生态型经济发展机制的矛盾。正视这一现实矛盾，深入研究解决途径。不认识上述矛盾而空谈生态保护目标，是无法找到可持续发展的实际路线的。

5.2.2.2 我国市场经济体制对生态保护作用的缺陷

市场经济体制，对于资源节约、环境保护有正反两方面作用。正面作用有两点：① 以产权明晰的方式促使微观市场主体珍惜资源，自然资源的所有者为保护属于自己的资源长期收益而约束资源的经营者。② 适应市场经济对资源、环境实行的政府管理已有国际性经验，政府代表社会对企业产生的生态方面的外部性影响加以量化规定，使其明确自己维护环境的责任。当前的问题是，不仅第二点作用由于经验不足而难以发挥，在第一点作用上更是发生了我们意想不到的情况，那就是在公产权与私有经营之间产生了不利于保护资源、环境的空当。

在理论上，社会主义制度规定，体现自然资源与环境的土地、矿产、河流等国土资源属于国有资产，政府代表全体人民行使资源所有权。实际上，只要这些资源没有被国有企业利用，就由中央政府委托地方政府管理。从实践来看，一方面地方政府对国有的自然资源管理不到位，私人经营者往往以很小的代价甚至无代价地取得资源使用权，尽快耗尽资源、争取短期获得最大经济利益的机制由此产生。另一方面在非科学发展当中，一些地方政府追求短期的“政绩”，只要能够产生近期的“产值、规模、税收、就业量”，任凭私人经营者掠夺自然资源。这样，国有自然资源等于就成了无人看管的财富，其流失也就无可避免。

上述情况必定会引起人民群众的愤怒，人民起来保卫自然资源是社会主义国家的自然现象。私人经营者将从两个方面来与人民群众进行博弈：① 官商勾结，强力压制；② 从掠夺自然资源的收入中拿出一部分来贡献于民生事业，不仅能消除群众的愤怒，还能获得商业名声。无论哪种博弈，都是脱离了资源所有权的归属，还会刺激对私有化的要求。

5.2.3 来自国际竞争的矛盾

中国的发展必须顺应经济全球化这个大趋势。从实施对外经济开放战略以来，尤其是加入世界贸易组织以来，中国较深地融入了国际经济中。而现实的国际经济是西方资本主义占据主导地位，处于发展中国家地位的中国经济顺应经济全球化，既有获取国际分工利益、利用国际经济资源的机遇，又有在国际竞争中受制于资本主义规则、发展主导权难以把握、发展进程易受遏制的挑战。

5.2.3.1 产业发展的竞争

以资本主义为主导的国际经济，通行的就是绝对竞争原则。这个原则造成的经济与生态的相关性，用一个比喻来说，如同一群竞技者在麦田里赛跑，靠的是速度、力量来取胜，至于赛跑对庄稼的践踏，参赛者则不屑关注。谁要是小心翼翼地在赛跑中爱惜庄稼，肯定落伍。国际经济竞争，各国的市场主体关注的都是占领市场、获取利润，而资源环境的约束，只有转化为成本与销路才被接受。

当前引领世界经济技术发展潮流的新兴产业领域（主要是信息技术领域），资本主义竞争原则盲目地追求“以质取胜”，驱动多数产品精良再精良，更新又更新，为了扩大消费而破坏一切节约的原则。在传统工业化中刚刚兴起的修旧利废、节约更新原则，很快就被“新经济”下的IT产品给抛弃了。IT产品更新过快不仅发生在用户消费的最终产品上，还进一步发生在信息产业设备投资上。一项新投资完成伊始，刚刚发挥效益设备就已经落后。显然，从美国发源的“新经济”竞争，将技术进步的方向推往反节约的生态倒退轨道上。这种局面，必然给中国的产业生态化造成艰难的选择：如果顺应绝对竞争原则力争“优胜”，必然在商品更新与设备投资上浪费无度；如果我们按照生态文明的要求另立发展标准，却没有强大的经济技术实力来抗衡西方发达国家的竞争。

5.2.3.2 生活水平的竞争

西方国家从“新大陆发现”时起就对世界财富进行了大肆掠夺，加上工业化发展的先发优势，总体生活水平远远超过了东方世界。发达国家已经达到的生活水平，从理论上说，发展中国家通过经济技术进步也能达到。但是，地球上的资源环境已经不允许东方世界再按这个生活水平来消耗了。早在1994年7月，德国《时代》周报发表了一篇题为《享乐主义者造成的负担》的文章，指出：如果都像富人那样生活，人类需要20个地球。有资料表明，如果中国人都像美国人那样生活，也需要6个地球。上述数据客观上也反映了一个事实，就是“像富人那样”或者“像美国人那样”的生活方式，实际上是建立在超越生态环境承受能力的基础之上的。

中国在经济发展取得成功、迈向全面建设小康社会之际，就受到西方“富国生活水平”的竞争挑战。当年东欧苏联正是在人民群众基本实现小康生活的情况下，由于许多人羡慕“西方生活”，错误地抛弃了本来可以改革和前进的社会主义。现在发达资本主义国家仍然重操这一套，他们利用工业文明所崇尚的物质财富观对社会成员起到的腐蚀作用，炫耀发达资本主义的“物质文明”，编造“全盘西化进天堂”的神话。可以预见，当我们在生活方式上实行生态文明，提倡健康、朴素、节约的生活方式时，这样就会与资本主义崇尚的“消费文化”相对抗。经济生活越是国际化，这种对抗就越是直接。要想在这种生活方式对抗中取得优胜，是要花大力气的。

5.2.3.3 环境保护的竞争

从历史的角度来看，工业化是对环境的损耗与对自然资源的消耗。发达国家曾经走过的工业化道路，已经对环境造成了过多的损害、对资源造成了过多的消耗。其中最突出的就是温室气体排放问题，它聚合了大气层环境保护与化石能源节约两大问题。人类早就该减缓并逐步停止这种反生态的发展了。至今，发达国家已经进入了“后工业社会”，各种过多损害环境与过多消耗资源的产业纷纷转移到发展中国家，发展中国家正在走发达国家已经走过的反生态发展之路。

在这种条件下，中国的经济发展面临着极不公平的严酷竞争：① 整个世界的环境损耗与资源消耗必须马上减缓与逐步停止，否则生态危机将急剧恶化。但是发达资本主义国家已经走完工业化之路，进入后工业化阶段，而中国现在才达到工业化中后期。② 发达国家对环境损耗与对资源消耗负有重大历史责任，而现实中仅只在经济发展中相对减缓了反生态效果，在绝对量上尚未退下来，在人均的资源耗费与环境损害上远远高于所有发展中国家。但是，中国的资源耗费与环境损害增速与总量却显得更刺眼。谁理应在保护环境与节约资源方面承担更大的义务，反而成为有争议的问题。③ 中国在进行工业化的发展中，应当尽量采用新技术、新方式，但是完全消除传统工业化的反生态特征需要一个艰难过程。发达国家不仅不履行其资源环境历史责任下的援助义务，反而千方百计地设置国际生态关系上的不平等规则。

在后京都时代，西方国家致力于将限制“碳排放”转向新兴经济体。其措施之一，就是对其出口产品征收“碳关税”。所谓碳关税，是指对高耗能的产品进口征收特别的二氧化碳排放税。该措施的前提是将承担减排强制义务的国家范围扩大到新兴经济体。一旦这一点成为国际规则，就会有两种减排标准，一种是发展中国家的“人均减排量均等”标准，另一种是发达国家的“基数比例均等”标准；西方国家要的是后者。举例来说，假定世界“碳排放”100 t，27 个西方发达国家历史累计基数 87.5 t，其他国家占 12.5 t。该方案是：西方在自己 87.5 t 的基础上，到 2020 年，减少 20%，减少 17.5 t，就是说到 2020 年可以排放 87.5 t−17.5 t=70 t，发展中国家也按照 20%的减排标准，减少量为 2.5 t，就是说到 2020 年可以排放 12.5 t−2.5 t=10 t。表面上看发达国家与发展中国家都“公平地”按照“比例均等”承担减排义务，但实际上发展中国家的工业化发展将受到不合理的碳排放义务的极大限制。而真正公平的“人均减排量均等”标准却难以推行。

中国的工业化是“以煤为主”的一次能源结构，这在短期内很难改变。中国正进入工业化中期，重化工业比重仍在持续增加，能源密集度也在不断提高，能源消费呈现迅速增长态势，由此决定了中国温室气体排放总量大、增速快，单位 GDP 的二氧化碳排放强度高。由于能源结构的刚性，以及能源效率的提高受到技术和资金的制约，因此中国控制二氧化碳排放的进程是很艰难的。我们当然要坚持生态导向的发展，但在中国的发展方式转型中，将面临发达国家打乱中国科学合理的安排。而不公平的国际减排标准还会继续扩大发达国家与发展中国家的经济差距。

5.3 生态马克思主义经济学的实践特点与障碍克服

5.3.1 生态马克思主义经济学的主要实践特点

站在马克思主义各个学科相关理论的立场和角度上，从现实社会生活出发，我们将以人为本、生态约束、追求和谐、社会契约、崇尚知识概括为生态马克思主义经济学的主要实践特点。这些特点的内容概括来说是：① 任何社会发展举措，都要以人的发展作为最终目的，具有提升社会成员健康的物质、文化生活水平，满足人民群众的政治、经济、文化、生态需要的作用，不应偏离这个目的。② 社会生产与生活水平的提高，不能超越资源与环境的承受力限度，人的各种福利追求要符合科学指明的生态标准。③ 社会发展涉及的经济、社会、生态系统必然面临多种矛盾，要在客观矛盾中追求社会的和谐、人与自然的和谐，这两大和谐有内在联系。和谐不是消除矛盾，强行消除矛盾只能引起更大的矛盾，和谐是使矛盾的对立双方受到科学的调节，处于平衡状态。④ 社会生活的运行离不开规则，规则作用于人与自然的关系、人与社会的关系、人与人之间的关系当中。现代社会如同一条拥挤的道路，人们的生活如同在这条道路上穿行，没有规则必将不断发生碰撞以致酿成悲剧。社会契约是一种理念，它包含着要有规则约束人们的社会行为、规则从有序的民主程序与和谐的民主生活中产生、社会成员不分身份平等地遵守规则等含义。⑤ 获得理想规范与正确开展行动，都是一个知识积累与知识应用积累的过程。为使这一过程顺利和有效，人们应当善于将感性认识上升到理性认识，善于按照理性认识而不是跟着感觉来办事。

5.3.1.1 以人为本

科学发展观的“以人为本”是针对非科学发展不合理现实的“以物为本”（涵

盖“以 GDP 为本”“以资本为本”）提出来的，但在历史上，还有较明确的其他“为本”。

“以国为本”是一个历史悠久的发展理念，也是一个中性的概念（哪个统治阶级、哪类执政力量都可以用）。春秋时期，越王勾践为雪亡国之耻，贯彻“十年生聚、十年教训”，从人口再生产与物质资料再生产两方面双管齐下，发展本国军事实力，本人卧薪尝胆，作带头榜样，全体臣民同心协力，实践着典型的“以国为本”理念。为了强国，上层可以牺牲自己的富贵，女子可以牺牲自己的爱情，男子准备牺牲自己的生命。战国时期商鞅变法，实施“耕战”国策，也是“以国为本”的体现。从世界来看，“二战”之前的日本就是实施这个理念。苏联在斯大林时期的发展理念，当属“以国为本”。新中国成立以后，长期也是以此为发展理念。那么，“以国为本”与“以人为本”是什么关系呢？正确的认识是：前者归根结底是手段性的，后者才是目的性的。同一手段可以为不同的目的所用。军国主义的日本与社会主义的新中国都“以国为本”，但其历史价值与作用何止天壤之别。苏联在斯大林时期跟新中国前 30 年相似，“以国为本”这一手段十分重要。但是，手段归根结底要为目的服务，受目的引领。手段具有相对的独立性，一旦它脱离了目的完全“独立”，就失去本来面目了。如果说“以国为本”这个理念的树立带有发展阶段性特征的话，那么，长此下去不转变为“以人为本”，必将走火入魔。苏联成为与美国争霸的超级大国，一味进行军备竞赛、偏重重工业、忽视民生，就是“以国为本”走到极端的表现。

不管是“以国为本”还是“以物为本”，一旦偏离了经济社会发展的本来目的，都会违背生态马克思主义经济学“两个解放”的宗旨。只有正确地确立发展目的，做到发展为了人民，发展依靠人民，发展成果由人民共享，不断使人民群众得到更多的实惠，才能合理地进行物质资料再生产、人的再生产、自然资源—生态环境再生产。

还有一个提法是“以自然为本”，这是针对人类盲目地征服自然、改造自然，破坏与自然和谐关系提出来的。这个原则，要求社会经济发展抛弃以人的自我需要为目标，一切顺从自然的发展。笔者认为，“以自然为本”的提法在语义上不妥，不仅以顺从自然发展来代替人的需要为目标具有不可操作性，而且会干扰“以人为本”这个必需的表述。“以人为本”的“本”是指发展的目的、发展的依靠力量、发展的判别标准。“以自然为本”的“本”是指发展的最终客观基础、发展的终极约束条件。为此，我们应策略地放弃“以自然为本”的提法，避免形成与“以人为本”相对立的两个原则，而将它界定为“生态约束”。

人类自身的利益必须在与自然的和谐中才能真正实现。以人类福利增长而损害人与自然和谐的发展行为，并不是以人为本。科学发展观有关统筹人与自然和谐发展的原则，说明建设生态文明不是人类消极地向自然回归，而是人类积极地与自然实现和谐。人类既不能简单地去“主宰”或“统治”自然，也不能在自然面前无所作为地消极地适应。

5.3.1.2 生态约束

生态约束是对社会经济发展的全面约束，它发生在各个领域：① 它制约着一定技术条件下社会生产的总规模。超过某个总量的生产规模，将造成一定技术条件下可供给的自然资源耗竭。其中，不可再生资源耗竭过快，会使人类所需的自然资源替换青黄不接；可再生资源消耗过快，会使它的自然再生产遭到破坏而无法再生。② 它制约着经济活动的地理分布，带来基于自然禀赋的社会地域分工，要求人们遵循客观自然条件规定的经济、生态使命。中国制定的全国主体功能区规划，就是自觉接受宏观经济生态约束的体现。③ 它制约着经济发展中对生产技术应用的选择。沿袭现成的工农业生产模式来发展经济，当然容易取得省力而快速发展的效果，但是我们必须选择生态农业、生态工业以及各类生态型产业的经济模式，生态约束促使我们宁可放弃省力而快捷的选择。④ 它制约着社会成员对生活水平与质量的追求，如果生产力发展可以让中国人达到美国那样的人均能源消耗与拥有的轿车数量，我们就得从资源环境的方面来考虑自然生态的承受力。

5.3.1.3 追求和谐

毛泽东主席曾经有三句话：“与天奋斗，其乐无穷；与地奋斗，其乐无穷；与人奋斗，其乐无穷”，看起来颇有不和谐的味道。其实，离开话语当时提出的情景，是会产生误解的。科学发展观有关社会和谐、人与自然和谐的理念，也可以凝练成三句话：与天和谐，其乐无穷；与地和谐，其乐无穷；与人和谐，其乐无穷。从事物变化的对立统一规律来看，事物内部产生矛盾是客观的，解决矛盾就是奋斗，奋斗的目的是达到和谐。因此，在某种意义上，奋斗是手段，和谐是目的。而在现实当中，自觉树立追求和谐的理念，有助于人们看问题不偏颇、行动不走极端、谋划力求全面、协调，能够控制矛盾不激化。

从实践生态马克思主义经济学的要求来看，追求和谐可分为社会与个人两个方面。社会方面，要求在追求经济发展业绩的同时，兼顾发展的社会效果；在争取经济发展更好更快的同时，注重良好的生态效果。个人方面，要求在追求职业级别、收入水平等个人利益目标时，注重与周围群体的关系，注重身心健康。要意识到，在摆脱贫困的前提下，人们从大自然获得的人生享乐往往比物质上获得的享乐更大。有一对联说：忍一时风平浪静，退一步海阔天空。在个人得失争夺的问题上，此联可谓至理名言。民间有句俗语：高官不如高薪（可解释为高官虽然权力大，但责任重、人际关系更复杂、官场还有风险），高薪不如高寿。此话有一定的人生哲理。虽然从社会角度，人们对高官和高薪的追求反映了社会政治地位、经济地位的不平等状态有待改进，最终达到没有对高官或高薪可追求的必要性，但从每个社会成员的人生角度，在所有不平等地位没有改进之前，应当对其追求采取理性与淡定的态度，将追求集中到自身为社会服务的能力、对社会的贡献上来。综合社会与个人两方面的和谐的关键：① 要让社会进步给所有个人带来的利益，大于个人在既定社会条件下竭力争夺得到的利益；② 要让遵守社会规则、对社会有更大贡献者得到较为合理的回报，不要把较多的社会经济利益让处心积虑作自私打算的人或者运气好的人来获取（公平的规则越多，运气起作用的空间就越小）。如此，就能产生客观的社会力量，激励社会成员将其主要的努力放在为社会进步作贡献上，社会和谐水平将不断提高。

5.3.1.4 社会契约

国体、政体、基本经济制度、经济体制等社会制度的基本框架，不是社会契约的产物，而是社会变革的产物。一旦社会制度的基本框架确定，人们大量社会行为的规则，就是社会多数成员从实践经验中约定俗成的结果。不断形成、不断改进的社会契约，把人们的行为规范化，使之遵从自然与社会的规律，遵守社会伦理道德，提高遵守法律与政策法规的自觉性。在社会经济发展使人的个性不断丰富、生活圈子不断扩大的同时，社会契约的作用也应当随之提升，人们的行为遵从社会契约的程度也应当提高，这就是人的自由发展的深刻内涵。许多公共主张通过立法机构形成法律、政府行为规范形成行政法规、各类社会团体（机构、事业单位、企业单位）为完成本职工作的使命而制订的纪律、社会道德由观念形态变为生活惯例、在社区民主生活中约定俗成的村规民约，都是社会契约形成的途径。一个社会中人们服从社会契约的水平，反映了社会文明程度。通过社会契约，使千千万万的社会成员维护我们所在的自然环境、社会环境，维护和谐健康的人际关系。

5.3.1.5 崇尚知识

崇尚知识的目的在于提升人们的理性。人们的社会行为归根结底是受社会关系制约的，社会关系的基础是生产力发展水平与文明发展程度。生产力发展水平的提高与人们对自然的知识积累有关，而文明发展程度与包括自然知识在内的综合知识有关，社会知识在其中的作用尤为突出。在社会关系相对稳定的状态下，人们的行为更多地受知识支配。人类产生以来的历史，从某个侧面来说，就是人类的知识积累，不断地以理性战胜蒙昧、迷信、偏见的历史。培养崇尚知识的社会风气与个人习惯，就会在社会行为中更注重理性。

5.3.2 实践生态马克思主义经济学的利益障碍及其克服的社会条件：和谐社会

5.3.2.1 利益障碍

生态马克思主义经济学的实践特点体现了当代人“应该”有的社会行为，但是实际的行为往往会背离这样的规范，其中主要的障碍是利益障碍。

利益障碍发生在以下四个层面上：

（1）国家利益。背离生态经济规范的利益是本国经济发展不受世界生态经济要求的约束。以国际气候联合行动的温室气体排放限制为例，发达国家、新兴经济体、其他发展中国家和低收入国家，分别对防止地球温室效应加剧要承担不同的责任，共同促进世界气候改善。但各国对此讨价还价、阳奉阴违，像美国这个最大的发达国家甚至拒绝承担《京都议定书》规定的温室气体减排义务。日本不顾国际保护鲸类动物的国际义务，大肆捕猎公海上的鲸鱼。这些都是为本国利益背离生态经济规范的典型。

（2）地方利益。我国各地方都想发展经济，经济发达对于地方政府取得政绩、地位，对于本地居民过上更高水平的生活，都有直接效果。而自然生态环境的改进，既有与全国以至世界的共同关联，也有对显现政绩、地位与本地生活水平不太直接的效果。因此重经济轻生态往往成为地方政府与企业联手的行为倾向，本地经济发展往往会突破客观的自然生态环境约束。虽然国家有种种生态环境保护法律、有各区域的主体功能规划，但未能克服上述利益障碍。

（3）生产者、服务者经济利益。这是世界性的老问题。各类生产、服务企业开展经营，在赚取利润的同时耗费资源与损害环境，这些损耗并不完全成为企业的成本，实际上由社会或周边居民来负担。因此生产者、服务者为了自身经济利益而背离生态经济规范就不奇怪了。

（4）消费者的消费利益。为了贪图消费中的奢华、方便、舒适，为了在物质享受上争强好胜，消费者会不顾自然资源的合理利用与环境保护。比如在旅游点乱扔塑料品，有时很难打扫，这跟公共场所的纪律发生矛盾。即使是完全属于个人私事与个人自由，但总起来说就是人类在作践自己，生态文明就要调节这类行为。

上述利益障碍的根源，除了部分消费者的消费利益之外，绝大部分都与竞争有关。生态经济规范与各个层面上的利益冲突都来自竞争中“优胜劣汰”效应，尤其是“劣汰”那一面。竞争中“优胜劣汰”效应，如果限于“先进”与“落后”在能力、行为、表现上的此长彼消，那是值得提倡和鼓励的，但如果与行为者的生死存亡命运直接相联系，就不那么简单了。“优胜者”得到的是强势，是对弱者的欺负、掠夺、压迫，“劣汰者”将丧失生存、自由、发展的权利，那就变成了“弱肉强食的丛林法则”，世界将不会有和谐。从世界经济来讲，合理的国际分工、平等互利的国际合作就谈不上；从国内经济来讲，合理的区域分工、平等互利的区域合作也谈不上。大量的社会经济资源将用于争斗，真正鼓励“先进”、克服“落后”的努力反被放弃。

“优胜劣汰”竞争是从自然界延伸到社会中的，它应当受到社会的调节，而不应当得到放纵。社会文明的发展，就与对竞争的调节水平直接相关。但是人类文明的发展一直对于竞争的作用是二重性的。私有制的产生、资本主义工业文明的产生，直到 20 世纪“二战”后的世界现实反映了文明发展对于竞争二重作用的拾级而上的历史阶段。当今，“发端于美国并逐步蔓延到全球的拼命赚钱、疯狂购物、即用即弃、及时行乐的纵欲文明”造成经济恶性竞争加剧、生态环境受损、社会系统失衡的三重后果，调节这种竞争需要有新的认识。

5.3.2.2 克服利益障碍的社会条件：和谐社会

生态文明与广义的和谐社会本身就是内涵相通的，所以我们讨论克服实践生态马克思主义经济学规范的利益障碍，走向生态文明，就要从狭义的和谐社会入手。

狭义的和谐社会，是指在社会经济发展中，有效调节各种利益关系、尽量消除、化解各类人际矛盾、达到人态和谐、心态和谐、生态和谐的状态。和谐社会的状态可以描述为：社会稳定、犯罪减少，敌对性冲突控制在萌芽地步，内耗降低，全社会能够集中精力、凝聚共识为共同目标而努力。这样一种状态，本身就能大大减少对财富资源的破坏，发展的社会代价与生态代价都很少。这就是说，和谐社会，是生态经济效益很强的社会。更重要的，实现、维护和谐社会的机制，正是社会成员在遵守生态经济规范方面克服利益障碍的必要条件。

（1）从目标来看，和谐社会以人与人、人与自然的和谐为目标，在人际间不因各种利益矛盾而冲突，这也就包含着人际间不因围绕着自然资源与自然环境问题产生的利益矛盾而冲突。和谐社会建立的前提是消灭人剥削人、人压迫人的社会制度，同时正确处理社会矛盾。在这个制度保证前提下实现和谐，消除社会经济竞争中“弱肉强食的丛林法则”的一面，竞争被调节为一种良性的社会机制：奖励“先进”的能力、行为、表现，消除、弥补、带动“落后”的能力、行为、表现。争取以上和谐社会目标的过程，也是消除在遵守生态经济规范方面的利益障碍的过程。

（2）从利益关系来看，和谐社会讲究正确处理社会利益关系，包括个人与集体、局部与全局、当前与长远之间的利益关系，这就使遵守生态经济规范方面的利益障碍得到化解。很显然，当代人民的一项根本权益就是维护生态平衡与资源、环境等自然资产的增值，这种利益不容许任何个人的、局部的、当前的利益来损害，克服遵守生态经济规范方面的利益障碍是建立和谐社会的题中之义。

（3）从手段来看，和谐社会讲究责任、诚信、公众参与、文化价值。遵守生态经济规范，就是要求生活在地球上的所有社会成员，在自己生活的各个层次社会共同体之内共同承担维护地球家园的责任，要求在涉及资源、环境方面的行为时讲诚信，相互提醒、相互监督、相互约束、相互帮助，不断强化共同的生态文化价值观。

5.3.3 实践生态马克思主义经济学的认识障碍及其克服的社会条件：知识经济

5.3.3.1 知识经济的内涵

早在世纪之交，我国的政界与学界都已指出：知识经济端倪已出现。当时对知识经济的认识，局限于经济形态、发展源泉、发展模式等方面。以下是理论界对知识经济的共识。

在经济形态上，知识经济是以先进的科学知识为支撑，以信息的运动和应用为主要内容的经济。在发展源泉上，知识性资源越来越成为决定性的增长资源，是创造财富的巨大力量，一切其他的资源如果不与知识性资源相结合，就将失去作用。对知识的运用与投入比对物质的运用与投入更重要。在发展模式上，在知识经济影响下企业最重要的战略是占领信息制高点。在工业化时代，企业最重要的战略也许是占领产品品质制高点。为此就要做到：最能迎合市场的需求变化，满足消费者的偏好；产品功能强、质量优，在品质上有竞争力。

知识经济时代，从产业结构与经济活动的角度，是服务经济；从运行载体的角度，是信息经济（或信息社会）；从经济增长的主导因素与资源主体的角度，是知识经济。

在知识经济中，国民经济的结构要发生根本性的变化。科学技术在所有的产业中所占的地位与比例会越来越高，新技术、新产业（特别是信息技术与信息产业）会迅猛发展。与此相联系，出现国民经济信息化趋势。不仅专门以信息的生产、搜集、分析、传递、应用为内容的信息产业大为发展，国民经济任何一个部门，都大量存在着信息的运动与应用这些内容。在原有农业、工业、服务业的产业活动中，有关信息运动和应用的内容比重不断增大。除了人们熟知的科学技术（所谓“硬科学”）以外，软科学的运用也极为重要。依托知识性资源来办事，就体现在软科学的运用上。一项投资要进行大量的可行性研究，一项产品的开发要进行大量的市场调研、功能设计、技术研制，一项营业活动要进行反复的策划分析。所有这些研究、设计、策划的工作，都需要越来越多的知识及其应用技能作为条件。激烈的市场竞争推动企业走上更多依靠知识的发展道路。相应地，一切事业、行政单位，也都要有非市场的社会竞争，有不断提高工作效率和质量的压力。因此，在生产出来的货物与劳务中，附加的信息量、价值量占有越来越大的比重，这种趋势称为国民经济信息化。

在高效的知识应用的目标下发展软科学，意味着相关服务的专业化。新兴服务业就是在社会知识化、信息化的基础上发展起来的。知识经济的挑战要求各行各业都要高度依赖知识、智慧、信息来加强本身经济活动的效果。经济当事人在各项经济活动中都要加大力度抓好可行性研究、咨询（提供信息分析、调研、设计、策划、系统决策的服务）、岗前培训这些环节。社会分工由此得到推进，专业从事信息服务的服务业不断拓展。

在知识经济中，与电脑成为人类社会重要工具的同时，软件相应地成为它的应用信息。软件的应用与生产逐步成为信息产业的重要部门，发展软件产业是向知识经济时代迈进的主要步骤。

5.3.3.2 知识经济与生态文明

知识经济直接带来的是社会经济信息化，但并未带来社会经济生态化。当前出现的种种知识经济征兆，表明的还是工业文明的基本特征。它加强的是机器对人脑的替代。也就是说，如果不把知识经济的发展方向引导到生态化上，知识经济（或称信息经济）只能成为工业文明的高级阶段，并不带来新的文明。而当人类面临全球性的生态危机、追求可持续发展的时候，满足于工业文明的高级阶段是无法应对挑战的。因此，生态马克思主义经济学的实践课题，就是要顺应知识经济发展趋势，努力引导其向生态文明方向发展，利用知识、信息手段，实现可持续发展。

体现知识经济特征的要件分为这几个层次：信息—知识—意识形态—理念。海量信息源源不断地产生出来，是知识经济的客观现象。信息中包含着知识，知识是反映客观规律的信息。正确的理念来自于知识的综合，知识越多，理念正确的可能性就越大。但社会性的知识必然受意识形态的影响支配。无论哪种意识形态，都会不同程度、以不同形式来反映客观实际，也会掩盖、歪曲客观实际，所以社会性的知识在意识形态的影响下综合成的理念未必都正确。只有马克思主义的意识形态体现了无产阶级阶级性与科学性的高度统一，以此作为指导思想，有助于在丰富的知识基础上综合起正确的理念。生态文明的理念，就要顺应知识经济产生大量信息的客观环境，努力掌握知识，用马克思主义的意识形态来指导社会性知识的综合。

回顾人类历史，原始社会缺乏知识，从愚昧中产生的神鬼理念可以支配整个社会，这类理念严重地压抑了人类的社会进步。进入阶级社会，由阶级利益产生的意识形态影响着社会理念。私有、物欲、剥削、统治等理念构成了几千年的主流意识形态，将来回过头来看，我们会认识到这是人类社会走过的一大段不可避免的弯路。当然，调节社会行为的文明观念也在发展。在工业社会的发展中产生了马克思主义的意识形态，但它只是人类理性的曙光，它指导社会性知识综合成的理念，暂且只为部分人接受。我们相信，只要社会矛盾还在发展，理性的曙光必然会光照人间，符合大多数人的劳动者利益的意识形态终将占主导地位，公有的理念将逐步扩展。与之有着内在联系的生态文明理念，也将逐步扩展。生态文明理念受全人类利益的影响，建立在丰富的知识基础上，它需要综合自然性知识，更需要综合社会性知识。生态马克思主义经济学就是在知识综合当中直接的指导思想。

于是，我们将相关的客观过程倒叙如下：为了将知识经济发展引向生态文明方向，要在生态马克思主义经济学及相关意识形态的指导下，综合越来越多的自然性、社会性的知识，在知识经济发展中，借助信息化的科技手段，挑选有用的信息、排除杂乱的信息，不断提高知识的生产效率。

5.3.3.3 知识在推进生态文明建设中的使命

（1）知识是人类端正发展方向的基本依据。人类从经济发展所遇到的生态危机中可以直接感受大自然的报复，引起反思，但只有不断系统化、深入的知识，才能揭示了人与自然之间的本来关系、相互矛盾以及要和谐相处的道理，由此产生了可持续发展的道路、发展方向与各国政府的方针政策，出现了“绿色新政”一类的执政纲领，如《中国 21 世纪议程》。

（2）知识为人类建立生态规范提供了越来越多的理由，帮助人们了解现有生产、生活中哪些行为能够产生不利于资源节约、环境友好的负面效果，哪些行为会有正面效果。这样，人们在改进生产方式、改进社会行为方式当中，就会有正确的认识。为推行有利于社会经济生态化的信息手段，如“绿色标准”，就先要认识在产品的生产、流通和消费上如何与环境相协调，与人体健康的自然需求相吻合。同时，知识也为职业道德、社会道德提供新的内容。

（3）知识是人类发展资源节约、环境友好的科学技术的认识基础。知识反映了社会经济中人与自然之间的生态矛盾，知识让人类懂得了为什么要节约自然资源、保护自然环境，以及如何做到这种节约与保护，为发展科技的方向、模式选择提供了认识依据。

（4）知识是人类进入现代生活的理性导向。社会能够为人们提供越来越丰富的生活资料与生活方式，但一味追求“高水平”的生活反而会给人类健康带来损害。知识给了人类正确认识消费的健康标准，有助于以生态理性导向来克服生活消费中的感官导向。

（5）知识是产生生态领域正确理论与认识路线的思想基础，反过来又能为我们在正确的理论与认识路线指导下，更多地认识现实社会中所存在的诱使人们违背生态规范、拒绝把生态认识转化为合理行为的原因和机制，从而有可能寻找到解决问题的途径、方式与手段。

第 6 章

生态马克思主义经济学的时代使命

马克思主义理论的宗旨，是在解释世界的基础上改造世界。生态马克思主义经济学在阐述人与自然关系的原理和规律、批判资本主义违背生态经济原则之后，最终将召唤人类社会在遵循生态经济规律的前提下创造可持续发展的前景。

马克思恩格斯时代处于工业文明初期，还没有产生生态文明的概念。面对全球不断加剧的生态危机，人们强烈要求变革工业文明的生产生活方式，人类社会呼唤新的文明形态。在当今世界，生态文明概念是中国学者尤其是马克思主义学者在1982—1992年率先提出来的原创性的学术话语。生态文明作为一种新的文明形态，是工业文明的继承与变革。正是根据生态马克思主义经济学的立场、方法，我们自信走向生态文明是人类社会的最终趋势。实现这一历史大趋势必须有对世界的认识、对制度的变革、对行为的调节，这些，都要有科学的理论作为指导。马克思主义关于人类社会走向共产主义社会形态的预测，与人类社会走向生态文明形态的前景是完全吻合的。因此，生态马克思主义经济学以建设社会主义生态文明为时代使命，它必将指导中国的社会主义建设者超越资本主义的经济发展道路，创建这个新的文明形态。

社会主义这个历史阶段将完成走向共产主义社会的一系列变革，其中，建设生态文明、创建新的文明形态是一项特别重要的任务。在建设社会主义生态文明的过程中，我们将在补工业文明之课、继承工业文明的发展成果、利用市场经济体制机制当中，进行全方位的制度创新、产业创新、科技创新，消除与克服工业文明和市场经济中的反生态后果，开创社会经济发展的新路。

6.1 塑造生态化的生产生活方式

经济生活是由生产、交换、分配、消费四个环节构成的。当代经济生活是由市场经济的模式主导的，都以市场调节为基础。为此，商品的本性、价值规律的威力、货币的神通、资本的逻辑，都会起基本作用。正如前几章的分析，一系列不利于生态经济的效应都会发生。

马克思主义创始人对未来公有制社会经济生活模式，是另一种设想。商品去掉了它的社会关系外壳，还原为它作为满足人类需求的产品的本来状态；商品的劳动耗费量去掉了“价值”的外衣，货币为明明白白的社会证书所取代，推动经济发展的动力由资本增殖变成计划指标。这种对未来社会的设想，仅仅是一个理想的方向，它是针对市场经济本身缺点的科学揭示、剖析而形成的。社会实践决定我们不能像对一栋楼房那样简单地拆除旧房、另建新房，来实现这一设想。这个替代是一个漫长的社会演进过程，每一步前进都要从社会实际需要出发，而不是从头脑里脱离实际的遐想出发。

我们现在实行的社会主义市场经济模式，是在利用商品、价值、货币、资本的作用发展生产力、推进生产社会化，但决不是恢复资本主义的经济生活模式。社会主义生态文明建设是一场伟大的实践，实践启发了人们的思想，重温马克思主义创始人对未来公有制社会经济生活模式，我们发现，它与实现生态文明所需要的经济发展模式转变有着不可分割的关系。社会主义市场经济是以市场调节为基础、计划调节为主导的经济运行机制，它的发展方向不是一种仅仅适应工业文明的市场经济，而是超越工业文明、走向生态文明的市场经济。因此，生态文明的理性力量通过计划调节将越来越强有力地支配着社会经济生活，市场调节作用所受的理性限制与理性引导将越来越强。整个经济生活模式将有步骤地发生以马克思主义创始人的未来设想为前景的变化。

6.1.1 社会生产的生态化

多年的社会主义市场经济理论与实践告诉我们，在以市场调节为基础、计划调节为主导的经济运行机制中，社会生产一方面受市场竞争原则的支配，商品经营、货币交换、价值创造都按照资本逻辑来运行，但也会受到社会道德的约束、国家法律的规范与政府宏观经济的调控。鉴于当今世界对生产者的社会责任、法律法规、政府调控都有生态化的发展趋势，社会生产的生态化已经有了开端。但是，如果没有明确的生产运行目标，后者是不能抵消前者的作用的。

要建立超越工业文明、走向生态文明的市场经济，社会生产的运行目标应当体现如下特性：社会的经济发展规划显著地体现以生态和谐为价值取向、以生态承载力为基础的绿色发展；生态型的社会市场成为企业生存与发展的外部环境；作为生产者的企业，其行为要遵守生态型的社会约束，自觉按照生态经济规律来办事；企业的经营目标越来越瞄准社会、生态与经济相结合的综合效益；社会生产的扩大、升级将主要以绿色创新为驱动力。衡量社会生产成效的标准要符合社会、生态与经济的综合代价最小化、成效最大化的要求，呈现生态经济社会有机整体全面、和谐、协调、可持续的发展态势。

当前，作为商品生产者的企业已经开始受到生态取向的道德约束、法律制约与宏观调控。道德约束包括环保责任、社会责任，不履行这些责任的企业将受到社会舆论指责、名声扫地、消费者抵制。不遵守环境保护、资源节约法律的企业将受到起诉、审判和惩罚。不遵守绿色发展的宏观调控的企业将失去政策支持与市场空间。但是，这一切良好的现象，仍然处于强大的追逐 GDP 政绩、追逐掠夺式经营下的资本增殖的“以资本为本”的压抑阻碍下。这需要我们推动社会生产全面的生态化变革，从社会观念更新、政府政绩考核、企业市场准入、生态经济的淘汰机制、经营者的生态意识培育、社会舆论监督的有效性等各个方面进行努力，使市场经济的优胜劣汰竞争机制能够顺着社会生产生态化的轨道发生作用。

6.1.2 生态消耗内生化

传统的生产成本概念，等同于劳动耗费，包括物化劳动与活劳动两类耗费。在资本逻辑之下，生产成本不是活劳动耗费本身，而是使用活劳动所付出的代价。这就是马克思主义经济学中关于商品价值构成的原理：商品价值=C+V+M，其中 C+V 就是生产成本（M 为剩余价值）。C 是物化劳动耗费，V 是使用活劳动的代价，即工资－生产经营者对劳动者支付的劳动报酬。这一成本概念，反映了商品生产中物化劳动耗费得到补偿（物化劳动包括原材料等流动资产与固定资产的折旧，而固定资产就是机器设备、生产设施等人造物质性生产资料），劳动力耗费也得到补偿——极不充分的补偿。

从现代化生产的角度来看，这个公式很不完全，至少有三大缺项：① 劳动力补偿没有计入社会对劳动者的培训费用。② 物化劳动耗费只限于“硬件”即物质性生产资料的耗费，缺少“软件”即信息性生产资料的耗费，它包括研发、设计、工艺调控、专利使用等费用，这类成本体现着对知识资产、信息资产的补偿，是生产经营中不可缺少的开支。③ 更重要的是物化劳动耗费，只计算物质资产，缺少自然资源与自然环境的耗费与补偿。

自从工业革命以来，伴随企业制度的建立所产生的经济核算与会计制度（马克思在《资本论》中称之为“簿记”），都是在社会再生产的价值补偿和物质替换中把自然资产排除在外。这种排除隐含着一个前提，就是认为自然力会自发地补偿自然资源与自然环境的耗费。该前提至多适用于工业革命之前那种生产水平低下的手工业，即使在农业中都不适用，更不用说是机器大生产的工业社会。实际情况表明，人类需要付出越来越多的劳动来维护自然界的再生能力。这种耗费与补偿人们不是不知道，只是固守着“成本就是劳动耗费”的概念，拒不将资源与环境这些大自然的非劳动产物纳入。对它们的补偿只是作为维护社会共同生产生活条件的一项社会性支出，直接从“所得、利润”中征收，不作为成本计算。资源开发和环境建设活动被视为一项社会性消费，是用社会剩余价值来补偿的。

将自然资源与自然环境的耗费排除于生产成本之外，在计划经济时代可以勉强地用政府预算来进行补偿，尚有“肉烂在锅里”的效果。而到了市场经济条件下，这种不完全的成本计算，只能给企业、地方与社会各级经济核算带来模糊与困难，扭曲市场机制，易于让部分企业、地方造成逃避生态补偿责任。这跟建立生态型的市场经济格格不入。

生态型的市场经济需要的生产新成本核算，应将自然资源与自然环境的耗费内生化。这不是一个技术性问题，而是观念与制度更新的问题。当前，人们可以在会计制度中将资源补偿更新费、环境质量补偿更新费等纳入成本核算，但这类纳入一开始肯定是不充分的。如果按照科学的理论，将自然资源与自然环境的耗费与生态资本折旧完全纳入生产成本，社会经济将无法承受。因此，自然资产耗费内生化是一个较长期的过程，不可能一步到位，还要照顾现实。我们首先要树立的一个意识是：社会生产已经是“超成本生产”了，现在仅仅是将比较直接的自然资源与自然环境的耗费尽可能列入成本项目当中。因此，我们对人类的物质生产的“效率”不能抱有太乐观的态度，不能认为现在生产力发展水平已经很高，所以人们有条件更多地进行物质享受。

生产新成本核算补充上述三大成本缺项，在经济学上具有重要的意义。在生态型的现代化生产中，争取更合理的产出必须做到：① 重视人力资源的投入，提高劳动者知识、技能水平，并注重这类投入的效果；② 重视知识、信息资产的投入，加强研发、调研环节，在经营战略上用“以质取胜”替代“以量取胜”，以效率取胜替代以规模取胜，并注重这类投入的效果；③ 重视对自然资源的合理利用，保护自然环境，发展清洁生产，尽量节能节材，高效地发展循环经济、低碳技术。

6.1.3 技术发展生态化

科技在社会生产中的作用越大，技术发展的方向对生产生活方式的引导就越起关键作用。

当代科技发展受到两个环节的制约：一要符合科技本身的发展规律，二要符合市场需求。第一个环节是一个不断探索的过程，科技发明者的设想是否符合客观规律，事先不知道，要经过实验和分析。但是，他们会产生什么样的设想，还是要受社会需要的影响。第二个环节相对简单，只要有一般的市场调研就能知道。而市场需求背后是“购买力导向”，通俗地说就是：你发明和改进的技术是否有市场销路，取决于有货币的人群是否愿意购买。

正是这样的经济机制，使社会科技发展的方向不是必然符合生态文明的要求。综观现在的市场，技术发展使食品花样翻新，既有开辟食源的正确作用，也有迎合人们感官享受的错误效果；技术发展使衣装花样翻新，增加了多余消费的诱惑力；技术发展使人们的生活用品层出不穷，既有方便与节约时间的正面效果，也有造成人的体力支出过分减少，降低人体调节、激活、适应环境变化功能的负面效果；技术发展使人们的电子产品频繁更新，造成每一步微不足道的功能改进都要伴随大量物资浪费的消费效果；等等。此外，某些技术发展本身并无不当，但享用技术的人如果没有相应的素质培养，技术就会直接带来某种灾害，只要看看不断丰富多彩的电子游戏毁了多少青少年的青春时光就知道了。用生态经济的知识来衡量，我们会发现现时多少技术发展方向不对头。

要使技术沿着正确方向发展，关键在于经济机制，前提在于能够以社会生态意识引领技术发展。建立技术发展生态化的经济机制，就要扭转那种迎合货币购买需要的机制。因此，科技工作者应当更多地从生态文明要求的社会需要来设想研发项目，市场需求就会受到新型的社会调节；有害的广告应当受到抑制，科学知识要正确引导消费者的购买选择，舆论要由生态文明的要求所支配，人们从小就要受到生态理性的教育。同时，一些重要的、直接由计划调节决定的科技项目，不是由市场需求决定，而是由科学界集体的理智决策、符合社会最迫切、最广泛的生态经济需要来决定，这类比例要逐步增大。而最大量的直接由计划调节决定的科技项目，就是经过科学的成本核算、有综合效益的绿色发展技术，即能促进资源节约、能源低碳、杜绝污染、有利环保、实现物质能量良性循环的技术。

6.1.4 消除反生态的竞争，打造生态型竞争机制

工业社会中通行的市场竞争，是以节省成本、资本增殖的效率为原则的，竞争优胜的逻辑链条是“成本—赢利—实力”，只要最终赢得实力，市场并不问优胜者在竞争中节省的是什么成本、怎样节省成本。加上所谓经济学不管道德问题的教条，因此为节省生产支出，不惜损害环境、耗费资源、透支劳动者健康，妨碍劳动力再生产都是达到资本增殖的措施。可以说，工业社会中市场机制之下的竞争，本身具有反生态性。现代社会对这种竞争的反生态性，有来自外部的限制，即法律制约，如禁止过度使用劳动力的劳动法、工作环境安全法、环境保护法、自然资源保护法，这类法律还在不断完善。但外部限制毕竟作用有限，市场经济本身缺乏这类竞争的内部限制，我们要将反生态限制与生态取向的鼓励输入到市场竞争中。现有的主要措施包括：

（1）绿色认证。通过专门机构的技术检测和考核，为企业颁发相应的生态资格，取得社会的生态认可。通过绿色认证的企业，可在其商品上使用绿色标志，这是使客户信任、放心的具有法律效力的保证。这项措施，一般用于外贸出口商品与食品行业。企业为通过绿色认证，就要在自己的经营和管理各个环节上作出相应的努力，在绿色化生产、营销上达到较高的水平。

（2）能源效率标识。用标签粘贴在用能产品上，显示该产品能源消耗量的大小

和能效等级，便于消费者在购买产品时能得到直观的能耗信息和估算日常消费费用，以判断同类型产品中哪些型号能效更高、使用成本更低。这项标识制度可促进企业在生产中淘汰耗能较大的产品，按照能效标识的导向，调整节能产品的开发、生产和推广销售，努力减少低能效产品的生产，将更新产品性能、提升产品能效作为技术进步的重点，大力开发新的高能效技术和产品。

（3）用舆论来改进消费文化，引导消费者接受、喜爱绿色产品。绿色认证主要用于企业生产过程的生态认可，对企业在生产中的材料选用、污染排放、产品使用效果等方面以生态标准加以规制，而绿色产品则主要是在产品消费方面来争取生态卖点，在产品设计中增强生态功能，使之更有利于消费者的健康与居家生活的环保。通过舆论宣传，让越来越多的消费者增强商品消费当中包含的生态知识，将企业生产绿色产品与产品对购买者的市场吸引力直接联系起来，促使企业从生态效果上进行产品创新。

（4）对媒体进行生态监管，打击反生态的商品销售，推出绿色品牌。媒体是企业进行广告宣传的主要载体，媒体的广告宣传要受到社会的生态监管。通过经常发布权威机构（如质监部门等）的商品检验信息，让那些含有生态危害性的品牌被公开曝光，生态性能良好的品牌得到表彰。在这方面有信誉的品牌就成为绿色品牌，获得绿色品牌要成为企业实施品牌战略的重要追求，也是企业赢得市场竞争力的依据。

（5）运用价格、税收政策作为经济杠杆，使企业生产中损耗的自然资源（土地、水、能源等）、生态环境逐步转化为企业的生产成本，提高企业生产的生态成本在企业总经营成本中的重要性，促使企业致力于绿色经营管理。

所有上述内部限制形成的制度化、常规化作用，加上企业经营者本人的生态意识、生态思想修养不断增强，生态型竞争机制就会得到培育。

6.1.5 经济规模缩减与工作时间缩短

大学里学习经济学的学生曾向老师提出过这样一个问题：是否经济越发展，失业越严重？你看，各行各业随着机器的广泛应用，自动化程度越来越高，生产效率越来越高，管理效率也越来越高，生产所需要的人手就会越来越少。不知道经济学老师如何回答学生的这个问题，估计多数老师会这样回答：随着经济发展，人们的需求将会越来越广泛，生产的门路也将越来越宽。这样的回答没错，但并不全面。因为市场需求增大的同时，财富的积累会增大投资需求与投资实力，生产规模本身也会增大。这就有可能使需求与生产门路的拓展赶不上生产效率与生产规模的提升。放眼望去，在工业文明的视域中，总是感到市场容量不够，产能很容易过剩，商品销售总是存在困难，新产品开发出来风光几年，积压的情况就会出现。各个企业为了争夺总是紧张的市场，就要加剧竞争、更加提高生产效率，包括驱使劳动者高强度地支出体力与精力。而企业越是高效率，社会就越是商品过剩。结果人们会看到，社会上无所事事与过劳死两类人都在增加。因而我们要提出的问题，就会转变成：是否经济越发展，社会病态就越严重？

从经济生活旧模式中是找不到问题答案的，必须换个思维方向。人们习惯于将物质财富增多、社会生产规模扩大看成理所当然的发展目标，从来不去深入思考一下社会为什么生产。

物质生产力的发展已经达到了这个高度；一方面，许多门类的生产一扩大规模就会造成产品过剩，超过消费需求；另一方面，物质生产已经受到生态环境的严重制约，许多门类的生产一上马就会造成资源环境问题。如果用拟人化的方式，我们可以看到两个巨人：化石能源与大气层都在异口同声地说：我们不欢迎扩大再生产。

解决这个问题的出路就在于，社会的经济越发展，在经济效率合理提高的同时，要限制经济规模增大，反过来劳动者工作时间也要缩短。靠加剧竞争来拓展市场，只能使企业优胜劣汰，获得微观效果，而对于宏观经济，市场容量就要靠结构调整来拓展。在生产力发展到一定高度之后，生活方式的更新与技术发展方向的端正，使经济结构调整不会盲目变动，市场容量也不会盲目扩张。在一定的市场容量之下，生产效率快速提高的结果，是经济规模缩小，至少是基本稳定，劳动者就有条件缩短时间。实际上，整个社会的大趋势就是这样，某些发达资本主义国家的每周工作日已经减少到 5 天，每天工作时间低于 8 小时。在中国，事业单位和许多企业的员工已经实行了双休日制。一年中的节假日有所增加。与此同时，员工在职培训、终生教育方面也有大的发展，妇女带薪休假更为放宽，劳动者的生活质量由此得到提高；这是物质产品盲目增多所无法取代的。

经济发展不是为发展而发展，它有很强的目的性。基本目的是两个：一是增加物质财富，二是减少劳动时间。前一个目的是与生产力发展水平不高相联系的，当生产力发展水平达到相当高度，人们的生活达到共同富裕水平之后，再增加物质财富，既容易助长浪费奢侈的发生，又造成物质资料生产与保护生态环境的矛盾越来越大。所以，以减少劳动时间为经济发展目的，才能与生产力高度发展相协调。在走向生态文明的道路上，经济生活模式有这样的更新：社会在共同富裕的基础上寻求社会生产的合理规模，劳动者过着富裕而朴素、丰富而健康、充实而简约的生活，此时，再增加物质财富就会失去意义。而劳动者工作时间的减少，自由时间的增加，将为劳动者自由全面发展创造更好的条件。人们在业余时间从事更多的文化、艺术、体育、旅游、社交等活动，更有时间进行学习、保健与个人爱好等活动。同时，社会的文化、教育产业规模也会增加。社会由此进入以微增量生态消耗获得社会成员更多福利的时代。

6.1.6 生活方式的更新

生活方式是由社会制度与文明形态两大因素决定的。自进入阶级社会以来，社会成员的生活水平与生活方式就出现越来越厉害的两极分化。建立在广大劳动者衣不蔽体、食不果腹之上的剥削者、统治者的奢侈豪华生活，是酒池肉林、声色犬马、亭台楼阁、珠光宝气。尽管从农业文明到工业文明，有“德政”来限制剥削者、统治者过度追求奢侈豪华，并给予下层群众某些救济，以避免贫弱群体冻饿致死，但对于社会生活水平两极分化仍是杯水车薪。工业文明在成熟之后，出现了资本主义发达国家的“福利制度”，上层社会开始出现以追求个性、能力、视野的多样性满足，超脱感官享乐的趋势。迄今为止，这两个文明的共同之处，就是物质财富欲望普遍地影响着社会。而工业文明更是将追求豪华生活作为市场主体特意营造的风气。

生态文明与公有制经济相联系，就要在共同富裕基础上，营造整个社会普遍的富裕而朴素、丰富而健康、充实而简约的生活。人们的整个心态要出现根本性改变，正如 5.3 节中提到的：以人为本、生态约束、追求和谐、社会契约、崇尚知识的生态马克思主义经济学的主要实践特点，要从人的社会行为中表现出来。如果追求奢华是要显示比他人阔绰，则有违和谐的要求；如果生活方面造成浪费，违背了社会契约，自己得到的就是周围的批评；如果生活上过度享乐，科学知识将提醒这会带来健康的不利。这种社会生活绝不是空想的，从现在就应当来提倡。

我们今天处在从工业文明向生态文明的过渡时期，一部分社会成员已经达到小康生活水平，塑造生态文明的生活方式被提到日程上来了。对于个人生活的生态文明塑造，以文化来启动，道德来拉动。重要的是转变市场经济机制，改变依靠“消费者购买力拉动”来扩大生活需求的机制。现时一批商品依靠“合法但不合理”的需求拉动。在传统经济发展机制看来，除了毒品、武器、犯案工具等违法产品以外，凡是拉动需求的产品都是好产品，诸如有害健康的香烟、多余浪费的时装、迷信奢侈品、豪华的赌具等，据说它们能够带来税收、就业岗位、出口货源，这样的观念实际上是人类思想不解放的表现。对于公共生活的生态文明塑造，要有政治理念与行政方式的转变，整个社会都要大兴物资节约的良好风气，少花钱、多办事。当前，我国经济发展需要扩大内需，而扩大内需本身就有生态化与非生态化两个方向，我们要的是生态化方向。朝着非生态化方向来扩大内需，可以在短期内取得支持经济增长的国内市场扩张，但不能避免生态危机的加剧。社会生产的市场需求内容要随着产业结构的生态化而逐步实现资源节约与环境友好的要求。我们需要在改变现有浪费型生活方式的基础上，实现物质产品生产规模的相对缩小，这是转变经济增长方式的重要驱动力。

面对着生态危机的加剧，人类的理性调节已经从生产领域扩展到决定生产的生活方式，社会上出现了提倡“绿色生活”的呼吁。一个名叫“知音实践社”的民间团体，广泛发出了一份“追求绿色时尚，拥抱绿色生活”的倡议传单，呼吁大家“人人参与环境保护，各个争当绿色天使”。建议在日常生活中做到以下几点：① 空调温度不低于 26℃，全国年节电上亿千瓦时。② 多坐公交和地铁，既节省能源又便捷。③ 在外就餐要打包，别把节约当口号。④ 电脑不让空运行，两面用纸处处省。⑤ 灯泡换成节能灯，用电能省近八成。⑥ 无人房间灯不亮，人走灯灭好习惯。⑦ 垃圾分类不乱扔，回收利用好再生。⑧ 买菜挎起菜篮子，重复使用无数次。⑨ 马桶水箱放块砖，省水好用特会算。⑩ 洗菜洗脸多用盆，废水拖地或冲厕——就是在这些生活细节的变革上，传出了社会走向生态型生活方式的步伐声。

6.2 构建绿色创新经济结构

6.2.1 生态文明理念引领经济结构调整

经济结构是社会经济的骨架，建设生态文明需要构建绿色创新经济结构这个骨架。这是一个需要多次开展的“系统工程”。当前，经济结构调整作为实践科学发展观、转变经济发展方式的重要方面，一开始就离不开生态文明理念的引领。

经济结构发生变动历来都是从下到上，需求与科技导致产品品种变动，品种变动的集合形成产业变动，进而带动经济结构变动。几千年来特别是工业化以来的历史造成了人们的固定思维：经济结构调整只能顺势而为。

经济结构是社会生产力与经济需求结合的产物。生产力是历史积累的成果，由于科技的发展，使新产品、新行业不断产生，直接导致一系列新需求出现。哪些新产品、新行业能够形成规模并不断壮大，受经济需求的决定。而经济需求本身的形成，除了受科技发展造成的新产品、新行业诱发之外，更多地取决于社会购买力、生活习惯与生产条件等，有着较强的历史惯性。作为生产力发展的主体力量，企业的生产受市场引导，市场反映经济需求。政府通过计划投资来发展生产力，计划主要是顺应市场、弥补市场。科技发展在推动经济结构不断变化的过程中，市场起到的作用基本上是从下到上的顺序。上述过程，在工业文明时代是常规性发生的。

历史发展到今天，社会正在走向生产力选择性发展的历史新阶段。走向生态文明时代不能通过经济结构调整“顺势而为”来达到，必须以生态文明理念来引领。自然生态环境的变化与科技发展的新情况呼唤我们探索经济结构从上到下的变动，即通过社会生产全面设计来努力调整经济结构。设计的标准要符合生态文明的要求，对这一复杂问题，分为以下几个层次展开。

6.2.1.1 全面体现由于工业文明片面追逐物质生产规模而掩盖的生产合理性

工业文明有一个悖论：其内在要求是尽量实现生产的合理性，即劳动的有效性，包括宏观层面与微观层面；但市场经济的竞争机制推动企业追逐市场，阻碍了在宏观层面实现生产合理性。从劳动过程来看，宏观层面的劳动有效性有两个因素：① 社会生产的投入当中，根据资源转化为资本过程的可调控性合理使用经济资源，通常说的“物尽其用、人尽其才”就反映了这个道理。经济资源分为自然资源、人力资源、人造物质资源（即生产资料）、科学技术资源。所谓合理使用，就是各类经济资源的使用各有其原则。比如自然资源主要是要合理开发、细水长流，像那种将稀土资源赶忙开发出来、卖给外国，赚取近期的 GDP 的做法是绝对要在宏观调控中禁止的。② 社会生产过程的最大合理化，依托技术与管理（包括管理方式和组织形式），在微观经济中自有市场来驱动企业进行优化选择，而宏观经济层面就要由社会调控来进行优化。只有全部消费都是合理消费，缩小需求与需要的差距，没有异化消费，才能保证全部产品都是有效产品。这在工业文明的市场竞争、追逐扩大生产规模的机制下是做不到的。只有全社会建立生态经济的市场制度，根据生态文明要求调节市场需求，实现共同富裕，消除异化消费，才能通过合理的安排实现生产的合理性。

6.2.1.2 在经济增长中更多地以智力资源替换自然资源

以集约型增长替代粗放式增长，是当前转变经济发展方式的首要原则。该原则要求产业发展要提升生产的科技含量，尽可能依靠较少的生产资源投入取得更多的产出。这一原则纳入生态文明理念，就是更多地以智力资源替换自然资源。不管是产品创新开发、技术进步，还是劳动者技能提高、管理增效，都是扩张智力资源的体现。由此取得的收益，一是直接在生产中达到节能节材、降低物耗；二是能够在同等生产规模中取得生产的价值增值。这两者都是智力资源替换自然资源。当前经济结构调整，就是要推动更多的产品、产业生产走上研发高投入、产出高增值的循环中。

转变经济增长方式的前沿阵地是转变外经贸增长方式。实现这一转变的支撑点是：① 国民经济各产业的发展要以动态比较优势为主、静态比较优势为辅，利用现有的比较优势，花大力气培育具备必要性与可行性的新比较优势，使我国参与国际分工地位更有利，处于国际产业链中有更高附加值的环节。② 生产与出口都应当有利于我国利用国际资源弥补真正短缺的经济资源，发挥我国更为高端的经济资源（如资金、技术、管理）优势。这两点都体现了我国尽量增加智力资源、增强我国在科技水平提高、物耗水平降低方面的新优势，提高这一方面的出口竞争力，来做强我国的对外经贸。

6.2.1.3 根据生态约束与生态目标理智地规划社会经济

中国的经济规模进一步增大，摆在我们面前的严峻问题就是生态约束。中国现有的矿产资源难以承受按照美国生活标准需要的制造业规模，中国的土地难以承受按照西方标准的城市化比例，中国的水资源难以按照现有生产生活方式提供需求量，而中国经济发展对于降低碳排放的要求形成尖锐矛盾。处于上述生态约束，经济结构调整需要新的思维，一部分按照传统观念来看理所应当要发展的生产必须根据客观条件加以缩减。

生态约束警示我们要限制生产，生态目标则对我们需要增加的生产提出呼唤。我国国民经济和社会发展“十二五”规划纲要当中，对于生态文明建设，除了提出相应的制度建设、生产方式、技术发展等规划目标之外，还有必须转化为具体的建设工程和投资项目的目标，包括：新能源开发、植树造林、环保产业、江河治理、田间工程建设、节水灌溉工程、农村能源建设、海洋油气开发、“三废”处理工程、水土灾害防治等。这些建设，多数是针对多年来积累下来的人与自然矛盾的恶化问题，它的解决比人民物质文化生活水平的提高还要紧迫。这些项目在我国建设所需财力、物力的分配比例上提高，对经济结构产生很大的影响。

6.2.1.4 从生态文明理念来看待三次产业的比例

本着社会生产全面设计的原则，从生态文明理念来看，对国民经济中的三次产业比例变动提出以下理论命题是有益的：逐步稳定一产（指农业）、争取缩减二产（包括采掘业、制造业、建筑业）、顺势扩大三产（服务业）。简单论证如下：

（1）中国处在工业化、城市化快速发展中，农业本应比例缩小，为何要逐步稳定其比例？这是因为，中国在现代化发展道路上的经济结构，一是不能按照欧美发达国家的产业变动模式，一味缩减农业；二是不能按照欧美发达国家的城乡变动模式，一味缩减乡村规模。无论从全面建设小康社会、实现农业现代化、建设社会主义新农村的需要，还是从生态文明下科技发展未来的远景，中国都需要一个有规模的新兴农业。在科技发达、生态农业取代石油农业的转型中，农业的生产拓展与产品需求都有极大的发展前景。未来的生态文明形态更需要生态农业不仅作为产业，还要成为一种生活方式。所谓逐步稳定一产，无非是要努力发展新兴农业，而不是盲目追逐降低农业规模。国民经济中农业比例的降低必将在工业化转型过程中逐步缓解。

（2）中国处在工业化快速发展过程中，二产本应比例扩大，为何要争取缩减其比例？这是因为，有三个包含生态经济意义的驱动因素促使二产比例下降。① 对工业制品的外需与内需都要争取相对缩减。从外需来看，我国现在的“世界车间”地位意味着中国的工业制产品大量供给国际市场，这对中国经济发展曾经起到积极作用，但此后就越来越得不偿失，资源消耗与环境损害越来越大。中国应当代之以更大比例的非制造产品提供给国际市场。从内需来看，现有的工业品需求若科学分析，其中不合理的比例相当大。一切为拉动 GDP 而扩大产能、增加建筑物、盲目上项目的，都要清理。科学发展战胜非科学发展之时，二产当中大量的“水分”就会被挤掉。② 实现集约型增长方式，能够在同等要素投入下获得更多的产出，其中尤以减排降耗为重点。生产中推广节能节材，就要抑制原材料与传统能源的产业规模盲目增长。③ 相对于第三产业的发展规模来说，只要三产发展速度更快，二产就自然缩减比例，比例缩减不等于规模缩减。而三产中有越来越多的生产服务本来就是二产当中的，社会分工的发展将它们从二产变为三产，二产的比例自然趋向缩减。

（3）支持三产扩大的依据，一是经济的服务化，这是 20 世纪 80 年代之后国际上出现的趋势；二是信息化，这是 21 世纪以来国际上出现的趋势；综合起来造成三产的内容在扩展。两大趋势展现的生态经济意义，就是物耗相对较低的经济活动逐步取代物耗相对较高的经济活动。

6.2.2 绿色发展中的农村与农业

6.2.2.1 发展生态农业

我们现在提到的生态农业，就是指在生物高科技应用的基础上，回归传统农业某些特征，超越由工业化推进的石油农业的新型农业。发展生态农业的作用有：① 抗拒石油农业的反生态特征，远离化肥、农药、农膜、除草剂、添加剂等不可持续的技术。为此，生态农业要用有机肥料取代化肥，通过生物技术防治作物、牲畜的病虫害，用新能源生产的电力代替直接使用石油燃料开动农业机械，为社会提供安全、健康食品而没有化学污染。② 在高科技技术基础上推进有机农业、循环农业、综合农业，使自然物质与能量在农业生产中良性循环，成为无农业废料、无农业垃圾的生产，国土资源与其他农业资源得到最大限度的利用。农业因此成为国民经济中率先实现生态化的产业。③ 将农业发展成为国民经济中的高效益产业。一是经济效益高，正如农业科学家蒋高明所说的“足以带动农民在家务农，足以吸引资本下乡，足以吸引学生态的、学农学的、学管理的等大学生就业。有知识的农二代，不必要进城打工，在家门口就能够就业，就能过上非常体面的生活。农民也要开汽车，住别墅，使用互联网，他们的收入来自高效的生态农业产业模式。”二是生态效益高，“农民不仅生产了人类赖以为生的健康食物和衣物，还生产了预防或治疗疾病的有机中草药，还生产了城市消费的宠物、花卉、苗木，还生产了能源。这一切生产过程中，都没有增加对大自然的掠夺，他们利用的仅仅是太阳能，利用的是大自然创造的万物圣灵。”[①]并且，我们的国土可以远离化学物质的污染，我们的耕地、草原、森林、湿地、海洋都得到可持续利用，我们可以留下接近69%的国土给后代开发。

6.2.2.2 生态文明理念下农业发展的空间

生态农业概念早已为人所知。但近几十年来人们认为农业本身是一个比例要不断下降的产业，是一个市场需求与经济收益每况愈下的产业，是一个对地方经济增长、解决就业、民众富裕、税收增加、社会影响力没有贡献的产业，这实在是一个经济误区。这个误区的关键，就是经济学理论认为农产品的市场需求总是相对或绝对缩小的。

但是，只要我们摆脱西方发达国家产业结构“榜样”的阴影，根据生态经济理念认真分析现实经济与科技发展的未来，就会看到，无论从长远还是现实来看，农业发展都有巨大的空间。对此在理论上可分为三个层次来分析。

（1）从长远来看，人类将依托科学技术更充分、更合理地利用自然资源，摆脱农业对土地的过分依赖，开辟新的农产品生产项目。① 在现有的农业生产中，更多地发展能够综合利用国土资源的生产行业，如木本食品（板栗、枣子、核桃、柿子一柿饼），能够利用各种坡地山地；节粮型畜牧业（能够充分利用青饲料资源的畜禽养殖，特别是产奶家畜），能够利用野生的、农作物附带有的青饲料资源。农产品生产将从过多依赖耕地的束缚中扩展出来。在人们的食品消费结构中将降低淀粉禾本科粮食的比重，提高奶制品、肉类、水产品、干鲜水果的消费比重。② 在扩大农业生产对象的基础上扩大农业门类。在种植业（即狭义的农业，产品主要出于草本植物），林业（产品出于木本植物），畜牧业（产品出于哺乳纲、鸟纲动物），水产业（产品主要出于鱼纲、两栖纲、爬行纲、甲壳纲、软体纲等江海池溪环境中生长的动物）这四个原有的部门扩大生产品种之外，还要发展新的农业部门。如菌业，生产蘑菇一类的产品；藻业，我们熟悉的有海带、紫菜、石花菜等；虫业，产品出于节肢动物以及陆上的软体动物等，包括蜗牛、蚯蚓、蚂蚁、蜜蜂、蚕等。这些部门将开发出大量产品供社会生产、生活所用。于是，农业就摆脱了我们原来想象的只与田野、草原、森林相联系的景观，各种水域、人造的各种小天地，都是农业生产的基地。大批废弃的木料、草、筛选过的垃圾、各种动植物的排泄物、遗留

---

① 蒋高明：《我的高效生态农业梦》，2014-01-09，http：//b994622162923.blog.163.com/blog/static/21322312520140971833300/。

物，都是农业产品的生产资料。社会对自然物的利用与安排的物质循环，将跃上一个新水平。

（2）从现实来看，农业综合开发，即利用农村广阔天地的国土资源与生物资源来发展商品生产，完全能够有相应的市场需求与更多的就业岗位。经济发展水平较低的地区，有农业的外延扩大再生产的余地，主要是开发宜林宜牧宜农的荒山荒坡。生产项目对于当地来说是开发性的，由过去只有粮食自给生产转变为面向市场的农业商品生产，由祖辈传下的经验转变为在科学技术指导下有意识地进行高效生产。有的地方面临着改造中低产田、中低产果园、中低产水体、中低产草地的任务，可以容纳大量劳动者，关键是农业劳动者要具备较高生产技能。经济发展水平较高的地区，可在现有的农业生产项目中建立“精细农业”“立体农业”，在生产中密集使用包括生态技术在内的各种农业技术和农业工程建设。随着农业生产专业化分工，部分生产项目将从农业中分化出来进入服务业。催动新的农业生产服务业的产生和发展，由此容纳更多的劳动力资源和技术资源。

生态文明下的农业，除了承担为社会提供食品、多种工业原料（如纺织工业原料的棉毛丝麻、化工原料的林产品、造纸工业原料）外，还将崛起提供园林产品（培育生态环境的花卉、草、树木）的园林农业，崛起生产生物质能源原料的能源农业。生物与农业的科技发展会给农业带来远大前景。所有生物都将为人类所利用，为人类所种植、培育、饲养，农业的门类将以生物这个可再生资源为对象空前增多。农业将分为食品农业、原料农业、园林农业、能源农业四大门类，在提供多种社会产品的重要性方面不亚于工业。这个大趋势，来自农业的自然资源得到更强的开发与再生，而工业的金属矿产与化石能源必然逐步后退。

6.2.2.3 建设生态文明离不开社会主义新农村建设

中国经济在工农业与城乡关系上有生态型与非生态型两种发展选择。非生态型选择，是指在保持当前农村、农业落后的状态下，盲目扩大城镇规模，驱赶在知识文化素养上尚未提高的农业劳动力拥挤到城市，用规模扩大的城镇化来拉动经济增长。于是，农村走向萧条，城市病则愈加严重。生态型的选择，则是指在开展合理的城镇化的同时，更重视社会主义新农村建设，做大做强农业综合开发，以此容纳大量农村劳动力就业。

西方国家经历过大规模推进城市化、导致城市畸形繁荣的同时又使乡村经济衰落的阶段。尽管后来城市中的工业文明逐步传播到乡村，但是当前发达国家工业化所显示的工农业对比与城乡规模对比，留下了乡村经济经受长期衰落的深刻印记。为了不重蹈覆辙，中国经济结构变动必须有三个生态经济要点：① 力争城乡平衡发展，避免出现经济发展中有一个长时期的城市畸形繁荣、乡村经济衰落的过渡阶段；② 推动工业与农业基本同步的现代化进程；③ 正确处理城镇化与保护耕地客观上存在的矛盾。第①点要求中国各地解决农村经济发展空壳化问题，扭转大量青壮年进城打工，老人、小孩与部分妇女留守农村维持自给性低水平农业生产的局面。第②点要求我们正确看待乡村与农业的地位。重新探讨产业发展的经济规律，可以发现，农业产值比重过小的原因，不是工业化发展的必然性，而是在市场经济下的消费需求拉动的必然结果。因为非农产业的产品可以满足消费需求多样化。如果由于科技发展造成生产需求的扩大，农业成为可再生原料与可再生能源供给的主要领域，就可以不向产值比重大幅度下降的趋势发展。这也启发了我们，用生产合理化来部分取代市场自发的需求拉动，这是市场机制的升华。第③点要求我国不要盲目仿效西方工业化道路的表现。土地宽裕的西方与人多地少的中国有着完全不同的国情，保护耕地是中国特有的根本国策。耕地减少只能跟农业集约化发展程度一致，不能根据主观设计的城镇化进展速度一致。盲目推进城镇化规模而加快城镇化速度，由此早早就提前开展“圈地运动”、抢占土地升值的机缘，是一个重大的发展迷误。

社会主义新农村建设是中国走向生态文明的重大战役、系统工程。蒋高明的“高效生态农业梦”这样描写新农村：“中国近 50%的人口生活在城市化了的乡村中。他们从事的是有机食品生产、加工、销售、服务的涉农产业。他们吃的是有机食品，住的是别墅或准别墅能够接地气的房子，呼吸的是清洁的空气，喝的是没有污染的水。他们的环境鸟语花香；他们愉快地劳作，人们之间有分工但不竞争，有合作但不吃大锅饭；他们之间有亲情更有人情；他们一生中大部分远离医院，活到百岁自然老去；他们是一类快乐的人群；他们的职业是稳定的；他们不受市场的剥削，而有自己的定价权。”[①]这样的新农村，才具有社会主义生态文明的性质。这个梦想不是空想，只要坚持土地集体所有、发展乡村社区公有制的前提，通过新农村建设、新农民成长，推进农村社会分工、推进农业产业化与科技发展，并“将城市中合理的要素（市政设施、医疗设施、卫生设施、娱乐设施、学校、银行、暖气、空调等）

① 蒋高明：《我的高效生态农业梦》，2014-01-09，http：//b994622162923.blog.163.com/blog/static/21322312520140971833300/。

搬到农村”，这个梦想就一定会实现。

6.2.3 绿色发展中的工业化

6.2.3.1 新型工业化道路具有跨越式发展的含义

自从信息技术革命将世界经济推向“信息社会”以来，我们敏锐地意识到不能再走传统的工业化道路，由此提出了“新型工业化”的概念，它的特征被确定为“科技含量高、经济效益好、资源消耗低、环境污染小、人力资源优势得到充分发挥”。新型工业化道路有两个带动：一是信息化带动工业化，二是产业生态化带动工业化。这两个带动将分别产生两个跨越式发展：信息化带动工业化产生技术意义上的跨越式发展，产业生态化带动工业化产生生态意义上的跨越式发展。

无论是技术意义上的跨越式发展还是生态意义上的跨越式发展，都涉及对重化工业的发展规模要有新的认识。走传统工业化道路，从初级阶段到高级阶段，就要经历重化工业大发展的阶段。其中会有许多高耗能、高污染的产业要发展到相当大的规模。跨越式发展战略，就是跨越工业化进程中经过的某些导致高耗能、高耗材、高污染结果的产业、产品高增长阶段，直接转向低耗能、低耗材、低污染的产业结构形成阶段，尽可能避免先发地区走过的非绿色发展弯路，尽可能抄可持续发展的捷径。相比于跨越式发展，传统式发展有如下之“利”：发展经济所需的技术应用是现成的，容易上规模；许多产品成本较低，发展顺利，市场开势较好；一段时期内容易使生产总值较快上去，甚至使人均收入较高。但是，传统式发展必遭资源环境的严厉约束，很难占领市场制高点，产业生命周期短。跨越式发展的优点是：缓解严厉的资源环境约束，推动技术、人才、资源的更新与高端，希望在产业发展上处于领先地位，持续发展后劲强。很明显，选择前者是近视的，选择后者才是有远见的。

新型工业化给我们的工业发展提出了两大方向：① 传统产业高新化，其特点是总体上以传统产业为基础、新兴产业为导向，两类产业相互交融、协调发展；用信息化、生态化技术（循环生产技术、低碳能源技术、清洁生产技术）来改造传统产业。② 高新技术产业化，就是针对损耗资源、环境污染特别严重的部分传统产业，逐步放弃或者绕开，将体现生态经济要求的高新科技扩大成为新兴产业，用新兴产业发展的绩效来弥补所放弃的耗能耗材的重化工业的发展。这是当前走绿色发展的工业化道路必须采纳的战略思路。

6.2.3.2 生态约束下的工业发展

在生态约束下，我国工业发展有两个必须力争的目标：① 推进工业绿色转型，实际措施是改进相关的体制、机制、考核指标，调整要素价格，支持技术创新，严格实施环境标准；② 改进工业内部结构，最重要的是如何对待矿产资源耗费高、废弃物排放量大的重化工业，这个目标首先要论证。

抑制重化工业的发展规模，尤其是抑制重化工业发展中的物耗与能耗规模，这是对我国的巨大挑战。大家形成的共识是：在重化工业中广泛应用节能节材技术，降低单位工业产值的能源消耗值与物料消耗值；在工业品出口中尽量推出高附加值、低物耗的产品。而尚未形成共识的是：能否不增长重化工业本身的产品需求？

笔者认为，抑制重化工业本身的产品需求是不可避免的，这是由我国客观的生态约束决定的，是不以人的意志为转移的。但这样一来，会妨碍 GDP 的增长，带来工业产业规模的增长停滞，难以被主流社会所接受。也许到生态约束使社会难以承受之时，才能迫使人们去认真考虑削减重化工业产品生产指标并加以落实。当前，只能有这样的设想而难以有这样的行动：① 消除狂热的拆旧建新的建筑潮，拆旧建新只能用于替代多年陈旧破损的建筑，而不能以地皮价值核算为依据。要规定没有 20 年以上的房龄不能拆旧建新，从而减少钢筋水泥的生产量；② 停止粗钢出口；③ 大力发展各类有机肥来替代化肥；④ 减少轿车生产。这是许多人心中有数、但不愿说出的问题。我们都知道，发展轿车工业是提升工业化水平的强有力的产业发展措施，该产业带动作用很大，同时又是拉动内需的一个重要措施。全面建设小康社会，已经给中国各个家庭带来购置轿车的期望，就像每个家庭都拥有彩色电视机、电脑一样。到那时，无论中国的大地还是中国的大气层，都会出现无法克服的生态危机。只要客观冷静地推想，都应当得出这个结论：中国无法靠轿车拥有量来体现小康水平。发展公交系统才是出路，这个目标的确定，就应当有配套的制度、配套的政策、配套的产业规划。

带动工业化、拉动内需、体现小康水平的替代性发展项目，是国家“十二五”规划宣布的七大战略性新兴产业（节能环保产业、新一代信息技术产业、生物产业、高端装备制造产业、新能源产业、新材料产业以及新能源汽车产业）。其中，节能环保产业、生物产业、新能源产业、新材料产业这四个都是直接的生态型工业，新能源汽车产业是缓解工业化发展矛盾的替代性产业，新一代信息技术产业与高端装备制造产业是能够为全社会产业生态化提供生产手段的产业。对后两者要把握发展方向与服务宗旨，在生态文明理念下为我国工业的绿色转型提供先进的技术手段，为企业实现生态型技术进步、提高国民经济绿色发展的国际竞争力提供条件。

6.2.4 绿色发展中的经济结构服务化与信息化

6.2.4.1 推进经济结构服务化是社会经济绿色发展的实现途径之一

经济结构服务化背后的驱动因素，是社会生产与生活两大领域都将以低物耗方式来替代高物耗方式。

（1）从生活领域看，人们的生活需求将更多通过服务业来增加新内容，而不是由制造业扩大产出规模来满足。生态文明理念将降低社会成员对物质财富的盲目追求，引导人们从更多的文化活动中提高生活质量，由此而扩大文化产业规模。解决人类健康要从生活方式的改变来进行，单纯依靠医疗与药物是不行的。在人类社会福利指数提高、工作职业与劳动方式改进、对消费生活有理性认识的基础上，通过体育锻炼与身心保健的直接作用，来取得医疗与药物无法取得的保健效果。也就是用保健服务业来替代药品制造业。近期来看，扩大内需要从发展农村服务业这方面入手，只要新农村建设有成绩，农村居民的生活服务化必将发展起来，这一方面的城乡差别理应缩小。

（2）从生产领域看，物质生产的社会化程度越高，从一产、二产当中分化出来的服务环节就越扩大。用智能型的服务劳动替代高能耗的生产制造，是科学技术发展的重要方向。从近期来看，为减少中国的“碳排放”，中国的服务出口包括文化出口的比例要不断增大，逐步替代制成品出口，降低“世界车间”的规模。我国四种类型的服务贸易（跨境服务、消费者流动、人员流动、商业存在）大有发展潜力，服务外包的出口增幅将超过生产外包。

6.2.4.2 信息化催生第四产业

学术界早已提出，要在第三产业中分出一个新类：第四产业，即信息产业，以独立于一般的服务业。凡是不生产物质产品和提供直接满足人们物质文化生活的劳务，而是生产信息产品的经济活动，都归于第四产业。信息产业自身包括四个部分，其中信息技术硬件设备的制造（信息产业Ⅰ）可划归第二产业，其他三部分：为其他产业开展研究开发以及提供生产性信息服务的产业（信息产业Ⅱ）、从事信息的收集、传递、存储和加工处理的产业（信息产业III）、信息消费与信息密集型的个人服务，包括文化传播产业和各类咨询业（信息产业IV），都属于应当从第三产业分离出来的信息产业。由于这个提议还未被统计学界所接受，我们就应当明白，三产中包含着信息产业这个急剧扩大的产业。由于无线通信、云计算、物联网技术的发展与应用，互联网软件业的发展进入新阶段，新型的服务外包将在国内、国际分工中得到更大发展。从长远看，在“人与自然之间的物质变换”领域，物质、能量、信息三足鼎立，“信息”这个短腿必将拉长，以促使物质与能量更有生态效率地进行转换与循环。从近期看，中国要走新型工业化道路，以信息化带动工业化，就必须十分重视信息产业发展，将科教兴国战略落实到具体的产业发展规划当中。

6.3 生态文明的制度建设

6.3.1 生态文明制度建设针对的问题

生态文明制度建设解决的是广义的社会管理问题，涉及资源管理、环境管理、保健管理。

6.3.1.1 资源管理主要包括以下问题

（1）生物资源管理。主要包括有：① 物种资源管理，集中到珍稀物种上，国家制定了各类生物资源保护法律法规，分为一类保护动物、二类保护动物、三类保护动物；② 江河湖海鱼类资源管理，鱼类捕捞是原始社会遗留下来到现代仍然可以从事的捕捞经济，如果不节制，必将很快消失。实际上，我国国土上绝大部分江河湖塘已不再有鱼类捕捞产业了，只能人工放养。因此，鱼类资源管理主要发生在海洋。这方面的保护，不仅针对珍稀鱼类资源，也包括一般鱼类资源。

（2）矿产资源管理。包括矿产资源有序开发，矿产资源合理出口。避免矿产资源管理失控，关键在于要消除追求微观短期经济效益而损害宏观长远经济效益的行为，消除只顾经济效益而忽视生态效益的做法，防止矿产资源开发而造成水土流失、“两废”（废水、废渣）的排放过量。

（3）水资源管理。包括水资源综合开发、水利工程建设规划与实施管理、生产生活用水管理。中国淡水资源供应紧张，既要“节流”又要“开源”，管理与建设需要同时努力，用于节水的设施设备等“硬件”与规则体系的“软件”要同时完善，不断提高这项社会经济系统工程的水平。

（4）森林资源管理。包括森林保护、封山育林。从经济角度要建设好林权责任制度，从科技角度要提高森林的科学管理水平，从安全角度要提高森林火灾的防范水平。

（5）土地资源保护。包括土地用途管理、耕地保护、防治水土流失。这类管理，不能将土地资源仅仅作为经济资源而不是作为生态资源来管理，土地这项国土资源要有生态论证制度，生态管理环节要在土地管理中有否决权。

资源管理体现两类问题：① 科学发展，人类对自然资源的生存条件认识越正确、越深刻，越能够出台合理的措施对资源加以维护。② 利益冲突，在这方面，资源管理面临的挑战是社会性、全球性的，是资本主义与社会主义两种制度、强调自私自利与维护公共利益两种意识形态的生死斗争。归纳起来：① 发财的图谋滋生了一批以猎杀国家保护动物来盈利的犯罪分子，他们就像恐怖分子一样，手持武器，昼伏夜出，不仅猎杀动物，也杀害保护动物的正义者。公安、工商管理者都难以有足够力量和时间来对付他们。在那些猎杀保护动物犯罪严重的地方，有必要建立由生态环保机构与基层武装部共同管理的民兵组织，发动当地群众来对付。同时，通过市场管理，严禁被猎杀、捕获的动物出现在市场上。② 来自国际垄断资本的生态犯罪者，如日本大量捕杀海洋珍稀动物以谋财的远洋渔船。国际垄断资本财团正在依仗军事与技术实力，对人类共有的海洋生物资源张开血盆大口。必须在增强我国“软、硬”实力的基础上，联合世界正义力量，开展维护人类海洋资源的斗争。③ 由于私有化思潮和小团体利益的猖獗，公有产权被人为削弱，国有矿产资源被私人或地方经营者掠夺性开发，“挑肥拣瘦”，对付这一问题不是靠管理措施就能够解决的，必须端正改革方向、坚持公进私退的原则。④ 地方政府将土地资源作为生财的依据，往往成为土地资源管理失控的源头。土地资源固然在客观上对地方财政有益，但是政府财政不能拜倒在资本逻辑下，放弃生态管理原则来利用土地资源。对此必须贯彻科学发展观，扭转一切非科学发展的政府行为，正确实行土地资源管理。

6.3.1.2 环境管理主要包括以下问题

（1）控制“三废”排放。“三废”是指废气、废水、废渣（所有固体废物）。企业生产的“三废”排放、人口聚居地的生活污水排放、生活垃圾排放、车船的废气废油排放，是其中最突出的问题。针对“三废”排放的首要措施是制订排放标准，超标者严格整治。这是事后管理，现在只能将事后管理放在最重要的地位。但事前管理要优先，在建立企业、建筑群、生产车船之前，都要达标才能得到批准。

（2）垃圾处理。这里所谓的垃圾，包括生产固体废弃物、生活垃圾、建筑垃圾等几类。相应的管理也分以下三类：① 生产固体废物的处理属于发展循环经济的主要措施，通过资源综合利用，逐步消除生产固体废物的最终排放，使之在生产当中消化。一个企业是做不到这点的，可以通过配套企业的联合行动来实现。其中，农业生产排泄物尤其需要通过发展有机肥料生产来消化利用。② 生活垃圾主要有两类，一类可称为生活废弃物，包括人体排泄物，往往带有“脏”的特征。在循环经济中，他们成为可回收、可利用、可再生的原料，需要发展静脉产业来消化利用，避免污染生活环境。另一类是废旧商品，它们失去原有的使用价值，一般没有“脏”的特征，这需要有序回收。发展解体产业来消化利用。③ 建筑垃圾一般是钢筋水泥等固体废物。发展建筑废物回收是我国当前既薄弱又亟待重点解决的发展项目。西方发达国家目前建筑废物的再生利用率在90%以上，在砂浆中添加粉煤灰、矿渣粉、钢渣粉等，利用矿渣粉配制水泥和砂浆，综合电耗和综合能耗可分别节约60%和70%以上[①]。

此外，保健管理主要包括食品管理、药品管理。针对的问题是生产、销售假冒伪劣的食品或药品，以及危害人体健康、浪费经济资源的生产、消费行为。

6.3.2 生态文明制度建设涉及的领域

生态文明制度建设涉及政治、经济、文化等领域，每个领域都有相关主体。

6.3.2.1 生态文明的政治制度建设

所谓政治，用一个传统定义来说，就是大众的事。凡是有关社会群体权利义务的事项，都属于政治。在我国，政治领域的主体包括人大、政党、政府、社会团体、媒体与群众。

生态文明建设的制度构架与社会主义其他文明建设的制度构架是一样的，只是内容不同。概括地说就是：共产党作为我国政治制度中的领导力量提出生态文明建

① 张英、张翠英、虞晓芬：《节能建筑全寿命周期能耗成本管理研究》//《生态经济与生态文明》，北京：社会科学文献出版社，2012年版。

设的方针路线，经过人民代表大会的审议和批准转化为人口、资源、环境、物种等方面的法律，并审议政府在生态文明建设方面的工作，政府通过行政法规管理社会的生态环境问题，通过发展规划开展推进生态文明建设的经济项目如国土整治、产业发展、结构调整、科技开发等，政协和各政党、各社会团体（包括企事业单位）在生态文明方面建言献策，媒体开展生态文明的社会促进与舆论监督，群众通过信访等各种制度联系渠道反映生态文明的批评与建议，并以论著、网络等方式形成生态文明的社会舆论，以影响决策。

上述构架只是理论上的，要真正能运作顺畅，需要有相应的政治文明作为社会背景：各级共产党组织实实在在地贯彻立党为公、执政为民的宗旨，实行集体领导的原则，消除权大于法的局面等。从现实来说，生态文明的政治主要包括两个客体、两个主体之间的关系。两个客体是长远利益与短期利益，两个主体是“官方”与“民间”。这两对关系要处理好。站在“官方”的角度，如果“官方”的第一把手真心奉行“为官就要造福一方”的理念，真正是“情为民所系、利为民所谋”，就会不让眼光局限在表面的“政绩”上，而是认真听取群众的意见、专家的建议，对一些措施采取科学论证的方式，使短期利益服从长远利益，使“官方”与“民间”不因生态文明方面的事情产生对立。为使上述的“如果”成为保障，政治的选拔、罢免、考核、决策、监督等制度都要加以完善和配合。在法律上，要让“民间”的声音更有力，赋予致力于生态文明的社会团体、学术团体以应有的法律地位和参政权，制定“官民”之间在资源、环境、保健方面沟通、对话的常设制度。

6.3.2.2 生态文明的经济制度建设

有关生态文明建设的经济制度，在生态建设投资上包括财力分配、经济建设与计划管理的三位一体的内容。纯粹的财力分配包括排污权交易制度与生态补偿制度。

（1）生态建设投资，如果撇开能够直接产生经济效益、为企业这类市场主体所利用的不谈，仅就只产生生态效益的领域来说，其主体包括中央政府、地方政府与农村社区。中央政府的生态建设投资，通过五年发展规划、年度发展计划直至落实到具体的建设项目。这些项目并未严格区分为“经济建设”与“生态建设”，有的兼有两类性质，但其生态建设的内容人们能够一看就知道，如新能源开发、植树造林、环保产业、江河治理、田间工程建设、节水灌溉工程、农村能源建设、“三废”处理工程、水土灾害防治等。地方政府的生态建设投资，一方面要落实中央政府细分到地方的计划，另一方面要根据本地发展需要确定一些生态建设项目。上述投资通过财政制度进行，所涉及的财政预算与实施业绩向本级人民代表大会报告、接受审议。政府内部上级检查下级的工作。

农村社区的生态建设投资主体是社区公有制组织，其运作完全在政府系列之外，这类投资是为了本社区的公共生态经济利益而开展的，主要内容有沼气开发、植树造林、水利设施建设、小流域污染综合治理等。在双层经营框架下，一些经济发达地区的社区公有制组织曾经对生态建设有过大的作为，投资财力主要来自社区公有的乡镇企业收益。后来，这类投资逐步出现了“民办公助”或“公办民助”的方式。现在，一个不能回避的工作就是要扭转多数农村集体经济已成空壳、不能担当农村社区生态建设投资主体职责的状况。村里的青壮劳动力基本都外出打工，“公办民助”肯定开展不了，生态建设仅仅依靠乡政府代办，这样必然会导致低效率。可见，农村经济发展状况不改善，农村社区的生态建设就会成为空白。

（2）排污权交易制度用于所有能够限制污染排放量的场合：限制对大气层的温室气体排放，限制对江河的废水排放。限制对象分为两种：一是生产企业的排污，这是较普遍开展的；二是某条江河两岸的城镇（乡）的排污，这是较为特殊的。普遍推行的排污权交易制度由三个环节构成：① 为控制污染排放、促进产生污染排放的主体努力减排，对各类主体规定合理的排污量限额。② 对于自己的限额，有的主体高效减排，未达到限额，也就是有“余额”；有的主体低效减排，超过限额，应当受罚。但后者可以向前者购买那尚未用完的“余额”，进行排污权交易。③ 双方的交易，要在政府环保部门的监管下，采取某种合适的方式进行，如公开竞价拍卖，或定价出售。这一交易制度实际上是以市场交易方式进行奖优惩劣，将企业（或其他主体）对环境产生的外部经济或外部不经济转化为企业的内部经济或内部不经济。较为特殊的交易不是企业之间用现金与“余额”直接交换，而是由超过限额的城镇（乡）向有“余额”的城镇（乡）购买此“余额”之后，上一级政府根据交易的“余额”来决定是否批准在这里建立新的有污染产生的企业。世界各国都在尝试使用排污权交易制度来鞭策企业、地方致力于环保，我国应当吸取、综合各国的经验，使这一制度逐步推行并完善。

（3）生态补偿制度有两大类型：一是政府实施生态类措施或政策的补偿补贴制度，补偿主体是政府；二是自然资源使用中的征收与补偿相挂钩的制度，补偿主体是使用者。

政府实施生态类措施或政策的补偿补贴制度正在多样性地发展，随着生态类措施或政策的不断出台，作为落实手段的各种补偿补贴也不断出台。在宏观领域有两个重要的政策措施：① 国家实施主体功能区的划分，体现了经济与生态双重要求的区域分工，避免了盲目的地区攀比与竞争。其中有关限制开发区域和禁止开发区域的设定，对这些地方为实现发达、致富而追求工业化、城市化作出了限制，在重点生态功能区甚至连农业也要限制。这就需要财力来补偿这些区域一方面放弃经济发展机会，另一方面还要开展只有生态效益没有直接经济效益的建设的损失与花费。② 国家设立自然保护区，对经济建设有特定的限制，对生态建设有专门的规划，这类生态补偿更为直接，计划性更强。在微观领域也有两个重要的政策措施：① 对部分农村实行退耕还林（包括退耕还牧、退耕还渔），要有扶持性资助或者购粮补贴，一方面消除退耕还林给农民造成的直接经济损失与经济风险，另一方面可根据生态林数量质量，由国家代表社会来实施“生态购买”。② 对某些乡镇在经济发展中，或在企业在生产中，根据当地的地理条件承担生态义务，如小流域污染综合治理、生态复垦等，政府给予适当的补贴。

自然资源使用中的征收与补偿相挂钩的制度，有两类针对性。① 对某种经济活动产生环境受损效应，从而需要规范经济活动受益者与环境受损者之间的利益补偿。采掘工业与社会之间，就是这类的关系，应由国家代表社会向采掘工业企业征收资源使用费，建立生态补偿基金，用于治理采掘活动产生的环境损失。② 对某种经济活动依赖环境保护，对保护环境有贡献的一方并未受益，受益的一方并未对环境保护作出贡献，生态补偿就要使双方利益关系平衡，如依赖上游环境保护（包括森林维护、水土保持）的旅游企业、水利企业向上游地方环境保护部门交生态资源使用费。

我国生态补偿制度的试行，从 1990 年国务院发布的《关于进一步加强环境保护工作的规定》提出生态补偿政策开始，已经走过 20 多年的历程，但总体上来说，仍然处于初级阶段，很多方面还有空白与不完善之处，需要我们努力进行这项制度建设，处理好许许多多很细致的问题。

6.3.2.3 生态文明的文化制度建设

文化，作为与政治、经济相并列的概念，包含了新闻传播、文学艺术、伦理道德、风俗民情等内容，宣传媒体在其中起到了主导作用。通过政治制度，使社会敦促政府实行生态文明的正确舆论导向。文化制度让政府的生态文明建设作用于新闻、广告、出版、展览、书刊、文艺活动等领域。由政府机构投资的生态文化项目将占较大的比例，起到示范、导向以及培育人才和经验的作用。

6.3.3 生态文明制度建设涉及的地域

生态文明制度建设涉及城市与乡村两大地理单元，小城镇是它们的中间单元。小城镇基本具备城市的特征，同时与乡村保持更为紧密的联系。工矿区具有城市雏形又兼有乡村特征，但其既非城市又非乡村，而是独立管理的区域。传统的工矿区现已纷纷为特意建立的工业园区所代替。

城乡制度建设中体现本地理特征的生态文明独特内容的事项分别如下。

6.3.3.1 城市生态文明制度建设事项

（1）城市建设规划要有体现生态文明要求的标准规定。在此，平等要求与生态环境要求是一致的。一方面积极改造脏、乱、差的街区，其生态目的是保障城市清洁卫生；抑制蚊蝇滋生、垃圾堆放和病菌传播；另一方面限制频繁地拆损完好的建筑。在这方面，生态原则要与资本逻辑进行搏斗。开发商或业主按照地皮增殖的经济价值，拆掉一栋建了七八年的宏伟楼宇，另建一栋更宏伟的楼宇，从资本增殖角度来看是划算的，但对于社会的生态效益与宏观经济效益，则是有损的。城市建设不能给予这样的自由。在这一点上必须跟国际接轨，规定20世纪80年代之后有一定规模的楼宇，要按照西方城市楼宇平均使用年限，来决定是否“拆旧建新”。我们绝不能将“马太效应”应用于城市的建设与发展当中，城市的建筑物同样不能“两极分化”。

（2）高标准建设城市的“静脉产业”，建设好城市垃圾与污水处理设施等系统性公共工程，用于生活排泄物的循环利用。这套公共工程是包括贯穿所有城市居民区的排水管道、粪池及有关设施的建筑系统。“静脉产业”要承担两大任务：一是处理全城的生活垃圾，将其中有机物转化为肥料；二是处理全城的人类粪尿，全部转化为有机肥料。“静脉产业”应取得两项重大的产出：① 为农业提供工业生产的有机肥料，可在相当大程度上取代化肥生产；② 为社会维护清洁卫生，大量城市生活垃圾、生活废水、人类粪尿可以用最符合生态经济结构的原则得到处理，不再成为污染水源、土地的麻烦，不再成为占用乡村大量土地并且有长远后果的重负荷。市政府应当采用当代最先进的技术来完成这项建设。政府履行这项职责是城市的基本义务。

（3）以积极的态度，向世界先进的循环经济城市、低碳经济城市学习，逐步推行可行的经验进而有所创新，如可回收废旧物转化为新的工业产品或工业原料，推广节能城市照明，推广节能或自生能源的建筑，发展整栋公寓的集中式太阳能利用，按照生态原则改进城市布局等。条件成熟则可订为制度，学习、尝试、推广的过程本身也是制度创新的过程。

6.3.3.2 小城镇生态文明制度建设事项

（1）按照生态原则建立健全小城镇建设规划制度。小城镇的发展要有统一、规范、必须执行的建设规划，其建设标准与城市相比，既有追求相同也有保持区别的两重性。在基础设施完备、楼层高度等方面向城市看齐，以期达到环境卫生、节约用地、节能节水的目的。在街道和建筑群的分布方面，可以与农田适当交错。在扩大小城镇街区时，可以不吞噬邻近的农田，而向坡地、台地、山地进发。在其发展成为规模可观的城市之前，这个特点可以一直保留。

（2）在消灭城乡本质差别、促进文明扩散的过程中，消灭城市与小城镇的本质差别应当率先一步。为此，在相关生态文明与精神文明的社会生活方面，镇政府的城镇社会管理要逐步赶超城市。在产业生态化发展方面，吸收与应用城市的科技成果，创造出与城市分工合作、共同提升、创造特色的局面。

6.3.3.3 乡村生态文明制度建设事项

（1）从制度上确立与完善城乡基础设施建设一体化。最基本的基础设施包括交通、通讯、能源、供水的设施。结束长期以来政府基础设施只管城市、乡村自理的格局，走上城乡基础设施建设一体化，是实施科学发展观以来的新的发展过程。要从制度上加以确立与完善，作为各级政府制定规划、落实规划的常规工作。这项内容是物质文明与生态文明两项建设共有的，乡村生态文明制度建设作为生态文明建设的意义有：① 保障乡村的自来水供应，是村民卫生保健、水资源合理开发利用的生态措施。② 从城乡统筹发展的视角来解决农村生活用能问题，以城市的资金、技术配合乡村的资源和力量，发展多种多样的能源，终结农村大量使用木柴、草和秸秆，造成植被资源被破坏的局面。解决生活用能的基本途径，依靠的是国家高效率的火力发电、水力发电以及其他方式的能源工业生产。对于广大农村来说，则可尽力利用本地的资源条件，自行发展能源生产，作为农村生活用能的补充来源。如风能、小水电、太阳能等再生能源的利用，开发沼气，实行煤气联合开发（各乡、各村被批准自产的煤炭交售到县以上单位进行统一的煤气开发，集中生产煤气并统一供应各乡、各村）。无论哪种补充来源，都要贯彻城市支援、城乡结合的原则。

（2）不能再把农村作为垃圾处理之地。现有的垃圾搬运到农村进行简单填埋，是只顾眼前、不顾后代的做法。从长远来看，这种做法必将使地下水水源遭受污染。如果说，乡村的腐质性废物（主要是人畜粪便）可以靠各乡村的沼气开发来解决的话，城市垃圾与乡村部分垃圾，就只能依靠规模化的工业化方式来处理，建立垃圾处理厂。按照上述观念，在城乡一体化基础设施建设中，要加上垃圾处理的内容，建立健全相应的管理制度。

（3）乡村居民点建设，从来都是农民自己的事，不是国家的事。自从党中央提出建设社会主义新农村以来，一些县、乡政府以非科学发展方式，强行拉上村级管理组织，横加干预，强人所难，“好心办了坏事”。但从长远来看，乡村居民点建设，最终还是要按照科学发展的方式，成为县、乡政府的职责。那就是在条件许可、民主决策、科学论证等配合之下，使村民住宅建造、房屋道路布局，都满足出行、供水供电、排水、清污、通风、采光、沼气开发、优化环境等生态要求，同时这也要有弹性的制度设立。乡村居民点的科学发展与规范化建设，是农村社会文明发展、缩小城乡差别的重要战略措施之一。

6.3.4 生态文明制度建设的原理

6.3.4.1 在生态效益与经济效益矛盾之处寻求平衡点

建设生态文明的宗旨，主要是推动社会经济活动从片面追求经济效益的失误中走出来，兼顾生态效益。现实中的行为、活动，同时兼有生态效益与经济效益的较少，多数是生态效益与经济效益相互矛盾。只要经济效益、忽视生态效益，是当前经济生活的主要倾向，这正是生态文明建设要解决的问题。只要生态效益，不顾经济效益，对于生态文明建设固然理想，但现实条件往往不允许。追求生态效益所需的经济成本，所牺牲的经济收益，对行为主体都有一个承受力的问题。基于以上道理，在生态文明制度建设中，要对兼有生态效益与经济效益的行为予以鼓励、推广，对只要经济效益的行为加以制止，更关键的是通过明智的设计，从标准、指标、核算等方面体现寻求生态效益与经济效益矛盾平衡点的保证。

6.3.4.2 制度当中的规则形成要兼有市场经济的产权原则与计划调节的政府调控原则

市场经济对资源与环境的作用具有二重性，既可能起到促使经济当事人节约资源与保护环境的作用，也可能起到刺激经济当事人耗竭资源与损害环境的作用，这要具体分析相关的场合与条件。生态文明制度建设要制定许多规则，在形成规则当中，有些要利用市场经济的正面作用，有些要消除市场经济的负面作用。明晰资源产权，保障资源所有权归属者的权益，明确资源所有者、使用者所要承担的环境责任，就是在制定相关规则中利用市场经济作用的主要依据。而在另一些场合，资源产权的行使不能造成资源耗竭与环境损害，这就需要以法律、政策的方式，体现政府的调控原则。而政府调控的运作是作为计划调节发生的。

6.3.4.3 解决生态问题采取“依法治国”与“以德立国”相结合的方式

生态保护离不开法制建设，这是社会的共识。法制建设以公正、公开、有效的方式维护了这项公共利益，而对行政、执法来说，实行以“法治”替代“人治”是整体上的制度发展趋势。这就是我们常说的“依法治国”，在生态文明建设中也一样。

“依法治国”不管再公平有效，还只是停留在“强制”层面上，要进入“自觉”，必须有伦理道德、社会风气的作用，法治本身也要与舆论相配合。以制止政府机构的反生态浪费为例：政府的行政成本太高，突出地表现在公房建筑与公车使用两个方面，大量追求奢华、高消费的行为，浪费财力严重。这是一项关系到政治、经济、生态效益的综合问题，如不限制，必然产生政治腐败、经济负担过重、耗费资源损害环境的后果。如果采用法规限制，内容将会细而又细，不胜其详，条文会非常烦琐，检查执行的难度很大。对此，除了规定少量重要条文、给出“粗线条”的规范之外，解决公房、公车浪费现象主要靠对官员进行教育，发挥学习型政党的优势，教育官员爱护资源环境和珍惜人民的血汗钱，以艰苦朴素为荣、为乐。当然，可以在制度设计上将节约作为考核内容。能否节约，容易看出，不容易“量化”，在正确的舆论导向下，群众的眼光是有效的。

6.3.4.4 生态文明制度建设专业化，要求实施制度的人员要有专业人才与管理人才的合理配置

制度建设，包含目标设置、运行机制、规则体系等内容，每项内容的建立与完善都需要专门的智慧、知识和技能。一般来说，目标设置偏重于生态学、生态经济

学的知识，运行机制偏重于经济学、社会学的知识，规则体系偏重于管理学、法学的知识。立法定规、政策的出台，需要有深入广泛的调查研究；实施管理，需要有周密有序的行动。为此，在生态制度建设中，不同的机构、不同的工作环节，需要合理配置不同类型的人才，赋予他们各自的职责与权力，以实现专业人才与管理人才合理的分工合作。

我们从现实的制度建设问题入手巡视了生态文明的相关管理问题，可以预期，随着生态文明的进展，公有制与公有观念的不断强大，对自然界的科学认识不断加深，社会管理水平不断提高，政治文明不断推进，社会主义民主建设不断完善，科学发展不断得到实践，国际生态环境保护的正义得到伸张，一个适应生态文明新时代的制度必将逐步形成。

参考文献

[1] 白瑞雪，白暴力. 财富的源泉与要素的作用. 财经科学，2003（1）.

[2] 卜祥记，何亚娟. 经济哲学视域中的生态危机与发生机制透析. 马克思主义与现实，2013（3）.

[3] [美]布雷特·克拉克，约翰·贝拉米·福斯特. 二十一世纪的马克思生态学. 孙要良译. 马克思主义与现实，2010（3）.

[4] 曹孟勤，徐海红. 马克思劳动概念的生态意蕴及其当代价值. 马克思主义与现实，2010（5）.

[5] 陈惠雄. 快乐原则——人类经济行为的分析. 北京：经济科学出版社，2003.

[6] 陈清泰. 产业结构升级和发展新兴产业的思路和政策. 科技与企业，2011（7）.

[7] 陈学明. 马克思“新陈代谢”理论的生态意蕴——J·B·福斯特对马克思生态世界观的阐述. 中国社会科学，2010（2）.

[8] 陈学明. 资本逻辑与生态危机. 中国社会科学，2012（11）.

[9] 程恩富. 现代马克思主义政治经济学的四大理论假设. 中国社会科学，2007（1）.

[10] 董义花. 科学发展观视野下的生态文明建设研究. 首都师范大学，2009.

[11] 杜富广，王振亚. 生态社会主义价值观探析. 前沿，2009（11）.

[12] 额尔敦扎布，萨日娜. 自然资源价值辨析. 当代经济研究，2006（7）.

[13] 方敏，赵奎. 解读马克思的工资理论. 政治经济学评论，2012（3）.

[14] 方时姣. 西方生态经济学发展的前沿和趋势. 中国社会科学报，2009（2）.

[15] 房宁. 生态社会主义的现实与未来. 科学对社会的影响，2006（4）.

[16] 谷亚光. 刘思华教授“生态马克思主义经济学原理”述评. 中国改革报，2008-01-29.

[17] 郭昭君. 马克思主义生态观与生态文明建设. 兰州大学，2009.

[18] 郭忠义，郭彦辰. 论社会主义市场经济的“人本”规定. 哲学研究，2013（4）.

[19] 郇庆治. 国内生态社会主义研究论评. 社会主义理论与实践，2006（4）.

[20] 郇庆治. 社会主义生态文明：理论与实践向度. 江汉论坛，2009（9）.

[21] 黄锡富. 谈资本逻辑与人的全面发展的关系. 改革与战略，2012（5）.

[22] 黄贤金. 循环经济学. 南京：东南大学出版社，2009.

[23] 赖盛章，孟庆林. 生态文明视域内生产观转型的思考. 生态经济，2009（9）.

[24] 李长江. 生态文明内涵及建设途径的探析. 东北师范大学，2009.

[25] 李峰. 中国工业化发展所面对的资源与环境问题. 商场现代化，2006（12）.
[26] 李慧明，刘倩，左晓利. 困境与期待：基于生态文明的消费模式转型研究——述评与思考. 中国人口·资源与环境，2008（4）.
[27] 李金昌，等. 生态价值论. 重庆：重庆大学出版社，1999.
[28] 李林，杨明洪，杨启明. 生态资源的价值：过去、现在和未来. 生态经济，2005（10）.
[29] 李伟. 全球化视域下生态社会主义分析. 齐鲁师范学院学报，2011（5）.
[30] 李欣广. "生态马克思主义经济学原理"简评. 经济学动态，2007（8）.
[31] 刘仁胜. 生态马克思主义、生态社会主义与中国生态文明建设. 编译参阅，2010（20）.
[32] 刘思华. 建立具有中国特色的社会主义生态经济学. 学术论坛，1985（3）.
[33] 刘思华. 可持续发展经济学. 武汉：湖北人民出版社，1997.
[34] 刘思华. 生态马克思主义经济学原理. 北京：人民出版社，2006.
[35] 刘思华. 生态文明与绿色低碳经济发展总论. 北京：中国财政经济出版社，2011.
[36] 刘蔚. 和谐社会亟待建立生态文明. 中国环境报，http：//www.eedu.org.cn.
[37] 刘召峰. 拜物教批判理论与马克思的资本批判. 马克思主义研究，2012（4）.
[38] 柳杨青，杨文进. 略论生态经济学与可持续发展经济学的关系. 前沿论坛，2002（12）.
[39] 卢风. 消费主义与"资本的逻辑"//郇庆治. 重建现代文明的根基. 北京：北京大学出版社，2010.
[40] 鲁品越，王玉. 论社会主义市场经济与资本主义市场经济的本质区别. 理论学刊，2013（1）.
[41] 马传栋. 从生态经济学到可持续发展经济学——对可持续发展经济学几个基本理论的探索//中国生态经济学会第五届全体会议论文汇编，2001.
[42] 马万利，梅雪芹. 生态马克思主义述评. 国外理论动态，2009（2）.
[43] 马艳，李韵. 自然资源虚拟价值的现代释义——基于马克思经济学视角. 马克思主义研究，2008（10）.
[44] 孟庆林，吴艳林. 新千年的选择：生产力发展的绿色道路. 北京：经济科学出版社，2004.
[45] 齐志强，张干，齐建国. 进入 WTO 前后中国制造业部门结构演变研究. 数量经济技术经济研究，2011（2）.
[46] 齐自琨. 以生态为导向的人的现代化. 广西师范学院学报，2009（3）.
[47] 上海市劳动局办公室资料组. 建国以来按劳分配论文选. 上海：上海人民出版社，1978.
[48] 石然. 我国学术界对生态社会主义问题的研究综述. 天水行政学院学院学报，2012（1）.
[49] 宋豫秦，叶问虎. 第三次文明. 中国人口·资源与环境，2009，19（4）.

[50] 孙建波，张志鹏. 第三次工业化：铸造跨越“中等收入陷阱”的国家价值链. 南京大学学报，2011（5）.

[51] 唐建荣. 生态经济学. 北京：化学工业出版社，2005.

[52] 铁楷. 约翰·贝拉米·福斯特的生态马克思主义评析. 甘肃社会科学，2007（5）.

[53] 王东杰，姜学民，杨传林. 论生态经济学与环境经济学的区别与联系. 社会主义理论与实践，2006（4）.

[54] 王庆丰. 超越资本逻辑的中国道路. 社会科学辑刊，2013（1）.

[55] 魏晨明. 人的发展问题研究. 北京：中国社会科学出版社，2012.

[56] 吴宣恭. 科学认识资本与劳动关系的重要理论. 高校理论战线，2008（5）.

[57] 武高寿. 社会契约新论——社会主义契约文化探求. 北京：北京大学出版社，2006.

[58] 熊勇清，李师才. 战略性新兴产业与传统产业的良性互动发展. 科技进步与对策，2011（5）.

[59] 徐春. 建设生态文明与维护环境正义. 新华文摘，2009（22）.

[60] 岩佐茂. 环境的思想：环境保护与马克思主义的结合处（修订版）. 韩立新等，译. 北京：中央编译出版社，1997.

[61] 宴辉. 经济行为的人文向度——经济分析的人类学范式. 南昌：江西教育出版社，2005.

[62] 杨文进，柳杨青. 生态经济学建设的若干设想——边缘交叉经济学科建设的一般方法论探讨. 中国地质大学学报，2012（2）.

[63] 约翰·贝拉米·福斯特. 马克思的生态学———唯物主义与自然. 刘仁胜，肖峰，译. 北京：高等教育出版社，2006.

[64] 约翰·贝拉米·福斯特. 生态危机与资本主义. 耿建新等，译. 上海：上海译文出版社，2006.

[65] 约翰·格拉夫，大卫·瓦恩，托马斯·内勒. 流行性物欲症. 闾佳，译. 北京：中国人民大学出版社，2006.

[66] 张德昭. 生态经济学的范式——生态、经济与德性之思. 自然辩证法研究，2008（5）.

[67] 张谨. 当代中国经济社会发展中的生态环境矛盾分析. 社科纵横，2008（9）.

[68] 张连国. 从传统经济学到生态经济学. 社会科学辑刊，2005（3）.

[69] 张明军，孙美平，周立华. 对生态经济学若干问题的思考. 国土与自然资源研究，2006（2）.

[70] 张时佳. 生态马克思主义刍议. 中共中央党校学报，2009（2）.

[71] 张忠任. 关于环境的价值与资源价格决定问题的理论探索. 海派经济学，2008（22）.

[72] 张忠任. 基于价值“差异性”理论的人力资本认识及其现实意义. 财经问题研究，2011（11）.

[73] 郑志国. 劳动力价值的形成和转移及其代际关系——新的活劳动创造价值假设中的若干难

点探析. 华南师范大学学报，2011（2）.

[74] 中国社会科学院工业经济研究所课题组. 中国工业绿色转型研究. 中国工业经济，2011（4）.

[75] 周宏春. 低碳经济学：低碳经济理论与发展路径（探索气候变化的应对路径）. 北京：机械工业出版社，2012.

[76] 周志山. 马克思生态哲学的社会视阈与科学发展观. 马克思主义研究，2011（5）.

后　记

本书是“十二五”国家重点图书出版规划项目“绿色经济与绿色发展丛书”的一部分。本书的思想来源于中南财经政法大学刘思华教授2006年出版的《生态马克思主义经济学原理》。我从1997年加入刘教授主持的中国高校生态经济学术团队之后，通过学习、研究、教学，在该领域的知识积累与理论水平逐年有所长进，而刘教授的这本生态马克思主义经济学的专著对我的影响尤其深厚。承担这部书的写作，对我多年的积累是一个检验。

中国的生态马克思主义经济学理论正在形成，虽然研究者们不一定冠以“生态马克思主义”这个概念，但只要是立足当代生态经济现实、以马克思主义为指导、与马克思主义经济学的基本原理相吻合，都可以看成是为该学科添砖添瓦。本专著实际是在刘教授那本专著引领下自己初步探索的一家之言，尚未能够反映中国理论界正在形成的生态马克思主义经济学理论成果、研究动态与发展趋势。本人仅仅期望它能够成为一块抛出的引玉之砖，今后会有更多生态马克思主义经济学的研究成果问世，为我们的社会主义生态文明建设与可持续发展提供思想武器。

广西大学商学院政治经济学专业马克思主义经济学发展与应用方向两位硕士研究生张广涛、朱品，为本书第1章的写作收集了大量资料，在此表示感谢。

作　者

2015年3月